모래 속의 타조

모래 속의 타조

어 떤 불 황 도 언 제 가 는 끝 난 다

민경훈 지음

이콘

부모님께

인생의 깊은 진리

서양 역사에 가장 큰 영향을 미친 책을 하나 들라면 성경이 꼽힐 것이다. 구약과 신약, 둘 중 하나를 고르라면 어느 쪽일까. 아마도 구약을 택해야 될 성싶다. 기독교인들만 성전으로 받들고 있는 신약과 달리 구약은 이슬람교와 유태교 공통의 경전이다.

유태인들은 구약을 '타낙(Tanak)'이라고 부른다. 소위 '모세의 5경'인 토라, 예언서들을 묶은 네빔, 기타 저술인 케투빔의 머리글자를 딴 것이다. 이중에서도 단연 중요한 것은 토라인데 예수가 가장 큰 계명이라고 가르친 '하나님에 대한 사랑(신명기)'과 '이웃에 대한 사랑(레위기)'도 여기서 따온 것이다.

모세 5경 가운데도 으뜸을 차지하는 것은 창세기다. 야훼가 인간과 천지를 창조한 이야기, 에덴동산과 낙원 추방, 카인과 아벨, 바벨탑과 노아의 홍수, 믿음의 조상 아브라함과 이삭, 야곱 등 서구 정신세계의 주 모티프가 된 이야기가 모두 여기 나온다.

그 가운데서도 중요한 것이 '요셉과 그의 형제들' 이야기다. 창세기의 1/4 이 이 형제들 이야기다. 20세기 최대 작가의 한 사람인 토마스 만은 이 이야기를 소재로 '요셉과 형제들' 이라는 장편소설을 쓰고 이를 자신의 대표작으로 여겼다.

잘 알려진 이야기지만 간단히 줄거리를 소개해보도록 한다. 야곱은 12명의 아들 중 유독 늦게 얻은 요셉을 편애한다. 무지개 빛깔의 옷을 지어 입히고 형제들의 잘못을 고자질하는 일까지 시킨다. 거기다 요셉은 형제들이 자신에게 경배하는 꿈을 꿨다는 자랑까지 늘어놓는다.

평소 그를 증오하던 형제들은 기회를 틈타 그를 죽이려다 결국 이집트에 노예로 팔아넘기게 된다. 야곱에게는 양의 피를 묻힌 무지개 옷을 가지고 와 요셉이 죽었음을 알린다. 아버지의 총애를 한몸에 받던 요셉은 졸지에 밑바닥으로 떨어지지만 파라오의 경호실장 보디발의 눈에 들어 그의 비서실장으로 승진한다.

한동안 잘나가던 그는 보디발 아내의 유혹을 물리치다가 오히려 억울한 누명을 쓰고 감옥에 갇힌다. 두 번째 바닥으로의 추락이다. 그러나 그는 좌절하지 않고 때를 기다리다 파라오 신하의 꿈을 해석해내고 이것이 인연이 돼 '7년 풍년, 7년 흉년' 의 메시지가 담긴 파라오의 꿈까지 해석하게 된다.

결국 그는 이집트 총리의 자리에 오르고 자기 형제들은 식량을 구하러 와 그의 앞에 무릎을 꿇는다. 그는 형제들을 시험하기 위해 누명을 씌워 꾸짖지만 그들이 반성하는 모습을 보고 자신을 해친 형제들을 용서한다. 이렇게 해서 한때 원수였던 형제들은 화해하며 진정한 형제로 돌아간다는 이야기다.

요셉의 이야기가 주는 교훈은 많다. 첫째, 부모의 편애가 형제애를 해친다는 점이다. 부모의 편애로 형 에서와 원수가 됐던 야곱은 부모의 잘못을 그대로 되풀이했다. 둘째, 남을 속이면 자신도 결국 속는다는 점이다. 양털로 에서인 것처럼 위장해 아버지 이삭으로부터 장자 상속권을 받은 야곱은 자식들이 내민 염소의 피가 묻은 옷에 요셉이 죽은 것으로 속고 만다.

그러나 이보다 더 중요한 메시지는 세상에는 좋은 시절과 나쁜 시절이 반복해 돌아온다는 것이다. 작게는 요셉 개인의 일생도 기복으로 점철돼 있고 크게는 이집트와 중동 전체도 그렇다. 성경은 파라오의 꿈을 통해 7년의 풍년 다음에는 7년의 흉년이 예비돼 있음을 가르친다. 여유가 있을 때 반드시 찾아올 어려운 시절을 대비하는 것이 세상을 사는 지혜다.

이 간단한 이치를 실천하는 것은 무척 어렵다. 호시절이 오래 가면 갈수록 사람들은 이것이 영원히 계속될 것이라 생각하며 평소 근검절약하던 사람도 방탕해진다. 가난했던 사람도 부자가 되면 사치와 향락에 빠지고 겸손했던 사람도 오만해진다.

요셉이 아버지의 총애를 받지 않았던들 그토록 오만해지지는 않았을 것이며 스스로 몸을 낮춰 형들을 모셨더라면 이집트에 노예로 팔려가는 일도 없었을 것이다. 그러나 인간은 경험을 통해 배운다. 잘못을 한 후에야 뉘우치는 것이다.

이집트 총리가 된 요셉은 형제들과 만난 자리에서 그들을 탓하거나 자신의 위용을 뽐내는 대신 "하나님이 생명을 구하기 위해 먼저 나를 보낸 것"이라고 오히려 위로한다. 형제들이 자신을 경배하는 꿈 이야기를 하던 요셉과는 많이 달라진 것을 알 수 있다.

겸손과 아울러 요셉의 이야기가 찬양하는 덕은 꿋꿋함이다. 그는 노예로 팔려가서나 감옥에 던져져서나 하나님에 대한 믿음을 버리지 않고 위기를 기회로 삼아 최선을 다했다. 보디발의 비서실장 자리나 간수장의 비서 자리 모두 거저 주어진 자리는 아닐 것이다.

서양 문화에 가장 큰 영향을 미친 책이 성경이라면 동양, 그 중에서도 중화권에 제일 많은 영향을 끼친 책은 무엇일까? 중국의 양대 사상은 유교와 도교이다. 서로 상반되는 주장을 하는 두 학파가 공통으로 숭상하는 경전이 있다. 바로 주역이다.

종종 '점치는 책'으로 비하되기도 하지만 그렇게 만만히 볼 책은 아니다. '위편삼절(韋編三絶)'이라 해 공자는 이 책을 묶은 가죽 끈이 세 번 끊어질 때까지 읽었고 조선 최대 학자로 꼽히는 정약용이 18년의 긴 유배 생활 동안 가장 열심히 읽은 책도 이것이다. 그는 이 책에 대한 해설을 수없이 고쳐 쓰면서 이를 공부하는 것을 자신의 가장 큰 기쁨으로 삼았다.

주역은 64괘를 통해 세상 돌아가는 이치와 어떻게 처신해야 하는가를 가르친 수신서다. 여러 괘중 가장 중요한 '건괘(乾卦)'는 물속에 잠긴 용(潛龍, 잠룡)이 대지에 모습을 드러냈다(見龍, 현룡) 하늘로 올라(飛龍, 비룡) 기세를 떨친 후 오만방자한 항룡(亢龍)이 되는 단계를 설명하고 있다. '항룡에게는 후회가 있을 뿐(亢龍有悔, 항룡유회)'이라는 게 건괘의 가르침이자 주역 전편을 흐르는 메시지다. '천덕은 머리가 되지 않는 것(天德 不可爲首, 천덕 불가위수)'이며 '여러 마리의 용이 날아가도 머리를 가리면 길하다(見群龍 無首吉, 견군룡 무수길)'는 것이다.

주역은 '겸괘(謙卦)'를 통해 겸손의 중요성을 거듭 강조한다. '하늘의 도는 가득찬 것을 덜고 겸손한 것에 보태며, 땅의 도는 가득 찬 것을 바꿔 겸손한

데로 흐르고, 귀신의 도는 가득 찬 것을 해하고 겸손한 것에 복을 주며, 인간의 도는 가득 찬 것을 싫어하고 겸손한 것을 좋아한다' 고 못 박고 있다.

주역이 '겸' 과 함께 가장 큰 덕으로 여기는 것은 '꿋꿋함(貞, 정)' 이다. 건괘 다음으로 중요한 곤괘(坤卦)는 이 덕의 상징으로 암말(牝馬, 빈마)을 든다. 겉으로는 유순한 것 같으면서도 지치지 않고 천지를 달리는 암말의 강인함이야말로 인간이 본받아야 할 덕이라는 것이다. '현빈(玄牝)' 은 노자 도덕경에도 천지의 근원적 힘을 상징하는 동물로 나와 있다. 곤괘는 '오래 꿋꿋하면 이롭고 이것이 만물의 큰 마무리' 라고 결론짓고 있다.

세상은 쉬지 않고 바뀌며 잘나갈 때 겸손하고 잘 안 풀릴 때 꿋꿋하라는 것은 바로 '요셉' 의 메시지다. 결국 동서양 고전의 가르침이 신기하도록 일치하는 것이다. 인간이 어떤 제도, 어떤 문화, 어떤 사회에 살더라도 이 이상 만고불변의 진리는 없다는 것을 옛 성현들은 말해주고 있다.

지금 세계는 대공황 이래 유례없는 불황으로 고통받고 있다. 이번 불황은 1990년대 말 인터넷 버블과 그 붕괴, 그 후유증을 최소화하려다 다시 부푼 부동산 버블과 그 붕괴의 필연적 결과다. 증시와 주택 광풍이 불었을 때 많은 사람들이 그 위험을 경고했으나 이는 무시됐다. 이번 금융 위기가 터지자 영국의 엘리자베스 여왕은 "어째서 아무도 이런 사태가 오리라는 것을 몰랐나"라고 물었다고 한다. 아무도 모른 것이 아니라 경고를 들을 귀가 없었던 것뿐이다.

어떤 불황도 어떤 호황도 반드시 끝난다. 사상 최악의 불황이던 대공황도 결국은 끝났고 인류는 그후 수십 년간 유례없는 호황을 누렸다. 이번 불황도 언젠가는 끝날 것이고 그후에는 지금은 상상할 수 없는 호황이 도래할 수도 있다.

장기 호황이 방탕함과 부주의, 낭비를 부추겨 불황의 싹을 키우듯이 불황은 검소와 조심, 아낌을 길러 호황의 씨앗을 낳는다. 불황과 호황의 되풀이는 흉년과 풍년의 반복처럼 바뀌지 않는 세계의 원리다. 인간이 할 수 있는 것은 변화하는 세상에 슬기롭게 대처하는 것뿐이다. 동서양의 현인들은 일찍부터 그 길을 가르쳤다.

로마의 명장 스키피오 아프리카누스는 숙적 카르타고를 물리친 후 그 폐허 위에서 "언젠가는 로마도 이렇게 되겠지"라며 눈물을 흘렸다고 한다. 잘나갈 때 조심하고 안 풀릴 때 버티는 것이야말로 인생을 사는 큰 지혜다. 그럼에도 불구하고 많은 인간은 현재가 마냥 계속될 것처럼 착각하고 모래 속에 머리를 박은 타조처럼 변화의 바람을 감지하지 못한다.

여기 실린 글들은 지난 10년간 미주 한국일보에 실린 칼럼을 정리한 것이다. 미국과 세계를 이해하는 데 이 책이 독자들에게 자그마한 도움이 되기를 기대한다.

2009년 9월
LA에서 민경훈

차례

2. 미국 경제의 현주소

3. 워싱턴 산책

4. 미국 사회의 단면들

5. 코리아타운 이야기

1
버블, 버블

낙관론자들은 주가 폭락에도 불구하고 부동산 열기가 식지 않고 있음을 지적하면서 주가에서 빠져나온 돈이 부동산으로 몰리고 있어 오히려 부동산은 증시 냉각의 덕을 보고 있다고 주장한다. 반면 비관론자들은, 일본의 경우도 나스닥 이전까지 사상 최대 버블이던 1989년 닛케이지수가 터진 후 1년이 지나서야 부동산 거품이 꺼지기 시작했다며 부동산 호황을 단언할 수 없다고 맞서고 있다. 낙관론자나 비관론자나 지난 5년 사이 미 주택 값이 역사상 가장 빠른 속도로 올랐다는 것은 부인하지 않는다. 지난 수년간 주식이 그랬던 것처럼 현주택 시장은 역사적 기준으로 볼 때 과대평가돼 있다. 주식이든 주택이든 모든 상품은 과대평가와 과소평가 사이를 진동한다. 지나치게 빨리 오른 것은 반드시 조정국면을 거친다는 것이 역사의 가르침이다. 역사를 망각하는 자는 역사를 되풀이한다.

인터넷 마니아의 함정

튤립은 터키말로 터번이란 뜻이다. 터키의 민속의상인 터번과 생김새가 비슷하다고 해서 붙여진 이름이다. 16세기 중반 튤립이 유럽에 처음 소개된 것도 터키를 통해서였다. 유럽인들 중 튤립을 가장 좋아한 민족은 네덜란드인들이다. 17세기 초에는 집안에 제대로 된 튤립 한 송이 없이는 사람 대접을 받지 못할 정도로 튤립 열풍이 불었다.

이와 함께 튤립 가격도 천정부지로 치솟기 시작하여 가장 비싼 '셈퍼 오거스터스(항상 장엄하다는 뜻)'는 뿌리 하나에 5,500플로린을 호가했다. 당시 황소 한 마리 가격이 100플로린 정도였으니까 튤립 열풍이 어느 정도인지 짐작할 수 있다. 귀족부터 하녀까지 모여 앉으면 튤립 이야기로 날을 지샜고 튤립을 사고 팔아 거부가 된 사람들이 쏟아져나왔다.

영원히 계속될 것 같던 튤립 열풍이 끝난 것은 1636년이다. 아무리 비싼값에 내놔도 날개 돋친 듯 나가던 튤립이 어느 날 갑자기 팔리지 않기 시작했다. 살 만한 사람은 이미 다 사버렸던 것이다. 튤립이 팔리지 않는다는 소문이 퍼지면서, 튤립을 금보다 비싼 값으로 올려놓았던 사람들의 탐욕은 졸지에 가진 것을 모두 날릴 수 있다는 공포로 바뀌었다. 일확천금을 거머쥐고 떵떵거리던 알부자가 하루아침에 알거지로 변했다. 네덜란드 경제가 튤립 광풍으로 빚어진 혼란을 극복하고 정상을 되찾는 데는 수년이 걸렸다.

이와 똑같은 일이 100년 후 프랑스와 영국에서 일어났다. 아메리카 대륙이 희망의 땅으로 떠오르면서, 프랑스가 갖고 있는 미시시피 일대의 땅을 개발하기 위한 미시시피 주식회사와 아메리카 대륙과의 무역을 맡아 하기 위한 남양(South Sea)회사가 프랑스와 영국에 수년 간격으로 세워졌다. 무한한 가능성을 가진 신대륙과 장사를 하면 떼돈을 벌 수 있다는 낙관적인 전망이 퍼지면서 이들 두 회사 주식은 하늘 높은 줄 모르고 뛰어올랐다. 미시시피 회사의 창립자인 존 로의 대기실은 그를 한번 만나보려는 사람들로 북새통을 이뤘으며 존 로가 보는 앞에서 일부러 교통사고를 낸 후 그의 방으로 실려가 주식 팔기를 애원하는 귀부인까지 나왔다. 이들 두 회사의 투자가들이 건 돈의 99%를 날리고서야 열풍은 끝났다.

마니아가 항상 먼 나라 옛날에만 있었던 것은 아니다. 20세기 초 미국은 새 세기에 대한 희망에 들떠 있었다. 비행기, 자동차, 라디오, 전화 등 첨단 테크놀로지의 잇단 발명과 대중화로 국민생활에 대혁신이 왔을 뿐 아니라 제1차 대전에서 승리하면서 미국은 세계 1위의 강대국으로 부상했다. 1920년대의 대호황과 주가 폭등이 이같은 낙관에 근거한 것이었다. 그러나 이 또한 1929년의 증시 대폭락과 함께 종지부를 찍었다.

한때 일본이 전세계를 제패할 것이란 책과 기사가 쏟아져 나온 적이 있었다. 도쿄 땅값이 미국 전체 땅값과 맞먹었고 첨단기업은 전부 일본 소유였으며 하와이가 일본 땅인지 미국 땅인지 분간이 되지 않을 정도였다. 불과 10년 전 이야기다. 그러나 일본 경제가 회복세를 보이고 있다는 지금도 일본 주가는 당시 절반 수준에 못 미치고 있다.

과거 예를 살펴보면 마니아에는 몇 가지 공통점이 있다. 첫째는 열풍에 휩싸인 사람들에게는 그 일이 상당한 근거가 있는 것처럼 보인다는 점이다. 신대륙 개발도, 20세기 초 미국도, 얼마 전 일본 광풍도 모두 당시 상황으로 볼 때는 주식이 그렇게 오를 만한 이유가 있었다. 두 번째는 역사적인 가치척도가 아니라 '신시대'에 대한 황홀한 기대가 투자의 기준이 된다는 점이다. 남들이 손쉽게 떼돈을 버는데 나만 뒤쳐질 수 없다는 초조함과 누가 뭐래도 이번만은 다르다는 망상이 사람들의 심리를 지배한다.

요즘 한인타운은 말할 것도 없고 온 미국이 인터넷 열풍에 휩싸여 있다. 누가 인터넷 회사를 상장시켜 하루아침에 억만장자가 됐다는 뉴스 아니면 누가 인터넷 도메인 네임을 사재기했다 수백만 달러를 벌었다는 봉이 김선달 같은 이야기들뿐이다. 2세들 사이에는 힘들게 의사나 변호사 공부할 것이 아니라 인터넷 회사를 차려 일확천금을 벌 수 없을까 하는 생각이, 1세들 사이에서는 인터넷 주식으로 한탕할 수 없을까 하는 공상이 열병처럼 번지고 있다.

그러나 일반의 통념과는 달리 대다수 인터넷 업체들은 상장조차 해보지 못하고 문을 닫는다. e토이즈 같은 장난감 전문업체나 밸류 아메리카 같은 온라인 판매업체는 주가가 80~90%나 폭락한 채 언제 문을 닫을지 알 수 없는 형편이다. 아마존, 야후, 아메리카 온라인과 같은 대표 기업도 주가가 이미 수개월 전 최고치보다 30~40%나 하락한 상태다.

인터넷이 장차 인류 생활에 큰 변화를 가져올 것은 분명하다. 그렇다고 모든 인터넷 업체가 살아남지는 못한다. 미국에 항상 자동차 회사가 GM, 포드, 크라이슬러 셋뿐이었던 것은 아니다. 자동차와 함께 등장했던 수십 개의 나머지 자동차 제조회사는 모두 문을 닫았다. 실리콘 밸리의 인터넷 전문잡지 「레드 헤링」의 창립자인 앤서니와 마이클 퍼킨스 형제는 최근 『인터넷 버블』이란 책에서 대부분의 인터넷 회사들이 얼마나 엉터리이며 인터넷 창업자들이 어떻게 자기들끼리 주식을 나눠가진 후 가격을 부풀려 일반에 팔아먹는지 등의 비리를 낱낱이 파헤치고 있다. 인터넷 버블이 터질 때 대부분의 닷컴도 투기꾼들의 탐욕과 함께 역사의 뒤안길로 사라질 것이다.

2000. 01. 31

쌍둥이 형제, 라디오와 인터넷

1912년 4월 14일 밤 10시 25분. 북대서양을 항해하고 있던 카파티아 호에 급전이 날아들었다. "긴급. 빙산과 충돌. 가라앉고 있음." 당시 최대 규모의 초호화 여객선 타이타닉 호가 첫 항해에서 빙산과 충돌한 후 띄운 라디오 구조 메시지였다. 카파티아 호가 3시간 반 만에 사고 현장으로 달려가 구명보트에 탄 승객들을 건지지 않았더라면 아마 타이타닉 호의 승객 전원이 동사했을 것이다.

당시 일부 선박과 전문가 사이에서만 사용되던 라디오를 일반의 의식 속으로 끌어들인 것은 타이타닉의 침몰 때문이었다. 인근에 더 빨리 구조할 수 있었던 선박이 있었음에도 무전시설을 제대로 갖추지 못해 연락을 못 받았다는 사실이 밝혀지자 연방의회는 모든 선박에 라디오 장치를 의무화하는 법안을 통과시켰다.

그러나 미국인들의 라디오 열풍에 불을 지른 사람은 데이비드 사노프였다.

타이타닉 사고 당시 마르코니 전신사 뉴욕 지사 매니저였던 그는 유가족들이 사망자의 신원을 확인하려고 통신소로 몰려들어 아우성을 치는 현장을 목격하고 라디오의 위력을 절감했다. 라디오 방송국 RCA사의 총무국장(뒤에 사장이 됨)이었던 그는 1921년 잭 뎀시와 조지스 카펜티어의 헤비급 권투시합을 현장에서 중계함으로써 본격적인 라디오 시대의 개막을 선포했다.

라디오의 출현에 대해 미국인들이 보인 반응은 열광 그 자체였다. 라디오가 일반에 대량으로 보급되기 시작한 첫 해인 1921년 전문가들은 많아야 한 해에 2만 5,000대 정도 팔릴 것으로 예상했으나 첫 달에 이보다 많은 라디오가 팔려 나갔다. 라디오 제조회사가 1주일에 100개씩 창립됐으며 한 해 사이 라디오 회사 창립 자금으로 3억 달러가 투입됐다. 5,000여 개의 라디오 제조회사가 생겨났으며 라디오를 소비자들에게 파는 딜러만 2만 5,000여 개가 넘었다.

이와 함께 라디오야말로 미국인들의 생활 전반을 송두리째 바꿔놓으며 '빛나는 미래'를 가져다줄 거란 예측이 신문과 잡지를 온통 장식했다.

"앞으로 유세장은 사라질 것이다. 집안에 앉아서 연설을 듣고 누구를 찍을 것인지 결정할 수 있는데 애써 집회에 갈 필요가 없다." "소매상도 대부분 없어진다. 라디오 선전을 듣고 전화로 주문하는 시대가 오기 때문이다." "극장과 연주회장도 문을 닫아야 한다. 음악과 이야기를 거저 들을 수 있는데 돈을 주고 표를 살 이유가 없다. 전축과 음반제조회사도 마찬가지이다." "신문 시대는 가고 라디오 시대가 왔다. 사고 당일 현장에서 생생한 중계를 해주는데 누가 다음날 신문을 사 보겠는가" 등.

라디오야말로 무한한 가능성을 가진 투자 수단이란 인식이 퍼지면서 라디오 회사의 주식도 천정부지로 올랐다. 1920년대 초 5달러에 불과하던 대표적 라디오 회사 RCA의 주식은 1929년 최고 500달러까지 1만%나 치솟았다. 그러나 그해 주가 폭락과 함께 RCA 주식은 다시 5달러 수준으로 떨어졌다. 막차를 탄 투자가들은 본전을 찾는 데 30년을 기다려야 했으며 한때 RCA는 폐업 위기까지 가는 등 숱한 우여곡절을 겪었다.

지금 월가와 미국인들 사이에는 온통 통신혁명 얘기다. 인터넷이 어떻고 광통신이 어떻고 브로드밴드가 어떻고…… 요즘의 인터넷 열풍은 80년 전 라디오 열풍과 너무나 닮았다. 1920년대의 장기 호황을 라디오 산업이 뒷받침한 것처럼 지난 10년간 미국 호황은 통신혁명이 떠받들었다 해도 과언이 아니다. 야후, 아마존, 아메리카 온라인 같은 첨단 통신주들은 RCA와 똑같은 상승세를 보이고 있다.

라디오는 과연 세상을 바꿨다. 아직까지 가장 영향력 있는 매체인 TV의 탄생도 라디오 없이는 불가능했으며 현재 미 3대 네트워크 중 NBC와 ABC의 모회사가 바로 RCA다. 그러나 변화의 속도나 깊이는 라디오 탄생 시의 기대에는 못 미쳤다. 당장 사라질 것 같던 소매상과 극장, 연주회장, 신문 모두 아직까지 건재하며 정치인들의 유세도 과거 어느 때보다 많다.

따지고 보면 인류 역사는 통신혁명의 역사다. 인간을 동물과 구별하는 가장 큰 특징인 언어의 발명에서 선사시대와 역사시대를 가르는 문자의 발명, 지난 1,000년간 최대의 발명으로 꼽히는 구텐베르크의 인쇄술에 이르기까지 통신수단의 혁신만큼 인류 역사를 바꿔놓은 것은 없다. RCA 스토리는 통신혁명이 가져다 줄 미래에 대한 지나친 낙관에 경종을 울려준다.

2000. 06. 05

코즈모와 아마존의 위기

코즈모닷컴은 한때 가장 촉망받던 인터넷 기업의 하나였다. 이 회사를 세운 조셉 박(28)씨는 '비디오에서 아이스크림까지 주문만 하면 한 시간 내 배달해준다'는 캐치프레이즈를 내걸고 1997년 남보다 일찍 인터넷 비즈니스에 뛰어들어 신경제의 신화적 인물로 떠올랐다.

직장을 그만두고 1년간 창고에서 룸메이트와 먹고 자며 맨손으로 코즈모를 일궈낸 박씨는 한인 젊은이들에게 선망의 대상이었다. 요즘 2세들이 너도나도 대학을 때려치우고 닷컴 회사를 차리는 데는 박씨의 영향이 컸다. 한때 기업 평가 가치가 3억 달러에 달하며 억만장자 대열 진입을 눈앞에 뒀던 박씨는 한국을 방문하여 "코즈모 코리아를 설립할 계획이며 파트너가 되게 해달라는 한국 대기업들이 줄서 있다"고 기염을 토했다. 불과 지난 5월의 일이다.

그러나 이제 코즈모에서 박씨를 만날 수 없다. 경영 부진의 책임을 지고 일선에서 물러났기 때문이다. 1억 5,000만 달러의 신주를 공모하려던 계획도

취소됐다. 대신 270여 명의 직원들이 감원됐다. 코즈모가 연방증권거래위원회에 제출한 재무보고서를 보면 왜 이런 사태가 벌어졌는지 알 수 있다. 1999년 4/4분기 코즈모의 총수입은 211만 달러였다. 그런데 이 회사가 물건을 배달하는 데 든 돈만 228만 달러였다. 다시 말해 마케팅, 사무실 유지비, 심지어 물건의 원가를 다 빼고도 적자가 난 셈이다. 이것저것 다 합치면 석 달 동안 난 적자액은 1,800만 달러에 이른다.

이 회사의 대주주는 아마존닷컴이다. 아직도 코즈모 지분의 30%를 아마존이 갖고 있다. 코즈모가 살아 남느냐의 여부는 아마존이 얼마나 더 적극적으로 밀어주느냐에 달려 있다 해도 과언은 아니다. 박씨가 이 회사를 창업하게 된 동기도 아마존에 책을 주문했다 배달하는 데 시간이 너무 많이 걸려 불편하다는 점에 착안한 것이었다.

그러나 과연 아마존이 언제까지나 코즈모를 지원해줄 수 있을까는 미지수다. 아마존 자체가 지금 생사의 기로에 서 있기 때문이다. 불과 작년 말 창업자 제프 베조스가 「타임」지 '올해의 인물'로 뽑혀 표지에 날 정도로 신경제의 총아였던 아마존은, 최근 일부 투자가들이 생존 가능성에 대해 의문을 제기하면서 주가가 폭락을 거듭하는 수모를 겪고 있다. 올해 초 최고 120달러에 육박했던 아마존 주식은 최근 30달러 선까지 곤두박질했다 현재 40달러 선을 맴돌고 있다.

아마존의 위기도 코즈모와 똑같은 과정이다. 인터넷 판매 분야 선두주자로 가장 널리 이름이 알려진 아마존은 매출이 늘기는 하지만 창고 관리 등 부대비용이 예상보다 훨씬 더 들어 순익이 나지 않는 것이다. 올 들어 발생한 적자만 4억 달러며 이로 인해 작년 15억 달러 선이던 총부채는 21억 달러로 불어났다.

주가가 떨어지면서 종업원들의 사기도 말이 아니다. '나도 백만장자가 될 수 있다'는 꿈을 품고 월급 대신 스톡옵션을 받았는데 주식 값이 워낙 바닥을 기고 있어 권리를 행사해봐야 돈이 되지 않는 것이다. 얼마 전에는 수석 부사장까지 사표를 냈다.

아마존은 책과 비디오뿐만 아니라 자동차까지 판매 상품을 확대하고 프랑스인을 위한 웹사이트까지 개설하는 등 수익을 늘리기 위해 안간힘을 쓰고 있으나 성공 여부는 불확실하다. 아마존은 책가게란 인식이 굳어져 있는 데다 인터넷을 통해 책을 사는 프랑스인들은 전 국민의 1%에 불과하기 때문이다.

지금까지 빌린 돈을 재융자해야 하는 내년 초가 아마존의 생사 갈림길이 될 것으로 관측통들은 보고 있다. 추가로 투자자금을 유치할 수 있다면 모르지만 그렇지 못할 경우 도산이 불가피할 것이란 얘기다.

진짜 심각한 것은 이것이 코즈모와 아마존에 국한된 문제가 아니라는 점이다. 인터넷으로 애완 동물을 파는 페츠닷컴, 장난감 판매업체인 e토이즈닷컴 같은 수많은 군소업체가 폐업 위기에 놓여 있다. 신경제의 대명사인 야후도 광고가 줄어 고전을 하면서 올 초 250달러씩 하던 주가가 100달러 선으로 폭락했다. 닷컴이 붙은 업체치고 제대로 수익을 내는 곳은 극소수다.

지난 수년간 미 경제의 활황은 인터넷 등 하이테크를 내세운 신경제 기업들의 약진에 힘입은 바 크다. 이들 기업이 무너질 경우 과연 지금 같은 호경기가 계속될 수 있을지 한번 생각해볼 문제다.

2000. 09. 11

인터넷 거지와 물귀신

불교설화에 '공덕천녀와 흑암천녀' 이야기가 있다. 어느 날 부잣집에 절세 미인이 찾아온다. 황급히 문 앞으로 뛰어나온 부자가 "어쩐 일로 누추한 곳을 찾으셨습니까?" 하고 묻자 이 미인은 자신을 공덕천녀라고 소개하며 "제가 머무는 곳에는 부귀영화가 찾아옵니다"라고 했다. 때아닌 횡재에 입이 벌어진 주인이 "어서 안으로 드시오"라고 하자 공덕천녀 옆에 서 있던 거지 행색의 흉물스런 여성이 같이 발을 들여놓으려는 것이 아닌가. "어딘데 감히 들어오려 하느냐"며 하인들이 제지하자 공덕천녀는 "그 아이는 흑암천녀라는 내 동생인데 내가 가는 곳은 언제나 따라 다닌답니다"라고 말했다. 부자가 "흑암천녀가 집안에 들어오면 어떤 일이 벌어집니까?" 하고 묻자 공덕천녀는 "흑암천녀가 들어오는 집은 사업이 망하고 가족은 질병에 시달리며 결국에 가서는 식구 모두 죽게 됩니다"라고 대답했다. 기겁을 한 부자는 두 여인을 황급히 내쫓았고 두 여인은 결국 이웃 가난한 남자가 부인으로 맞아들였다는 이야기다.

석가 세존은 제자들에게 이 이야기를 들려주면서 인생은 어차피 태어날 때부터 고통과 기쁨, 성공과 실패가 따라 다니게 돼 있는데 중생은 어리석게도 기쁨과 성공만을 탐하며 고통과 실패는 어떻게 해서든 피하려 한다고 탄식했다. 이야기 속의 부자는 중생, 가난한 남자는 깨달음을 얻은 구도자를 뜻한다.

불과 한두 달 사이 미국경제 분위기가 갑자기 바뀌었다. 인터넷을 중심으로 한 신경제가 출현하면서 '불황은 옛 이야기고 호경기의 중단 없는 전진이 언제까지나 계속될 것이다'란 장밋빛 전망은 쑥 들어가고 경착륙 이야기가 주종을 이루고 있다. 경제성장률 둔화와 실업수당 신청자 증가, 신규 주택과 자동차 판매 하락, 소비자 신뢰지수 추락과 재고 증가 등등 나오는 얘기마다 경기 급랭 소식뿐이다.

왜 경기가 나빠지고 있느냐는 데 대한 분석은 여러 가지이지만 그 가장 큰 원인은 하이테크 업체의 몰락에서 찾아야 할 것 같다. 하이테크 업체의 부침을 제일 극명하게 보여주는 나스닥지수는 지난 석 달 사이 40%, 올 3월 최고치에서는 50% 내려갔으며 하이테크의 대명사 인터넷 업체들로 구성된 인터넷 지수는 75% 폭락했다. 애완동물을 인터넷으로 팔겠다는 페츠닷컴 등은 문 닫은 지 오래며 장난감 업계의 전자혁명을 일으켜 보겠다던 e토이즈 등은 최고치에서 95% 떨어진 가운데 회생이 어려울 것이란 판정을 받고 있다.

생사기로에 선 것은 군소업체뿐만이 아니다. e커머스의 선두주자 아마존은 연초 대비 주가가 80% 폭락하면서 월급 대신 스톡옵션을 받기로 했던 직원들이 생계 유지조차 힘들어지자 노조 결성을 추진하고 있다. 인터넷 포털 사이트의 대명사 야후조차 주가가 250달러에서 35달러 선으로 내려갔다. 전문가들은 야후가 인터넷 업체 중 가장 재정이 건실한 편이지만 이 회사 자산을 총 주식 수로 나눈 적정 주가는 3달러 선이라며 인터넷 프리미엄이 사라질 경우 아직도 떨어질 여지가 큰 것으로 보고 있다.

인터넷 주식의 몰락으로 나스닥에서만 2조 달러, 다우와 S&P 등까지 합치면 올 들어 증시에서 4조 달러가 증발했다. 미국민들이 1년 동안 만들어낸 상품과 서비스 총액(GDP)이 10조 달러 선이니까 가만히 앉아 GDP의 40%가 달아난 셈이다. 이 같은 거액이 증시에서 사라지기는 미 역사상 처음이다.

백만장자의 꿈을 안고 하이테크 분야에 뛰어들었다가 주가가 폭락하거나 회사 폐업으로 일자리를 잃고 허망해하는 모습을 보고 많은 사람들은 속으로 고소해하고 있다. 젊은 애들이 컴퓨터 좀 안다고 거들먹거리는 꼴이 거슬렸는데 고거 잘 됐다는 식이다. 한국에도 '사촌이 땅을 사면 배가 아프다'는 속담이 있지만 서양, 특히 독일인 사이에 그런 감정이 많았는지 그런 때 느끼는 기쁨을 두고 부르는 '샤덴프로이데(Schadenfreude)'라는 말이 있다.

그러나 샤덴프로이데를 만끽하기는 아직 이르다. 지난 수년간 미국의 유례없는 호황이 상당 부분 이들 닷컴 백만장자들 덕이기 때문이다. 이들이 멸종할 경우 미국경제를 지탱해주던 중요한 버팀목 하나가 쓰러지는 꼴이 된다. 나스닥 주가는 지금까지의 폭락에도 불구하고 아직도 과대평가 돼 있다는 지적이 높다. 수익을 기준으로 한 역사적 평균으로 돌아가려면 2,000포인트는 더 떨어져야 한다는 것이다. 최근 미 주가와 경기의 반전은, 호황과 불황의 사이클은 사라지지 않았으며 공덕천녀와 흑암천녀는 항상 함께 다닌다는 진리를 확인시켜준다.

2000. 11. 21

집값 거품론 시비

요즘 집 때문에 아우성이다. 집을 내놓기만 하면 매수자들이 몰려들어 오퍼 가격보다 더 비싸게 줄 테니 팔라고 통사정하는가 하면 심지어는 매수자가 훨씬 더 높은 값을 치르겠다고 해도 그 가격에 팔지 못하는 경우까지 있다. 불과 2~3년 전에 비해 50~60% 오른 값에 거래가 이뤄지는 바람에 감정가가 나오지 않는 것이다. 감정가가 나오지 않으면 융자가 되지 않아 매도인은 울며 겨자 먹기로 깎아줄 수밖에 없다.

부동산은 지금 미국 경기 악화를 막는 가장 중요한 방파제 역할을 하고 있다. 작년 3월부터 시작된 불황의 여파가 아직 뼈아프게 느껴지지 않는 것도 상당 부분은 부동산 호황 덕이다.

올해 부동산 전망에 관한 기사들도 열에 아홉은 작년과 같은 호황이 계속될 것이란 낙관론이다. 대다수 분석가들은 이민자 유입, 낮은 금리, 매물 부족 현상이 계속되는 한 올해 주택 경기도 걱정할 필요가 없다는 입장을 보이고 있다.

과연 이 같은 장미빛 전망을 믿어도 되는 것일까. 「월스트리트저널」은 지난주 '부동산 거품론'이 조심스럽게 고개를 들고 있다는 기사를 내보냈다. 미 최대 모기지 회사의 하나인 HSBC 보고서는 주택 가격 상승이 구입자의 연 소득 상승률을 큰 폭으로 상회하고 있어 집값과 구입 능력 사이에 간격이 벌어지고 있으며 이런 현상은 오래 지속될 수 없다고 분석했다. 다시 말해 소득이 집값 수준에 맞게 오르거나 아니면 집값이 소득 수준으로 하향 조정될 수밖에 없다는 것이다.

모건스탠리 사는 「집값: 터지기 직전의 버블」이라는 보고서에서 주택 시장이 무너지면서 미국 경기는 '제2의 불황' 국면을 맞을 수 있음을 경고했다. 네드데이비스 사도 주택 경기 지수가 적색으로 돌아섰다며 주택 시장이 이처럼 뜨거운 것은 더 늦기 전에 막차를 타려는 첫 주택 구입자들이 결사적으로 매물을 잡고 있기 때문이라고 분석했다.

주가 평가 기준으로 쓰이는 지표 중 가장 중요한 것이 P/E 비율(price to earnings ratio)이다. 주식의 가격을 그 회사가 한 해 동안 벌어들인 주당 소득으로 나눈 가격인 P/E는, 주식이 싼가 비싼가를 재는 1차 기준으로 사용된다. 지난 70년간 미 주가의 평균 P/E는 14 정도였다. 불황 때는 7까지 내려가고 호황 때는 30 이상 올라가기도 하지만 역사적으로 보면 결국은 제자리로 돌아왔다. 지난 1년간의 주가 하락에도 불구하고 현재 미 500대 기업의 주가는 35선으로 아직 과대평가돼 있다.

주택에도 이와 비슷한 구매능력 지수라는 게 있다. 지수가 높아지면 높아질수록 집을 살 수 있는 사람은 줄어든다. 역사적으로 1.2 선이던 이 지수가 현재 1.6 선에 와 있다. 이 지수가 마지막으로 이처럼 높은 수치를 기록한 것은 주택 열기가 절정에 달했던 1989년이다.

주택 경기를 좌우할 또 하나의 변수는 금리다. 작년 한 해 동안 연방준비제도이사회는 단기 금리를 11차례나 내렸지만 모기지 금리를 좌우하는 장기금리는 거의 변화가 없었다. 전문가들은 올해 경기가 회복된다면 바닥에 와 있는 장기 금리가 오름세로 돌아설 것으로 예상하고 있다. 장기 금리의 상승은 상환 부담을 늘려 집 사는 것을 어렵게 한다.

낙관론자들은 주가 폭락에도 불구하고 부동산 열기가 식지 않고 있음을 지적하면서 주가에서 빠져나온 돈이 부동산으로 몰리고 있어 오히려 부동산은 증시 냉각의 덕을 보고 있다고 주장한다. 반면 비관론자들은, 일본의 경우도 나스닥 이전까지 사상 최대 버블이던 1989년 닛케이 지수가 터진 후 1년이 지나서야 부동산 거품이 꺼지기 시작했다며 부동산 호황을 단언할 수 없다고 맞서고 있다.

낙관론자나 비관론자나 지난 5년 사이 미 주택 값이 역사상 가장 빠른 속도로 올랐다는 것은 부인하지 않는다. 지난 수년간 주식이 그랬던 것처럼 현 주택 시장은 역사적 기준으로 볼 때 과대평가돼 있다. 주식이든 주택이든 모든 상품은 과대평가와 과소평가 사이를 진동한다. 지나치게 빨리 오른 것은 반드시 조정국면을 거친다는 것이 역사의 가르침이다. 역사를 망각하는 자는 역사를 되풀이한다. 1989년 부동산과 2000년 주식 시장이 남긴 교훈을 기억하자.

2002. 02. 08

추락하는 것은 날개가 있나

미 증시가 끝없는 추락을 거듭하고 있다. 지난 한 달여에 걸쳐 주요 주가 지수들은 중단 없는 하락을 거듭, 9·11 테러 직후 폭락했던 수준을 밑돌거나 근접해 있다. 부시 대통령이 금융개혁을 하겠다고 해도 떨어지고 미 경기 회복을 알리는 지표가 나와도 주저앉고 하는 식이다.

미 주가가 연일 이처럼 내리막길을 걷는 가장 큰 원인으로는 신뢰 상실이 지목되고 있다. 월드컴을 비롯 미 대기업들이 장부 조작 등 회계 부정을 저지른 데다, 상장사와 증권 회사들이 짜고 가짜 장밋빛 전망을 내놓은 사실이 밝혀지면서 미 기업들에 대한 신뢰도가 떨어졌다는 주장 때문이다.

그러나 회계 장부 조작이나 기업과 증권사 간의 유착 관계는 새로운 사실이 아니다. 수년 전 「비즈니스위크」가 대기업 중역들을 상대로 장부 조작을 한 일이 있었느냐고 여론조사를 한 결과 10% 이상이 '그렇다' 고 대답했다. 이런 사실이 보도됐는데도 당시 활황세에 있던 주가는 연일 오르기만 했다.

최근의 금융 스캔들은 주가 하락의 원인이라기보다 결과라고 보는 게 정확하다. 거품이 조금씩 가시면서 그 동안 호황에 가려져 있던 온갖 문제점이 드러나기 시작한 것이다. 미 주가가 하락하기 시작한 것은 별다른 추문이 없던 2000년 3월부터다. 그후 다우지수는 25%, 스탠더드 앤드 푸어 500 지수는 40%, 나스닥은 75% 하락했다. 미 주가가 이처럼 짧은 기간 동안 많이 떨어진 것은 대공황 이래 처음이다.

주가 폭락으로 가장 큰 고통을 받고 있는 사람들은 은퇴를 했거나 은퇴를 앞둔 사람들이다. 2~3년 전까지만 401K와 IRA 계좌에 수십만에서 수백만 달러의 은퇴 자금을 모아놓고 세계 일주와 지중해 크루즈 등 안락한 노후 생활을 꿈꾸던 노인들 가운데, 은퇴 시기를 늦추거나 은퇴를 했다가도 다시 취업전선에 나서는 경우가 늘고 있다. 실제로 지난 1년간 고령자 취업률은 오름세를 보이고 있다.

그러나 주가가 더 하락할 경우 피해를 볼 사람은 노인들만이 아니다. 기업 투자의 둔화로 고용 창출이 안 되는 것은 물론 소비 심리를 위축시켜 경기 회복을 둔화시키는 등 실물 경제로의 파급 효과 또한 무시할 수 없다. 주가가 미래의 경기를 재는 가장 정확한 바로미터로 꼽히는 것은 그 때문이다.

증시의 지속적인 침체는 정치판도도 바꿔놓는다. 역대 미 대통령 치고 증시가 죽을 쑤고 있을 때 재임했다 빛 본 사람이 없다. 1929년 주가 폭락 직전 대통령이 되었다가 지금까지 최악의 정치인으로 지탄받고 있는 후버, 1966~68년 증시 침체 때 대통령을 지낸 존슨, 스태그플레이션이 한창이던 1974년 사임한 닉슨, 1990~91년 불황으로 재선에 실패한 부시 등이 좋은 예다. 대공황 당시 집권 여당이던 공화당은 그후 20여 년간 권력을 내놔야 했다.

지금 투자가들의 최대 관심사는 도대체 얼마나 더 주가가 내려갈 것인가 하는 점이다. 연초 주가 급등과 함께 지면을 장식했던 희망찬 전망은 사라지고 '공포'와 '위기' 그리고 '불안'과 '좌절' 등의 단어가 자주 눈에 뜨인다.

지금이 바닥이라는 기사도 간혹 보인다. 그러나 그런 얘기가 나왔다는 사실 자체가 아직도 진정한 바닥까지는 갈 길이 멀었음을 시사한다. '마지막 낙관론자가 죽을 때까지 불황 장세는 끝나지 않는다'는 격언이 있다. 모든 사람이 희망을 버렸을 때, 다시 말해 팔 사람은 모두 팔았을 때가 진짜 바닥이라는 것이다. 주가가 진짜 바닥에 다다랐을 때는 모든 사람이 투매하기에 바빠 이런 질문을 던질 여유조차 없다.

아직도 미 주가는 몹시 과대평가되어 있으며 앞으로도 얼마든지 더 떨어질 여지가 있다. 그러나 주가는 일직선으로 내려가지는 않는다. 지금처럼 오랜 기간 하락한 후에는 일단 반등한 후 다시 내려가는 게 상례다. 투자가들의 비관도를 재는 과매도지수(oversold index)는 테러 이후 최저점에 와 있다. 15일 한때 다우 지수가 400여 포인트 폭락했다 종장에서 낙폭을 대부분 회복한 것도 증시가 일단 반등의 발판을 마련했다는 신호이다.

지난 2년여의 줄기찬 하락에도 불구, 주가가 과대평가돼 있다는 것은 2000년의 증시 광풍이 얼마나 사상 유례 없는 일이었는가를 말해준다. 월가의 한숨 소리에 비례해 증시의 반등 폭도 커지겠지만 그후보다 더 큰 하락이 이어질 가능성이 높다. 지금 증시는 심장이 약한 사람이 가까이 할 곳이 못 된다.

2002. 07. 15

목숨을 건 약속

모기지(mortgage)는 원래 '목숨을 건 약속'이란 뜻의 고대 프랑스어가 어원이다. 단어 안에 '죽음'을 의미하는 'mort'가 들어 있는 것은 그 때문이다. 그러나 이런 어원은 잊혀진 지 오래다. 긴 주택 호황과 함께 모기지를 끌어안는 미국인은 급증 일로다. 미국 내 모기지 총액은 지난 4년 새 50%가 뛰어 현재 5조 7,000억 달러에 이르고 있다.

이렇게 모기지 부담이 늘어나고 있는 것은 집값이 계속 오르자 (캘리포니아주 등 일부 지역은 100%) '지금 집을 못 사면 평생 못 산다'는 초조감에 쫓긴 첫 주택 구입자들이 무리해서라도 집을 장만하고 있기 때문이다. 종전처럼 20%씩 가격을 내려서 집을 사는 사람은 별로 없고 5~3%, 혹은 전혀 깎지 않는 사람도 많다.

모기지 종류도 전통적인 15년이나 30년 고정보다 몇 년간 원금은 갚지 않고 이자만 내는 프로그램 등 '창조적 파이낸싱'이 인기를 끌고 있다. 그 결과

모래 속의 타조

미국인들의 주택 구입률은 68%대로 사상 최고를 기록하고 있다.

여기서 주목할 점은 주택 가격은 계속 올랐음에도 집값에서 부채를 제외한 순자산(equity, 에퀴티)은 오히려 줄어들고 있다는 점이다. 1994년 미국 주택 소유자들의 평균 에퀴티는 45%였다. 그러던 것이 1995년에는 40%, 1996년에는 35% 하는 식으로 계속 줄어 2001년에는 15%까지 낮아졌다.

에퀴티를 까먹는 주범은 재융자다. 근 30년 최저의 낮은 금리와 함께 재융자는 폭발적으로 늘고 있다. 그 바람에 대기업들은 감원 선풍으로 전전긍긍하지만 재융자 비즈니스만은 일손이 딸려 대규모 인력 충원이 불가피한 실정이다. 재융자를 한 다음 집값 오른 만큼의 에퀴티를 다 빼쓰는 바람에 모기지 부담은 날로 커지고 있는 것이다.

단기적으로 볼 때 긍정적 측면이 없는 것은 아니다. 재융자를 통해 흘러나온 돈 때문에 지난 1년간 미국 경기가 그래도 이나마 돌아갔다고 앨런 그린스펀 연방준비제도이사회(FRB) 의장도 의회 청문회에서 밝힌 바 있다. 집이 돼지저금통 구실을 톡톡히 하고 있는 셈이다.

그러나 장기적인 측면에서 이는 주택 소유자의 재정을 위협하는 행위다. 재융자 때 빼낸 돈의 30%는 신용카드 대금 등 개인 부채를 갚는 데 쓴 것으로 나타났다. 고리대금 같은 카드 빚을 이자가 싼 모기지로 대체했다고 좋아할지 모르지만 무담보 부채를 '목숨을 건 부채'로 바꿨음을 기억해야 한다.

유례없는 주택 호경기에도 불구, 주택 차압률과 월 페이먼트 미납률 또한 사상 최고 수준이다. 수입에 비해 무리하게 허겁지겁 집을 산 사람, 경기 침체로 일자리를 잃은 사람들이 페이먼트 부담을 견디지 못하고 있음을 알리는 신호다.

올해 개인 파산 또한 사상 최고다. 그 중에서 특기할 사항은 챕터 13을 부르는 사람이 단연 늘었다는 점이다. 챕터 13은 작년에 비해 8% 증가한 반면 챕터 7은 오히려 소폭 줄었다. 챕터 7은 거의 모든 빚을 털 수 있지만 집도 빼앗기게 된다. 반면 챕터 13은 채무 상환을 연기하는 것이지만 집을 지킬 수 있다.

주택 소유자 중 파산을 부르는 사람은 5년 전 45만에서 작년 75만으로 급증세를 보이고 있다. "주택 소유자들의 파산 물결은 이제부터가 시작"이라는 게 이 조사를 한 엘리자베스 워런 하버드 법대 교수의 생각이다.

경기가 회복되더라도 실업자는 당분간 계속 증가할 전망이다. 거기다 미국인들의 주택 능력 지수는 수십 년래 최저 수준이다. 또 FRB의 단기 금리 인하에도 불구, 모기지 금리는 오히려 반등세를 보이고 있다. 그럼에도 내년 집값 하락을 점치는 이야기는 찾아보기 힘들다. 2000년 3월 나스닥이 5,000을 기록했을 때 하이테크 주가가 사상 최악의 폭락을 겪을 것을 예견한 사람이 거의 없었던 것처럼 말이다.

살던 집을 빼앗기는 것은 이혼이나 사별과 함께 보통 인간이 겪을 수 있는 가장 아픈 경험의 하나다. 지금은 '영원한 주택 호황'을 외치는 앵무새 소리에 현혹되기보다는 '모기지'의 원 뜻을 헤아려 볼 때가 아닌가 한다.

2002. 11. 14

창조적 융자

세상에는 알 수 없는 일들이 많다. 이런 알 수 없는 일의 하나로 꼽힐 만한 것이 최근 미국 집값이다. 미국 주택 가격 상승이 인플레이션과 소득 상승을 앞질러 가고 있다며 이런 상태가 오래 계속될 수 없다는 전망에도 불구, 일부 지역 집값은 7~8년째 두 자리 숫자의 상승을 거듭해왔다.

이를 두고 일부에서는 이민자가 계속 유입돼서라느니 공급이 수요를 따라가지 못하고 있기 때문이라느니 이자율이 낮기 때문이라느니 갖가지 설명을 내놓고 있으나 별로 설득력이 없다. 왜냐하면 1990~97년, 부동산이 맥을 추지 못하는 시절에도 지금처럼 이민자와 인구는 꾸준히 늘었고 지난 수년간 미국 내 신규주택 수는 수백만 채가 증가했기 때문이다. 전에 비해 인구가 기하급수적으로 는 것도, 공급이 준 것도 아닌데 집값은 폭등한 것이다.

이자율이 낮은 것은 사실이지만 지난 1년여에 걸쳐 연방준비제도이사회는 9차례나 단기 금리를 인상했다. 단기 금리가 1%에서 3.25%로 올랐으면 당연히 모기지 부담도 늘어났을 것이고 그러면 집을 사기도 힘들어졌을 텐데도 주택 매매 열기는 좀처럼 식지 않고 있다. 도대체 어떻게 된 것일까?

최근 들어 그 비밀에 대한 답을 주는 통계들이 나오고 있다. 미국에서 집을 살 때는 일정 비율 이상의 현금을 지불해야 하는 다운페이먼트라는 게 있는데, 전국 부동산협회(NAR) 자료에 따르면 신규주택 구입자의 42%와 전체 구입자의 25%가 전혀 다운페이먼트를 하지 않고 있다. 일부에서는 집값의 105%를 융자받아 5%는 수수료 등 융자 비용으로 쓰고 있다. 자기 돈은 한 푼도 쓰지 않고 집을 사는 사람들이 급증하고 있는 것이다. 거기다 부동산 붐에 편승해 돈을 벌려는 은행들은 소득을 제대로 검증하지 않고 융자해주는 '간이서류 융자(low doc loan)'나 '무서류 융자(no doc loan)'를 해주느라 정신이 없다.

'노 다운'으로 인해 발생하는 어마어마한 모기지 부담은 소위 '창조적 융자'를 통해 해결한다. 원금은 전혀 갚지 않고 이자만 상환하는 '이자상환 론(interest-only loan)'은 양반이고 이자도 채 못 갚아 해가 가면 갈수록 원금이 더 커지는 '원금증가 론(negative amortisation loans)'이 최근 인기 상품이다. 심지어 갚고 싶은 만큼만 갚는 '융통성 있는 융자'도 있다. 캘리포니아주에서 올해 나간 모기지의 60%가 이런 것들이다. 불과 3년 전인 2002년만 해도 이런 론을 이용하는 사람은 전체의 2%에 불과했다.

이런 론들의 특징은 절대다수가 변동이자율을 택하고 있다는 점이다. 캘리포니아주 등 부동산 붐이 거센 지역의 경우, 전체 론의 절반 이상이 변동이자율이며 한인의 경우는 80%가 그렇다는 것이 은행 관계자들의 이야기다. 변동 론은 물론 차후에 이자율이 올라가면 그만큼 상환 부담이 커진다.

주택 구매자가 이렇게 위험한 방식의 융자를 택하는 이유는 두 가지다. 하나는 집값이 워낙 올라 이런 방식이 아니고서는 페이먼트를 할 수가 없는 것이고 또 하나는 페이먼트할 여력이 있어도 미련하게 원금을 갚아 가느니 이자만 물고 페이먼트를 낮춰 집을 두 채 사면 큰돈을 벌 수 있다는 생각 때문이다. 물론 이런 계산이 들어맞으려면 집값은 계속 오르고 금리는 계속 낮은 상태가 계속되어야 한다.

얼마 전 일부 지역 부동산에 거품이 끼었음을 지적한 앨런 그린스펀 FRB 의장은 최근 연방의회 청문회에서 "이런 '창조적 융자'가 재난을 가져올 것"이라고 경고했다. 한때 지금 미국의 일부 지역처럼 뜨거운 부동산 경기를 자랑하던 일본의 집값은 1991년 이후 14년째 하락, 지금은 그때 시세보다 40%나 내려갔다. 1990년대 초 일본이 이와 같았다.

또 작년까지 미국보다 더 달아올랐던 영국과 호주의 부동산은 이제 뚜렷한 하락세를 보이고 있다. 뿐만 아니라 이런 '창조적 융자'에도 불구, 미국 신규 주택 중간가는 지난 두 달간 연속 하락해 8%나 떨어졌다.

붐과 버스트는 경제 현상뿐만 아니라 모든 인간사에 적용되는 불변의 진리다. 어느 날 예고 없이 붐이 끝날 때 가장 큰 피해를 입을 사람은 바로 '창조적 융자' 이용자들이다. 아무리 집을 사고 싶은 마음이 간절하더라도 그것만은 피할 것을 권하고 싶다.

2005. 08. 02

마지막 경고

카산드라는 트로이의 프리암 왕과 헤쿠바 왕비 사이에서 태어난 공주다. 아폴로의 눈에 들어 미래를 예지하는 능력을 부여받았으나 그의 사랑을 거절했다는 죄로 아무도 그녀의 말을 믿지 않는 벌을 받는다.

그리스인들이 목마를 남겨두고 떠난 후 트로이인들에게 이를 성으로 들일 경우 나라가 망할 것을 경고했으나 누구도 귀를 기울이지 않았다. 결국 트로이는 멸망하고 카산드라는 아가멤논의 노예로 끌려갔다가 아가멤논의 아내 클리템네스트라에 의해 아가멤논과 함께 살해되고 만다. 그리스 신화에 나오는 이야기 한 토막이다.

지난 주말 미국에서 가장 경치 좋은 동네의 하나인 와이오밍 잭슨 홀에서 미 중앙은행 연례 총회가 열렸다. 내년 1월 퇴임을 앞두고 있는 앨런 그린스펀 연방준비제도이사회 의장으로서는 마지막 참석이었기 때문에 사람들은 그의 연설도 덕담 정도에 그칠 것으로 예상했다.

그러나 그는 이 자리를 미국경제가 처한 위험을 경고하는 데 사용했다. 지금 부동산과 주가 상승으로 미국민은 풍요를 누리고 있는 것처럼 보이지만 이처럼 "풍부한 유동성(돈)은 순식간에 사라질 수 있다"며 어떤 이유에서건 투자가들이 더 조심스러워지면 이들은 빚을 갚기 위해 자산을 팔아야 하며 그렇게 되면 그 가격은 하락할 수 있다고 밝혔다. 그는 또 "역사는, 장기간에 걸친 낮은 위험 부담의 시기는 뒤끝이 좋지 않았음을 보여준다"고 말했는데 이는 쉬운 말로 "겁 없이 투자하면 망한다"라는 뜻으로 풀이할 수 있다.

그는 미국경제를 위협할 수 있는 요소로 보호무역주의 압력 증대와 통제 불능 상태로 빠져들고 있는 재정 적자를 들고, 자유 무역으로 인한 일자리 감소는 교육을 통한 노동력의 질을 높이는 방향으로 해결해야지 나라의 빗장을 걸어 잠가서는 안 된다고도 했다. 구구절절 옳은 소리다.

익히 알려진 것과 같이 그린스펀은 1996년 "이유 없는 낙관" 발언을 통해 주식 시장 거품의 위험을 경고했고 1999년 미 중앙은행 연례 총회에서 주가의 급등은 설명할 수 없는 현상으로 "비정상적인 것"이라고 말한 바 있다. 다우존스 산업지수와 나스닥은 모두 몇 달 뒤 꼭지를 친 후 5년이 지난 지금까지 회복되지 못하고 있다.

그린스펀은 얼마 전에도 미 일부 지역 부동산에 거품이 끼었다는 말을 한 적이 있다. 그러나 이번처럼 강한 어조로 주식과 부동산 버블의 위험성을 지적한 것은 처음이다. 그린스펀은 자신의 투자 자금을 모두 가장 안전한 머니마켓 펀드에 넣어두고 있다고 한다. 이 사실이 사람들에게 알려지자 미국경제의 최고 권위자라는 사람이 문외한인 아내보다 투자 수익률이 낮다고 조롱을 받기도 했다. 그의 이런 투자 결정은 이번 발언과 연관시켜볼 때 예사스럽지 않아 보인다.

지난 수년간 부동산 가격의 급등에도 불구, 미국인들이 집에 관해 가지고 있는 에퀴티는 75%에서 50%대로 줄어들었다. 오르는 것보다 더 많은 돈을 재융자를 통해 뽑아 썼기 때문이다. 거기다 평균 저축률은 0%다. 미국인들의 주머니 사정은 경기가 나빠질 경우 어느 때보다 취약한 상태다.

겉으로 태평성대처럼 보이는 미국경제는 곳곳에 구조적인 문제점을 안고 있다. 모든 것이 잘 풀려 좋은 시절이 계속될 수도 있겠지만 상황이 나빠질 가능성도 엄존한다. 한 여름철 신나게 놀다 추운 겨울이 오면 개미한테 찾아가 구걸하는 베짱이보다는 평소에도 늘 검소하고 부지런한 개미가 되는 것이 현명하지 않을까.

FRB 부의장 재직 시절 사사건건 그린스펀과 충돌한 블라인더 교수는 이번 총회에서 "그야말로 미국 역사상 가장 뛰어난 중앙은행장"이라고 찬사를 아끼지 않았다. 미국 정치인과 국민들이 동료들로부터 보기 드문 존경을 받는 경제 수장의 충언에 귀기울여 더 늦기 전 다가올 어려운 시절에 대한 준비를 할 수 있을지 두고 볼 일이다.

2005. 08. 30

한국인의 미국 부동산 투자 열풍

1980년대 말에서 1990년대 초까지 일본인들이 미국에 몰려온 적이 있다. 수십 년간의 장기 호황과 수출로 벌어들인 달러를 가지고 미국 부동산을 마구 사들이기 시작했다. '세계에서 가장 아름다운 골프 코스'의 하나로 손꼽히는 페블 비치는 부동산 재벌 이스타니 미노루의 손에 넘어갔고 뉴욕을 대표하는 명물 록펠러센터는 미쓰비시 자회사가 인수했다. LA 다운타운의 고층빌딩은 모조리 일본인 소유가 되고 이러다가 미국 전체가 일본 땅이 되는 것이 아니냐는 우려가 나온 것도 이때다.

그러나 수년 후 이는 기우에 지나지 않았던 것으로 밝혀졌다. 페블 비치 골프 코스를 8억 5,000만 달러에 사들였던 이스타니는 불과 2년 후 이를 5억 달러에 다른 일본 회사에 팔아 넘겼으며 이는 다시 수년 후 클린트 이스트우드를 포함한 미국인 투자그룹의 손으로 돌아왔다. 록펠러센터 역시 너무 비싸게 사는 바람에 운영이 안 돼 결국 파산할 수밖에 없었으며 나중에 미국인 투자그룹이 헐값에 사들이고 말았다. 한때 기세 좋게 미국을 점령할 것 같았던 일본인들은 섣불리 미국 부동산 시장에 뛰어들었다가 '부동산에 관한 한 미국이 한 수 위'라는 소리만 듣고 물러나고 말았다.

그후 10여 년이 지난 지금 한국인들이 미국 부동산 시장에 몰려든다는 소식이 들린다. 최근 「월스트리트저널」은 한국 투자자금이 미국 부동산으로 흘러들고 있다는 기사를 내보냈다. 맨해튼 인근 뉴저지의 344유닛 콘도의 경우 구매자의 절반 이상이 한국에 사는 한국인이며 이들 중 절반은 전액을 현찰로 내고 있다는 것이다. 한국 언론에 따르면 뉴욕 인근의 고급 콘도를 한국인들이 마구잡이로 사들이는 바람에 미국 브로커들은 요즘 간단한 인사말은 한국어로 하는 형편이라고 한다.

이 같은 현상은 한국인들이 미국 부동산 시장에 대한 정확한 정보를 바탕으로 투자 결정을 내렸다기보다는 국내 사정에 기인한 바 크다. 한국 정부는 종부세와 고급 아파트에 대한 중과세 등을 통해 부동산 투기를 잡는 데 총력을 기울이고 있다. 이와 동시에 넘치는 달러로 인한 원화 절상을 막기 위해 해외 부동산 투자에 대한 규제를 대폭 완화했다.

해외 부동산 투자로 얻어진 수익에 대해서는 국내 부동산에 관한 높은 세율이 적용되지 않는다. 국내 재산을 해외로 반출하고 싶고 중과세를 피하고 싶은 사람들에게는 절호의 기회인 셈이다. 해외 부동산 투자 세미나가 열리면 1,000명이 넘는 사람이 몰리고 한 해외 투자클럽 회원 수는 연초 1,000명에서 이제 6,000명 선을 넘어섰다.

때맞춰 미 부동산 경기의 둔화 조짐은 더욱 뚜렷해지고 있다. 캘리포니아 주에서 가장 먼저, 가장 뜨겁게 끓어오르던 샌디에이고 주택 시장은 급속히 식고 있다. '캘리포니아 주택 시장의 풍향계'로 불리는 샌디에이고 6월 중간 주택가는 전년에 비해 1% 떨어졌다. 이곳 집값이 전년에 비해 떨어진 것은 10년래 처음이다. 신축 주택의 경우는 낙폭이 더 커서 작년보다 8%나 내려갔다. 이와 함께 모기지 체납률은 60%나 증가했다. 내년에 금리가 상향 조정될 변동 모기지 총액이 2조 달러에 이르는 점을 감안하면 이는 더 오를 수밖에 없을 것으로 보인다.

일부에서는 한국인의 미국 부동산 투자 열풍이 식어가는 경기를 회복시켜 주리라 기대하는 모양이지만 근거가 희박하다. 1980년대 말 일본의 미 부동산 투자는 지금 한국과는 비교가 되지 않을 정도로 규모가 컸지만 1990년대 초의 부동산 침체를 막지 못했다. 오히려 현지 사정을 잘 모르는 외국인의 이런 '묻지 마' 식 투자는 경기가 정점을 지났다는 신호로 보는 것이 옳다.

"세계 부동산 경기가 뚜렷한 하락세로 접어들었으며 세계경제성장의 견인차인 중국과 미국 부동산 가격이 동시에 하락할 경우 세계경제는 불황을 경험할 것"이란 모건스탠리의 경고를 허술히 듣지 말자.

2006. 07. 18

무너지는 불량 모기지

주식과 부동산은 미국인들이 선호하는 투자의 양대 산맥이다. 미국 부의 대부분이 여기 잠겨 있다 해도 과언이 아니다. 이들은 경기의 흐름에 각각 다르게 반응한다. 부동산이 잠잘 때 주식은 뛰고 그 반대의 경우도 있다. 전 재산 중 1/3을 주식에, 1/3은 부동산에 나머지 1/3은 현금으로 가지고 있으라는 것은 투자의 황금률이다. 경제 환경이 변하더라도 그로 인한 위험을 최소화할 수 있기 때문이다.

주식과 부동산은 서로 성질이 다르지만 붐과 버스트의 사이클을 반복한다는 점에서는 비슷하다. 둘 다 붐의 초기 단계에는 별로 뛰어드는 사람도 없고 뉴스도 나오지 않는다. 붐이 정점에 가까워질수록 너도 나도 빚까지 내가며 서로 사겠다고 아우성치고 신문과 방송에는 "이번 붐은 어째서 끝날 수 없나"를 알리는 특집기사가 연이어 쏟아져 나온다.

주식 붐의 최대 수혜자는 우량 기업이 아니다. 생전 들어보지도 못하고 수익성은 없으며 뜬구름 잡는 계획만 있는 회사의 주식일수록 더 오른다. 마음이 들뜬 사람들은 성장 속도가 정해져 있는 안정적인 기업보다 무한한 가능성을 약속하는 기업에 혹하기 때문이다. 반면 붐이 꺼졌을 때 가장 큰 타격을 입는 것도 이런 기업이다.

2000년 3월 나스닥이 5,000을 돌파하고 정점에 달했을 때 이런 엉터리 주식들은 불과 수년 사이 수십 배씩 뛰었다. 그후 거품이 터지고 2년 반 동안 주식이 추락하면서 이들은 대부분 문을 닫거나 나스닥에서 쫓겨났다.

당시 증시에서 일어났던 일들이 요즘 주택 시장에서 반복되고 있다. 2000년에서 2005년까지 계속된 미 부동산 붐은 사상 유례없는 것이었다. 매년 두 자리 수의 상승이 반복되고 연일 '왜 이번 부동산 붐은 과거와 다른가' 하는 기사가 대서특필되자 사람들은 너도나도 부동산으로 몰려들었고 은행은 은행대로 크레딧과 수입을 묻지 않고 집값의 120%까지 융자해줬다. 관례였던 20% 다운 페이먼트는 아득한 옛이야기로 변하고 이자만 내는 모기지, 페이먼트를 융통성 있게 할 수 있는 모기지, 40년 만기 모기지 등 신상품이 나돌기 시작했다.

부동산 붐의 최대 수혜자는 이런 상품을 이용해 신용불량자를 상대로 모기지론을 빌려주는 소위 '서브프라임 렌더(subprime lender)'들이었다. 비정상적인 집값 급등으로 페이먼트가 불가능해진 사람들은 전문가들의 위험 경고에도 불구하고 집을 사려면 이런 모기지를 택할 수밖에 없었다.

이들의 경고가 지금 현실로 나타나고 있다. 신용이 좋지 않은 무자격자를 대상으로 대출을 해주던 이들 업체의 줄도산이 잇따르고 있다. 캘리포니아에 본부를 둔 레스 메이는 페이먼트 미납이 급증하자 최근 파산을 신청했고 동종 기업의 주가는 지난 수개월 사이 폭락을 거듭하고 있다. 모기지 체납으로 고통을 겪고 있는 것은 이들 군소업체만이 아니다. 이들로부터 이런 론을 샀거나 직접 이 시장에 뛰어든 메릴린치, 모건체이스, HSBC 등 대기업들도 대손충당금을 대폭 늘리고 융자금을 회수하기 위해 안간힘을 쓰고 있다.

서브프라임 마켓의 붕괴는 이중으로 나쁜 뉴스다. 체납으로 인한 차압 주택의 증가는 가뜩이나 늘어난 매물로 골치를 앓고 있는 주택 시장을 더욱 위축시킬 것이다. 이들 융자 회사로 하여금 대출 조건을 까다롭게 해 잠재적 주택 구입자들의 발길을 돌리게 만들기 때문이다.

최근 전국 부동산 협회 발표에 따르면 작년 4/4분기 미 주택값은 사상 최대 폭인 2.7% 하락했다. 149개 대도시 중 집값이 떨어진 곳은 73군데로 역시 사상 최대며 3/4분기 45군데가 하락한 것에 비해 크게 늘어났다. 콘도 붐이 절정에 달했던 플로리다 사라소타 일대는 무려 18%나 폭락했다. 캘리포니아에서는 샌디에이고와 벤추라가 이미 하락세로 돌아섰고 LA가 고독한 소폭 상승의 섬으로 남아 있다. 그럼에도 불구하고 대다수 부동산 업자들은 올해부터는 경기가 회복될 것을 자신하고 있다.

경기가 바닥을 칠 때는 비관론이 천지를 덮는 것이 보통이다. 1995~96년 캘리포니아 부동산이 그랬고 2002년 가을 미 증시가 그랬다. 주택 경기의 빠른 회복을 너무 낙관만 해서는 안 될 것 같다.

2007. 02. 20

집 빼앗기는 이민자들

지금은 아득한 옛 이야기 같지만 '미국 주택시장은 이민자 때문에 걱정할 필요가 없다'는 주장이 정설로 받아들여지던 시절이 있었다. 바로 지난해까지다. 집값 상승이 버블이라는 경고가 나올 때마다 수많은 전문가들이 단골로 써먹던 논리가 '집을 지을 수 있는 땅은 한정돼 있고 해마다 세계 각국에서 이민자들이 몰려들기 때문에 미국 주택 가격은 떨어질 수 없다'는 것이었다. 그러나 올해 들어 이는 들어보기 힘든 주장이 됐다. 지난 한 해 동안 120만 명이 넘는 이민자가 미국 땅을 밟았음에도 미국 집값은 대공황 이래 처음 떨어졌기 때문이다.

요즘에도 이민자와 주택 경기에 관한 기사가 나오지 않는 것은 아니다. 그러나 내용은 이전과 사뭇 다르다. 「워싱턴포스트」는 최근 지난 수년 사이 멋모르고 집을 샀던 이민자들 가운데 페이먼트를 하지 못해 집을 빼앗기는 사람들이 급증하고 있다는 뉴스를 내보냈다. 소비자 권익옹호기관인 '책임 있는 대출센터'에 따르면 2005년 한 해 동안 미국에서 신용이 나쁜 사람에게 주는 소위 '서브프라임 모기지'로 집을 산 37만 5,000명의 라티노(Latino : 미국에 거주하는 라틴 아메리카계 시민) 가운데 20%에 달하는 7만 3,000명이 집을 차압당할 위기에 놓였다고 밝혔다.

향후 6년간 집을 뺏길 미국인들은 100만 명 이상으로 추산되는데 이중 가장 큰 타격을 입을 사람들 또한 이민자들이다. 본토박이 미국인에 비해 수입도 신용도 낮은 이들은 모아둔 재산도, 도움을 청할 곳도 상대적으로 적기 때문에 주택 경기 침체의 피해를 제일 먼저 입을 수밖에 없다.

설상가상으로 이들이 택한 것은 20% 다운 페이먼트를 하고 30년 고정 이자율 적용을 받는 전통 모기지가 아니라, 다운이 없고 처음 2~3년간은 이자가 비현실적으로 낮지만 나중에는 대폭 오르는 기형적인 모기지가 대부분이었다. 이들이 이를 택한 것은 물론 정상적인 모기지로는 주택 구입 능력이 미달됐기 때문이다. 그럼에도 부동산과 론 브로커는 브로커대로, 전문가는 전문가대로 이런 모기지로 집을 사도 몇 년 후 집값이 오르면 다시 재융자를 하면 된다며 구입을 부추겼다.

그러나 주택 매매 건수로는 2005년, 매매 가격으로는 2006년 정점을 기록한 미 부동산 경기는 이들의 예상과는 달리 급속히 식기 시작했다. 서브프라임 모기지 시장이 붕괴하면서 대출은 어렵고 집은 팔리지 않게 됐다. 이 와중에 모기지 이자율마저 상향 조정되자 페이먼트 부담을 견디지 못한 주택 소유자 중에 집을 포기하는 사람이 속출하고 있는 것이다.

지난 20~30년간 매년 100만 명에 달하는 이민자들이 미국으로 왔고 그 중에서도 캘리포니아로 가장 많이 몰려들었다. 그럼에도 이들은 1990~1995년의 캘리포니아 부동산 경기 침체를 막지 못했다. 지난 수년간의 부동산 붐은 낮은 이자와 온갖 기이한 모기지 상품, 당국의 느슨한 감독이 빚어낸 사상 유례 없는 것이었다. 이것을 수십 년 동안 한결같은 흐름이었던 이민자 유입 탓으로 돌리는 것은 잘못이다.

이민자와 소수계의 주택 차압률이 급증하면서 이것은 이제 정치문제로 비화하고 있다. 민주당 대통령 후보의 하나인 크리스 다드 연방 상원의원은 "엉터리 모기지가 판을 치고 있을 때 감독 당국은 뭘 했느냐"며 책임을 묻겠다고 기염을 토하고 있다. 그러는 본인은 그 동안 뭘 했는지 모르겠다. 이번 주택 차압 홍수의 책임을 져야 할 사람은 감독 당국만이 아니다. 엉터리 낙관론으로 주택 구입을 부추긴 '전문가'들과 브로커들, 구입 능력이 있는지 따져보지도 않고 대출을 해준 융자회사들, 그리고 이들 말만 듣고 무턱대고 집을 산 구입자 모두가 문제다.

그러나 이중 가장 피해를 입은 사람은 물론 구입자다. 그래서 수천년 전 로마시대부터 "사는 사람이 조심해야 한다(caveat emptor)"는 속담이 있는 것이다. 지난 수년간 낙관론을 견지해온 수많은 '전문가'들은 아직도 주택시장이 곧 회복될 것이라며 지금이 바로 집을 살 때라는 의견을 내놓고 있다. 과연 그럴까. 'caveat emptor'를 기억하자.

2007. 04. 10

차이나 버블

인간은 '도구를 사용하는 동물'이다. 침팬지도 나뭇가지를 이용해 개미 사냥을 한다는 사실이 밝혀지면서 다소 퇴색하기는 했지만, 도구를 직접 만들고 이용하는 것은 인간의 특징 중 하나임에 틀림없다. 애초에 인간은 왜 도구를 만들 생각을 했을까. 아마도 조금 편하게 많은 양의 일을 효과적으로 하기 위해서가 아니었을까.

최소한의 노력으로 최대한의 효과를 얻고자 하는 것은 모든 인간의 공통된 희망 사항이다. 상인들이 물건을 팔려 할 때 '공짜' 표시를 대문짝만 하게 붙이는 것도 이런 심리를 이용한 것이다. 땀 흘리지 않고 가만히 앉아서 큰돈을 벌 수 있는 길이 있다면 모든 사람이 그리로 뛰어들 것이다. 문제는 그런 길이 별로 없다는 데 있다.

얼핏 돈 벌기 쉬워 보이는 주식시장은 사실 보통 사람이 돈 벌기는 어려운 곳이다. '불 마켓(bull market)' 초기 단계에는 증시에 뛰어드는 사람이 많지 않다. 대부분의 사람은 주식에 대해 잘 모르며 약간 위험할 수도 있다는 막연한 불안감을 갖고 있기 때문이다. 그러나 한 해가 가고 두 해가 가고 5년이 가고 10년이 갔는데도 매년 10~20%씩 꾸준히 오르고 옆집 철수네와 영희네도 떼돈을 벌었다는 소문이 들려오면 나도 모르게 귀가 솔깃해지는 것이 인간 심리다.

거기다 주가 상승이 가속도가 붙어 지난 6개월 사이 50%나 오르고 전문가들이 TV에 나와 '이번만은 다르다' 며 투자를 권유하면 넘어가기 십상이다. 일부에서 과열을 우려하는 목소리를 내기도 하지만 주가의 정점을 정확히 맞추기는 불가능하다. 처음 경고에 놀라 팔았던 사람들도 그후 몇 년 계속 더 오르면 일찍 판 자신을 후회하며 다시 뛰어들기 마련이다.

정상적인 경우 이런 정도의 과열은 거의 일어나지 않는다. 그러나 예외가 있다. 산업 또는 기술 혁명을 통해 급속한 경제성장을 경험하는 경우다. 오랫동안 억눌려 있던 잠재력이 폭발적으로 터져 나오면서 하루가 다르게 사회가 윤택해지며 주식 시장의 장기 호황이 이어지게 된다.

처음에는 경제 전반의 성장에 발맞춰 오르다가 어느 단계를 지나면 인간의 원초적인 '공짜 선호 심리' 가 가세하면서 투기장으로 변한다. 그러다 어느 날 갑자기 추락하기 시작하며 그 동안 투기로 번 사람들이 그 돈을 다 내놓고 나머지 가산까지 탕진하게 만들고서야 끝난다. 모든 열풍의 공통된 기승전결이다.

1700년대 초의 영국의 '사우스 시 버블' 과 프랑스의 '미시시피 버블' 이 그랬고 1920년대 미국, 1980년대 일본 증시와 부동산이 그랬다. 지금 똑같은 현상이 소위 '브릭스(BRICs)' 로 불리는 브라질, 러시아, 인도, 중국 등 신흥

개발국에서 일어나고 있다. 브라질 증시는 지난 12일까지 올 들어 24번째 사상 최고 기록을 갱신했다. 러시아 증시도 3년 새 세 배로 뛰었고 인도 증시 또한 세 배가 넘게 올랐다.

그런 증시 과열 양상이 어느 나라보다 뚜렷한 곳은 중국이다. 중국 증시는 불과 1년 반 사이 254%나 치솟았다. 올 들어만 신규 투자 계좌만 33% 증가했으며 택시 운전사, 청소부, 대학생은 물론 절에서 도를 닦던 수도승들까지 주식 시장에 뛰어들고 있다.

주식 투자 열기가 워낙 무섭게 번지자 일부 기업에서는 아예 직원들을 위해 하루 30분씩 데이트레이딩(day trading) 시간을 별도로 주기도 한다. 이들의 주식 투자 방식은 첫째, '황소 장세'가 계속되도록 투자하기 전 쇠고기를 먹고 둘째, 증시가 활기차도록 빨간 옷을 입으며 셋째, 주식 코드에 행운을 상징하는 8자가 들어 있으면 무조건 산다 등이다. 주식 광풍이 절정에 달했음을 보여준다.

앨런 그린스펀 전 연방준비제도이사회 의장이 중국 증시의 과열을 경고한 가운데 상하이 주가가 6월 들어 하루 7~8%나 연일 하락하는 등 이상 조짐을 보이고 있다. 중국은 지난 20여 년간 '세계의 공장' 역할을 하며 가장 빠른 경제성장을 이룩했고 최대 외환 보유고를 가진 나라이다. 차이나 버블이 터질 경우 그 여파는 중국에 국한되지 않을 것이다. 중국 증시의 동향을 주목하지 않을 수 없는 이유가 거기 있다.

(주: 이 해 10월 정점에 이른 중국 주가는 그후 70% 폭락했다.)

2007. 06. 19

모래 속의 타조

주택 파동이 주는 교훈

아이비리그 명문 대학 교수라 하더라도 일반인에게까지 이름이 널리 알려지는 경우는 드물다. 그런 면에서 예일대에서 경제학을 가르치는 로버트 실러 교수는 좀 특이한 케이스다. 그가 처음 주목을 받은 것은 1980년대 초 당시 학계의 주류를 형성하고 있던 '효율적 시장 가설(efficient market hypothesis)'을 비판하면서부터다. 이 이론은 시장에서의 상품 가격은 모든 정보가 반영된 것이기 때문에 항상 적당하다는 가설이다. 이 이론에 따르면 일반인들은 아무리 노력해도 좋은 물건을 싸게 살 수 없다. 싼 게 비지떡이라는 옛 속담이 바로 그 요점이다. 싼 것은 다 그만한 이유가 있다는 것이다.

그러나 실러 교수는, 1920년대 이후 미 주식 시장의 움직임을 각종 자료와 비교 분석해본 결과 그 변동폭이 객관적인 수치로는 설명될 수 없을 만큼 크다는 사실을 밝혀냈다. 시장은 종전에 생각했던 것처럼 합리적이거나 이성적인 것만은 아니며 때로는 감정적이고 미친 것처럼 요동친다는 것이다. 그가 연구 논문을 발표한 후 터진 1987년의 주가 대폭락은 이를 뒷받침해줬다.

시장에는 두 가지 종류가 있다. 우리가 생활하는 데 필요한 물건을 파는 소비재 시장과 장차 돈을 벌기 위해 물건을 사는 투자상품 시장이 그것이다. 소비재 시장의 경우 가격이 내리면 수요가 많아지고 오르면 줄어든다.

그러나 투자상품 시장은 때때로 정반대 현상이 일어난다. 물건값이 오르면 오를수록 오히려 수요는 늘어난다. 사람들은 너도나도 그 물건을 사겠다고 아우성치고 더 이상 살 사람이 없을 때 비로소 광풍은 끝난다. 일단 물건값이 하락하기 시작하면 그때는 너도나도 팔겠다고 몰려든다. 결과는 폭락 장세다.

이런 투자상품 중 대표적인 것이 주식과 부동산 시장이다. 2000년 하이테크 붐이 절정에 달했을 때 그는 『비이성적인 열광(Irrational Exuberance)』이라는 책을 펴내 주식 거품의 위험성을 경고했다. 이 책은 뉴욕타임스 베스트셀러가 됐고 그는 일약 유명해졌다.

그는 그후 주택 버블이 터지기 오랜 전부터 그 위험성을 여러 차례 지적해왔으며 미국 주택 가격 동향을 정확히 파악하기 위해 케이스–실러 지수라는 것을 고안해냈다. 이 지수는 다른 주택 가격 지수가 일정 기간 동안 특정 지역에서 매매된 모든 주택가를 자료로 삼고 있는 것과는 달리 같은 규모의 주택 가격이 어떻게 달라졌나를 파악하는 데 중점을 두고 있다. 전문가들은 이 지수가 미국 주택 가격을 가장 정확히 반영하고 있는 것으로 보고 있다.

이 지수에 따르면 미국 주택 가격은 지난 2/4분기 전년에 비해 3.2% 떨어졌다. 지난 20여 년 만에 최대 폭이다. 이는 전국 평균이고 가장 버블이 심했던 캘리포니아와 라스베이거스, 플로리다 일대의 집값 폭락은 두 자리 수를 훨씬 넘었다. CNN은 최근 샌버나디노 일대의 신축 주택 단지 경매 뉴스를 내보내면서 작년에 45만 달러 하던 새집이 최근 경매에서 30만 달러에 팔렸다고 보도했다.

케이스–실러가 지난 100년 동안 미국 주택 가격을 조사해 발표한 그래프를 보면 인플레를 감안한 실질 가격은 100년 동안 거의 변하지 않았음을 알수 있다. 오히려 1890년대 말부터 1920년까지, 1920년 말부터 1930년 말까지 등은 큰 폭으로 하락했고 1940년대 말부터 1970년대 말까지는 제자리걸음을 걸었다. 1990년대 말부터 작년까지의 주택 붐이 얼마나 비정상적인 것이었나를 한눈에 알 수 있다.

주택 버블의 정도가 얼마나 심했는지를 보여주는 또 하나의 도표가 있다. 2000년 하이테크 버블의 위험을 경고한 제임스 스택이 고안한 인터넷 주식과 주택건설업자 지수가 그것이다. 1995년부터 2002년까지 진행된 인터넷 지수와 2000년부터 올해까지 진행된 주택건설업자 지수는 놀라울 정도로 닮았다. 둘 다 한때는 1,400%까지 올랐으나 결국에는 이를 모두 까먹었다.

작년부터 시작된 주택 시장의 침체가 얼마나 갈지는 아무도 모른다. 그러나 이번 사태가 주는 분명한 교훈은, 비정상적인 것은 반드시 정상으로 돌아오며 투자에 있어 '이번만은 다른' 경우는 존재하지 않는다는 점이다. 이번 주택 파동이 집은 주거 수단이지 투자 수단이 아니라는 사실을 일깨우는 계기가 되기 바란다.

2007. 09. 05

얼마나 떨어질까

심리학에서 객관적 현실을 인정하지 않으려는 심리를 '부정(denial)'이라고 부른다. 현실이 너무 괴로울 때 이를 인정하지 않으려는 태도는 정신상태가 미성숙한 사람들 사이에서 자주 목격된다. 프로이트의 딸이자 심리학자인 안나 프로이트는 약물 등 중독자들 사이에서 이런 경향을 발견하고 중독과 부정의 상관관계를 연구했다.

부정의 심리학은 그후 가족의 죽음, 실직, 이혼 등 심한 괴로움에 직면한 사람들을 대상으로 범위가 확대되는데 이 분야에서 이름을 날린 학자 중에 엘리자베스 퀴블러-로스라는 사람이 있다. 그녀는 1969년 『죽음과 사망』이란 책에서 죽음을 앞둔 환자가 겪는 고통의 다섯 단계를 묘사했다. 첫째는 그런 일이 일어나리라는 것을 인정하지 않는 '부정'. 둘째는 왜 내가 그런 일을 당해야 하느냐고 외치는 '분노'. 셋째는 조금만 더 살게 해달라고 기도하는 '타협'. 넷째는 모든 것을 포기하는 '절망'. 다섯째는 모든 것을 받아들이고 마지막을 정리하는 '수용'의 단계이다.

죽음이든 중독이든 현실을 부정하는 것으로 문제가 해결되지 않는다는 것이 명백함에도 인간은 처음에는 이를 순순히 받아들이지 않으려는 경향이 있다. 심리학자 등 주위 사람들이 해줄 수 있는 것은 부정에서 수용까지 가는 과정을 가능한 한 덜 고통스럽게 해주는 것이다.

집값 하락도 아마 이에 못지 않은 고통인 모양이다. 「LA타임스」에 따르면, 작년 2월 캘리포니아 6개 카운티 중간 주택가가 사상 최고인 50만 5,000달러를 기록한 이후 1년 사이 18%가 떨어져 1월 41만 5,000달러가 된 것으로 나타났다. 1년 새 낙폭으로는 역사상 최대다. 전국적으로도 작년 4/4분기 주택가는 전년에 비해 5.8% 떨어졌으며 같은 기간 캘리포니아 전역 중간가는 48만 4,000달러에서 38만 3,000달러로 20%이상 떨어졌다.

그럼에도 주택 소유주들은 이 사실을 인정하려 하지 않고 있다. 1,619명을 대상으로 실시한 해리스 사의 여론조사에 따르면 자기 집값이 떨어졌다고 생각하는 사람은 23%에 불과하며 41%는 그대로, 36%는 오히려 올랐다고 믿고 있는 것으로 알려졌다. 이처럼 시세와 파는 사람의 생각이 다를 때 나타나는 현상이 판매량의 감소다. 지난달 캘리포니아 주택 판매량은 20년래 최저를 기록하면서 전년에 비해 40%나 줄어들었다. 매도인들의 저항에도 불구하고 주택가가 이처럼 내려간 것은 팔린 집의 1/4이 차압 매물이었기 때문이다.

지난 수년간 캘리포니아 집값이 천정부지로 뛰어오를 수 있었던 것은 소득도 신용도 묻지 않는 소위 '거짓말쟁이 론'을 통해 주택가의 100% 융자가 가능했기 때문이다. 서브프라임 모기지의 붕괴와 함께 이런 론이 사라진 지금은 보통 직장을 가진 사람이 정상적인 융자를 받아 페이먼트를 할 수 있을 정도로 집값이 내리기 전에는 주택 시장의 정상화를 기대하기 힘들다.

그 정도가 되려면 집값은 얼마나 더 내려가야 할까. 지난주 「월스트리트저널」에 따르면 캘리포니아 주택값은 역사적으로 1인당 소득의 6~9배 사이를 오르내렸다. 그러던 것이 작년에 정점이었을 때는 13배가 넘었다. 지금 11배 수준으로 내려왔지만 아직도 30~40%가 더 내려가야 정상이다.

최근 메릴린치는 올해 15%, 내년에 10% 추가 하락이 예상된다고 밝혔는데 이것이 맞다면 집값은 아직 한참 더 떨어져야 한다. 그러나 모든 전망이 그렇듯 집값 역시 큰 폭으로 떨어진다는 보장은 없다. 지금 그 수준에 머문 채 소득이 점차 늘어나 역사적 평균에 근접할 수도 있다.

1991년 중간가 18만 달러로 정점에 달했던 캘리포니아 집값이 1997년 15만 달러로 바닥을 치는 데 6년이 걸렸다.

지난 수년간의 주택 호황은 그때와 규모 면에서 비교가 되지 않는다. 이번에는 바닥까지 갔다 반등하는 데 얼마나 걸릴지, 바닥이 언제인지를 점치기는 쉽지 않다. 그러나 지금 많은 사람들이 생각하는 것보다 오랫동안, 많이 떨어지더라도 놀랄 일은 아니다. 비정상이 정상으로 돌아오는 과정일 뿐이기 때문이다.

2008. 02. 19

오일 버블

석유값은 항상 올라가기만 하는 것으로 사람들이 알던 시절이 있었다. 1970년대 두 차례의 오일 쇼크를 경험한 후 자원 고갈론은 세계인의 상식으로 받아들여졌고 기름뿐만 아니라 모든 원자재값은 한없이 오를 것처럼 보였다. 인구는 급증하는데 자원은 제한돼 있다는 것이 논리였다. 이와 함께 금값은 온스당 800달러를, 기름값은 배럴당 40달러를 넘어섰다. 1980년대 초의 일이다.

그러나 시간이 지나면서 예기치 않은 사태가 벌어졌다. 우선 금값이 온스당 300달러대로 폭락했다. 그리고 1980년대 중반에는 기름값이 배럴당 15달러대로 추락하며 뒤를 이었다. 모든 원자재 가격이 하락에 하락을 거듭하면서 두 자릿수 인플레이션을 옛날이야기가 되고 미국경제는 20년 이상 2~3%의 저 인플레이션을 경험했다.

어떻게 이런 일이 일어난 것일까. 1차적으로는 연방준비제도이사회의 고

금리 정책을 들 수 있다. 돈값이 비싸지면서 돈을 빌려 상품에 투자하는 것이 점점 힘들어진 것이다. 또 고유가가 오래 계속되자 연비가 높은 자동차를 비롯한 에너지 절약형 상품이 쏟아져나오기 시작했다. 이와 동시에 그때까지 경제성이 없던 해저 유전을 비롯 새로운 공급원이 속속 나타났다. 이런 요소들이 상승 효과를 나타내면서 수요는 줄고 공급이 늘자 언제까지나 오를 것으로 기대하고 몰렸던 가수요가 사라지면서 기름값은 20년 가까이 맥을 추지 못한 것이다.

그러나 저유가 시대가 오래 계속되자 사람들의 기름 씀씀이는 다시 헤퍼졌다. 갤런당 10마일도 채 못 가는 대형 SUV의 판매가 급신장하고 출퇴근 거리가 수십 마일 되는 곳에 집을 사는 것을 대수롭지 않게 여기게 됐다.

거기다 사회주의 경제체제하에서 만년 극빈자 생활을 하던 중국, 러시아 등 구 공산권과 역시 준 사회주의 경제정책을 펴온 인도와 러시아가 시장경제체제에 들어오면서 급속한 경제성장을 이룩했다. 생활이 넉넉해진 이들 수십억 인구가 너도나도 자동차를 사면서 기름 수요는 지속적으로 늘기 시작했다.

설상가상으로 선진국에서 환경 보호 단체의 입김이 세지면서 석유 개발은 극도의 제한을 받게 됐다. 북극권 유역에 수십억 배럴의 석유가 묻혀 있지만 손도 대지 못하고 있다. 이런 요인이 복합적으로 작용해 지난 수년 사이 오름세를 보이던 유가가 이제는 폭등세로 돌아서고 있다. 지난 6일에는 하루 등락 사상 최고폭인 배럴당 10달러가 치솟기도 했다. 이와 함께 과연 기름값이 거품인지 아닌지를 놓고 논쟁이 한창이다.

거품 부정론자들은 위에서 말한 여러 요인으로 유가가 오르는 것은 자연스런 현상이라고 주장한다. 그러나 최근 유가 동향을 보면 이런 수요 공급의 원리만으로 설명되지 않는 부분이 있다. 작년 배럴당 70달러 선에서 지금 130달러를 오르내리고 있는데 불과 1년 사이에 수요가 2배로 늘었다고 볼 수는 없기 때문이다. 이중 상당 부분은 주식과 부동산 시장의 침체로 갈 곳 없는 투기 자본의 유입 결과라고 봐야 한다. 3년 전 160억 달러에 불과했던 석유투자 펀드 규모는 지금 2,700억 달러로 늘었다. 사우디아라비아의 정보장관인 이야드 마다니는 "현재 가격은 정당화될 수 없다"고 말했다.

모든 버블에는 합당한 이유가 있다. 1990년대 인터넷 버블 때는 급속도로 늘어나는 이용자 수가, 2000년대 부동산 버블 때는 계속 증가하는 이민자 수가 하이테크 주식과 집값 폭등을 정당화하는 구실로 인용됐다. 맞는 부분도 있지만 이를 핑계로 몰려든 투기 바람이 사실은 진짜 이유였다.

기름값은 앞으로 얼마나 더 오를까. 배럴당 150~200달러 설이 나오고 있지만 정답은 아무도 모른다. 버블은 항상 더 부풀 수 있으며 언제 터질지를 점치는 것은 불가능하기 때문이다. 그러나 사람들의 투자 열기가 뜨거우면 뜨거울수록, 폭등세가 오래 가면 갈수록 끝이 가까이 오고 있다는 것이 우리가 이미 겪은 하이테크와 주택 버블이 주는 교훈이다.

(주: 당시 배럴당 150달러 가까이 올랐던 유가는 그후 80%나 폭락했다.)

2008. 06. 10

버블의 끝

미국 일부 기독교인들 사이에는 아직도 진화를 둘러싼 논쟁이 일고 있지만 과학자들 사이에는 인간의 조상이 한때 나무에서 살았다는 데 대해서 이론이 없다. 인간이 어떤 동물보다 정교하게 손가락을 움직이고 시각적으로 공간지각력이 뛰어난 것도 나뭇가지를 붙잡고 수풀 위를 날아다니며 살던 결과라는 것이다.

열매가 사방에 널려 있고 자기를 잡아먹을 육식 동물도 별로 없는 지상낙원 같은 나무 위를 놔두고 왜 인류의 조상이 땅 위로 내려오게 됐는지에 대해서는 이론이 분분하지만, 기후 변화로 숲이 사라지면서 어쩔 수 없이 사자와 하이에나가 들끓는 사바나에 살 수밖에 없는 처지로 전락했다는 설이 유력하다.

이 새로운 환경에서 살아남기 위해서 가장 필요한 것은 어떤 물체가 눈앞에 나타났을 때 이것이 먹잇감인가 아니면 나를 먹으려는 것인가를 빨리 판단하는 것이다. 이 판단을 내릴 때는 여러 정보를 종합해 이성적으로 따질 겨를이 없다. 머뭇거리다 나타난 동물이 사자일 경우 짧은 삶의 종지부를 찍을 수밖에 없고 그런 동물의 유전자는 후손에 전해지지 않는다.

다시 말해 지금 살고 있는 인간의 조상들은 위험을 재빨리 감지하고 즉시 이를 행동에 옮겨 달아나는 데 익숙한 이들이었다. 인간이 갖고 있는 여러 감정 중 먹이에 대한 욕망과 자기를 먹이로 삼으려는 동물에 대한 공포가 가장 강력하다는 사실은 놀랄 일이 아니다. 그렇지 않은 생명체는 멸종할 수밖에 없기 때문이다.

이 두 가지 감정 중 더 강한 것은 두말할 것도 없이 공포다. 먹잇감은 한 번 놓쳐도 다음 기회가 있지만 먹이의 대상이 되는 경우 판단이 늦을 경우에는 그것이 마지막이다. 과학자들은, 인간에게 육식 동물의 냄새를 알아내는 능력은 물론 그의 출현을 알아낸 후 '공포의 냄새'를 풍기는 능력이 있다고 보고 있다. 아직 사자를 보지 못한 주위 사람들도 이 냄새를 맡고 같이 도망치는 것이 가능하다는 것이다.

일단 사람들이 '공포의 냄새'를 맡으면 이성적인 토론은 소용없다. 극장 안에서 불이 났을 때 한 줄로 차례차례 줄을 서면 모두 빠져 나올 수 있는데도 서로 먼저 나오려다 깔려 죽는 것도 그 때문이다.

인류는 오래 전에 사바나를 떠나 직장에 출퇴근하며 먹을 것을 얻고 있다. 그러나 그때의 생활 습관은 자본주의가 고도로 발달한 미국 월가에 아직도 그대로 남아 있다. 아프리카 초원에서나 뉴욕의 증권시장에서나 인간의 행동을 결정하는 것은 욕망과 공포다.

1980년대 이후 지난 20여 년간 월가를 지배해온 주된 감정은 욕망이었다.

2000년대 들어 닷컴 거품이 꺼지면서 한때 공포가 고개를 들기도 했으나 그 뒤를 이은 부동산 버블이 부풀면서 월가는 인류 역사상 유례가 없는 욕망의 잔치판이 돼버렸다. 따지고 보면 이는 월가에 국한된 현상은 아니다. 중국과 브라질, 인도와 러시아 등 소위 신흥개발국들도 이 잔치에 동참했다. 대다수가 욕망에 눈이 멀어 있을 때는 아무리 합리적인 경고를 해도 들리지 않는다.

그러나 이제 욕망의 시대는 가고 공포의 시대가 도래하고 있다. 베어스턴스와 메릴린치 인수합병, 리먼 파산, 패니메이와 프레디맥, AIG 구제 금융에 이은 부실 모기지 청산 공사 설립이라는 극약 처방에도 전세계 금융시장의 불안은 사라지지 않고 있다.

모든 시장은 상승과 추락을 반복한다. 시장의 등락은 인간의 본성인 욕망과 공포의 투영에 불과하기 때문이다. 시장의 역사는 탐욕이 극에 달한 후에는 하락이, 공포가 세상을 뒤덮은 후에는 상승이 뒤따른다는 사실을 보여주고 있다.

악재로 포위된 듯한 지금 시장에 한 가지 위안을 주는 것은 어떤 불황도 언젠가는 반드시 끝난다는 것이다. 사상 최악이었던 대공황을 촉발한 주가 폭락도 1929년부터 시작돼 4년 후에 끝이 났다. 많은 전문가의 예상대로 이번이 대공황보다 나쁘지 않다면 작년부터 시작된 주가 하락은 1~2년 내 바닥을 칠 것이며 경기도 회복세로 접어들 것으로 보인다. 욕망이라는 버블이 터진 후 찾아오는 것은, 공포라는 불청객이란 사실이 이번 월가의 금융 쓰나미가 주는 교훈이다.

2008. 09. 23

대공황의 그림자

플로리다는 예나 지금이나 은퇴자들의 낙원이다. 새하얀 백사장과 새파란 바다, 연중 따뜻한 날씨는 북동부의 매서운 한파에 지친 미국인들에게 늘 유혹의 손길을 뻗쳐왔다. 월가의 호황이 계속되면 될수록 이곳에 별장을 사는 사람도 늘고 그와 함께 땅값도 올랐다. 처음에는 경치 좋고 생활이 편리한 곳의 부동산이 뜨기 시작했지만 나중에는 위치가 해변인지 늪지대인지 문제가 되지 않았다. 많은 사람들이 '이제는 손을 뺄 때가 됐다'고 판단한 순간 붐은 버스트로 바뀌고 막차를 탄 사람은 알거지가 돼 나왔다.

　요즘 얘기가 아니다. 1924년부터 1926년까지 계속된 플로리다 부동산 버블의 모습이다. 땅 투기가 극성을 부리던 이때 구입자의 90%는 투기꾼이었다. 1925년 「마이애미 헤럴드」는 미 역사상 최대의 광고 수입을 올렸다. 그러나 투기 바람이 꺼지기 시작한 1926년 이곳을 강타한 허리케인은 확실하게 거품을 터뜨려줬다.

플로리다 부동산의 붐과 버스트는 월가의 축소판이었다. 자연은 허리케인을 통해 버블의 위험성에 관한 뚜렷한 경고를 보냈지만 욕심에 취한 인간들은 이를 듣지 못했다. 1920년대부터 말까지 다우존스 산업지수는 10배가 올랐다. 이처럼 주가가 한없이 오르자 너도나도 빚을 내 주식을 사기 시작했다. 이에 맞춰 어빙 피셔 예일대 교수 같은 전문가들도 "미국 주가는 영원한 고지에 올라섰다"며 낙관적 전망을 내놓았다.

1990년대 주식 버블의 원동력이 인터넷 등 하이테크였다면 1920년대 주식 버블의 원인은 자동차였다. 부자들의 전유물이었던 자동차가 포드 모델 T의 등장과 함께 중산층의 필수품이 되면서 철강에서 석유, 도로 등 자동차 관련 산업이 불같이 일어났다. 그러나 이를 핑계로 월가에 투기 세력이 가세하면서 당시까지 사상 최대 규모의 금융 버블이 발생한 것이다.

플로리다와 마찬가지로 많은 사람들이 '이제는 슬슬 발을 뺄 때가 됐다'고 판단한 순간 주식 버블은 터졌다. 1929년 9월 3일 정점에 도달했던 주가는 하락세로 접어들더니 10월에는 가속적으로 떨어졌다. 10월 23일과 24일 폭락했던 주가는 회복세를 보이는가 싶더니 28일에는 13%, 29일에는 15% 폭락했다. 이와 함께 1920년대의 호황은 끝나고 대공황이 시작됐다.

대공황은 주가 폭락과 함께 시작됐지만 주가 폭락이 대공황을 초래한 것은 아니다. 불안해진 사람들이 은행으로 몰려가 돈을 찾으면서 은행의 줄도산이 이어졌고 이로 인해 발생한 신용경색으로 기업들의 돈줄이 막히면서 연쇄 부도와 함께 대량 실업 사태가 터진 것이다.

사람들의 생각과는 달리 당시 대통령이던 허버트 후버는 경제를 살리기 위해 많은 노력을 했다. 우선 미국인들을 안심시키기 위해 비즈니스 지도자들과 회의를 하며 미국경제가 근본적으로 튼튼함을 역설했다. 기업 총수들로부터 근로자들의 임금을 깎지 않는다는 약속을 받아냈으며 미국 기업을 외국과의 경쟁에서 보호하기 위해 관세를 높이는 스무트 할리 관세법을 만들었다.

그러나 이런 정책들은 오히려 역효과를 냈다. 경기가 나쁘고 물가가 내려가는데 임금을 줄이지 못하게 된 기업은 감원하거나 문을 닫는 수밖에 없었다. 미국에 상품을 팔 수 없게 된 외국은 자국 기업 보호를 위해 무역 장벽을 치는 바람에 미국 기업들의 수출 길은 막히게 됐다. 사정은 1933년 프랭클린 루스벨트가 취임해서도 별로 달라지지 않았다. 1941년 태평양 전쟁이 발발하면서 실업자들이 군대로 가고 미국이 세계의 공장 역할을 맡으면서야 경기는 살아났다.

미국은 지금 대공황 이후 최악의 위기를 맞고 있다. 7,000억 달러 규모의 구제 금융안이 통과됐는데도 전세계 주가는 폭락하고 신용 경색은 풀리지 않고 있다. 지금까지 금융 위기가 진행된 과정은 1920년대와 크게 다르지 않다. 단지 다행인 것은, 현재 연방준비제도이사회 의장인 벤 버냉키가 대공황 전문가이기 때문에 그때의 잘못을 되풀이하지 않을 것이란 점과 투자의 귀재 워런 버핏이 골드만삭스와 GE 등 우량기업 주식을 사들이고 있다는 점이다. 당시 미국을 대신해 지금 '세계의 공장' 역할을 하고 있는 중국이 2조 달러의 자금을 갖고 있는 것도 다른 점이다. 과연 미국은 대공황의 전철을 그대로 밟을 것인가? 아니기를 빌 뿐이다.

2008. 10. 07

2
미국 경제의 현주소

올해 세계 부자 순위의 특징은 20위 안에 든 미국인이 불과 4명으로, 2년 전 10명에서 대폭 줄어든 반면 인도는 10위안에 4명이 듦으로써 최다 부자 배출국의 영예를 안았다는 점이다. 10억 달러 이상 재산가는 러시아가 87명으로 59명의 독일을 추월하여 미국 다음으로 많았다. 세계 부의 흐름이 어느 방향으로 흘러가고 있는가를 단적으로 보여준다. 그러나 이들 부자 가운데 버핏이 단연 돋보이는 것은 그의 검소한 생활 방식과 자선 활동 때문이다. 연봉 10만 달러를 받고 손수 차를 몰며 50년 전에 3만 달러를 주고 산 집에서 아직도 살고 있는 그는 휴대폰도 컴퓨터도 없지만 2006년 빌 앤드 멜린다 게이츠 재단에 300억 달러를 기부하기로 했으며 나머지 재산도 대부분 자선단체에 주겠다고 밝힌 바 있다. 현명하게 벌어서 현명하게 쓰는 버핏이야말로 투자가로서뿐만 아니라 인간으로서 올바른 길을 가는 사람이라고 말할 수밖에 없을 것 같다.

쿼티 키보드와 눈덩이 효과

인터넷 시대의 도래로 가장 큰 곤경에 빠진 사람들은 50대 이후 중년층이다. 결재서류를 이메일로 처리하기 시작한 한국 관공서나 대기업은 말할 것도 없고 LA 한인사회에서도 직종에 관계없이 인터넷을 모르면 도태된다는 강박관념에 사로잡혀 있는 회사 간부들의 모습을 곳곳에서 볼 수 있다.

각오를 단단히 하고 컴퓨터 앞에 앉은 그들을 괴롭히는 것은 인터넷만이 아니다. 이제는 날마다 두드려야 하는 키보드가 뜻대로 말을 들어주지 않는 것이다. 처음 영문 타자를 쳐본 사람이면 누구나 경험하는 일이지만 상당 기간 아무리 빨리 치려 해도 잘 되지 않는다. 그건 그럴 수밖에 없다. 키보드 자체가 처음부터 천천히 치도록 고안되었기 때문이다.

현재 전세계인의 99.99%가 사용하고 있는 타자기와 컴퓨터의 키보드는 쿼티(QWERTY) 키보드이다. 키보드 윗줄 맨 왼쪽 6글자를 따 붙여진 이름이다. 이 키보드는 1873년 크리스토퍼 숄스라는 엔지니어가 만들었다. 당시만 해도 타이프라이터가 엉성해 조금만 키를 빨리 두드리면 활자막대가 엉키는 일이 잦았다. 이를 막기 위해 일부러 알파벳 배열을 어렵게 한 것이다.

그후 레밍턴 재봉틀회사가 이를 대량생산하면서 많은 사람들이 이 키보드에 익숙해졌고 이 키보드에 익숙해진 사람이 늘어나면서 다른 회사들도 이 키보드를 카피하기 시작했다. 경쟁사들이 쿼티 키보드보다 훨씬 효율적인 키보드를 만들어냈지만 모두 실패했다. 한번 몸에 밴 습관을 깨고 다시 새 방식의 키보드를 배우려는 사람이 없었기 때문이다. 컴퓨터와 인터넷이 아무리 발달한 지금도 세계 어디에서나 키보드는 한 가지뿐이며 앞으로도 이것이 변할 가능성은 거의 없다.

이런 예는 얼마든지 있다. 1970년대 중반 VCR이 처음 나오면서 시장은 VHS와 베타맥스로 양분돼 있었다. 화질은 베타맥스가 조금 좋았지만 장시간 녹화할 수 있다는 점을 들고 나온 VHS의 공세로 시장점유율은 VHS가 조금 앞서 있었다. 똑같은 영화를 VHS와 베타 두 가지로 구비해야 했던 비디오 대여 업소나 포맷이 달라 이웃끼리 비디오를 돌려 볼 수 없었던 소비자 모두 한 가지 방식으로 통일하기를 원했다. 비디오 업주의 입장에서 볼 때는 두 가지 중 한 가지를 택한다고 할 경우 조금이라도 많은 사람들이 사용하고 있는 VHS밖에는 선택의 여지가 없었다. VHS만 취급하는 업소가 늘어나면서 VHS 기계를 사는 소비자가 늘고 VHS를 사는 소비자가 늘면서 VHS만 취급하는 업소가 늘고…… 이런 식으로 가속도가 붙으면서 베타는 어느새 시장에서 사라지고 말았다.

이 같은 원리는 제품에만 국한되는 것은 아니다. 세계 컴퓨터 산업의 중심지 실리콘밸리도 마찬가지다. 처음부터 컴퓨터 업체는 모두 샌프란시스코 남쪽에 모이라고 누가 지시한 적은 없다. 무슨 이유에서인지 컴퓨터 업체가 이곳에 들어오기 시작하고 이들이 유명업체로 명성을 날리면서 이곳에 회사를 차려야 컴퓨터 업계에서 제대로 대우를 받는다는 인식이 퍼지기 시작했다. 컴퓨터 업체란 업체는 모두 이곳으로 몰려드는 통에 실리콘밸리가 자리잡고 있는 서니베일 일대의 집값과 사무실 임대료는 일반의 상상을 초월할 정도로 비싸다. 그럼에도 사람들이 꾸역꾸역 이리로 몰려들고 있다.

LA 한인타운에서도 잘되는 식당은 몇 군데다. 이들 식당의 특징은 '뭐 하면 어디' 하는 식으로 뭐 한 가지는 잘한다고 소문난 집이다. 일단 잘하는 집으로 소문이 나면 아무리 복작대고 오래 기다려도 사람들이 그쪽으로 몰린다. '아무개 식당은 오래 기다린다' 는 이야기가 돌면 그 식당은 더 잘된다. '도대체 어떻게 음식을 만들기에 저 야단인가' 하는 생각과 '뭐가 나아도 낫기에 그렇겠지' 라는 생각이 무관심하던 사람들의 발길까지 끌기 때문이다.

'잘되는 집이 더 잘되는 현상' 을 경제학에서는 '승자 수익 증대 원리(principle of increasing return)' 라고 부른다. 쉬운 말로는 '눈덩이 효과(snowball effect)' 라고도 한다. 일단 '뭐는 어디' 라는 평판이 퍼지면 사람들이 그리로 몰려들고, 몰려들면 평판은 더 굳어지는 선순환이 반복된다. 이렇게 해 굳어진 우위는 웬만해서는 흔들리지 않는다. 예수의 가르침 중에도 "누구든지 있는 사람은 더 받아 넉넉해지고 없는 사람은 있는 것마저 빼앗길 것"이란 구절이 있다. 어떤 분야에서건 처음 기선을 잡는 것, 그것이 성공의 비결이다.

2000. 02. 28

하이테크 시대의 석유 파동

007 시리즈의 최근작 〈007 언리미티드〉의 무대는 구소련의 일부였던 아제르바이잔이다. 석유재벌의 딸이 아제르바이잔에서 지중해로 빠지는 송유관을 건설한 후 보스포루스 해협에서 핵폭탄을 터뜨려 전세계 원유시장 장악을 기도한다는 것이 줄거리다. 석유 이야기를 하면서 중동을 빼놓고 구소련을 무대로 택한 것이 얼핏 이상해 보일지 모르지만 구소련은 전세계 최대의 산유국이었다. 그중에서도 아제르바이잔의 바쿠 일대는 사우디와 맞먹는 잠재력을 가진 지역이다.

이 일대의 석유를 파내 세계 석유시장을 주름잡으려 했던 것은 이 여주인공이 처음은 아니다. 노벨상을 만든 알프레드 노벨의 형 루드비히는 러시아에서 노벨 석유회사를 만들고 바쿠에서 흑해의 바툼까지 파이프라인을 건설함으로써 유럽의 석유시장을 제패했다. 당시 세계 최대의 재벌이던 록펠러의 스탠더드 오일이 세계 석유시장 독점에 실패한 것도 로스차일드의 지원을 받는 노벨 석유를 누르지 못했기 때문이다.

인류가 지하에서 불이 붙는 기름이 솟아나온다는 사실을 안 지는 오래 전이다. 기원전 3,000년 바빌론에서 석유에 불을 붙였다는 기록이 있으며 호머의 일리아드에도 트로이군이 석유로 화공을 했다는 이야기가 나온다. 꺼지지 않는 불을 숭상하는 조로아스터교가 이란에서 나온 것은 우연이 아니다.

그러나 현대 석유산업이 본격적으로 일어난 곳은 19세기 중반 미국의 펜실베이니아였다. 이곳 출신인 록펠러는 이 일대 군소업자들을 모두 통합, 스탠더드 오일사를 설립함으로써 세계 최고의 부자가 됐다. 현 미국 최대 석유회사인 엑손과 모빌, 셰브론 등은 모두 스탠더드 오일의 자회사였다.

'20세기는 석유의 세기'라는 말이 있을 정도로 석유만큼 20세기 역사를 좌우한 원자재는 없다. 히틀러가 참모들의 반대를 무릅쓰고 소련을 침공한 것이나 일본이 태평양전쟁을 일으킨 가장 큰 이유는 각각 코카서스와 동남아 일대의 원유를 확보하기 위한 것이었다.

베를린 장벽이 무너지면서 냉전이 끝난 후 처음 일어난 전쟁도 결국은 석유를 뺏기 위한 싸움이었다. 1990년 8월 이라크의 사담 후세인은 쿠웨이트를 전격적으로 침공, 전세계 석유시장의 20%를 장악하는 것처럼 보였다. 이 정도의 석유를 주무르며 석유 판 돈으로 핵무기까지 개발해놓으면 중동은 물론 세계의 패자로 군림할 수 있으리라는 것이 후세인의 계산이었다.

그러나 석유의 중요성을 누구보다 잘 알고 있는 부시가 미국 대통령으로 있을 때를 침공 시기로 잡은 것이 불운이었다. 예일대를 졸업한 부시는 프록터 앤드 갬블 사 취직시험에서 떨어지자 청운의 꿈을 품고 텍사스 석유산업의 중심지 미들랜드로 내려왔다. 석유 펌프 견습에서 시작해 펌프 세일즈맨까지 하며 밑바닥부터 비즈니스를 철저히 익힌 부시는 자파타 석유회사를 차려 한 밑천 잡는 데 성공한다. 부시는 부통령 재직 시절, 시장 제일주의를 내세워 석유에 무관심했던 레이건과는 달리 국내 석유 산업 육성을 주장하여 레이건 팀과 마찰을 빚기도 했다.

걸프전 이후 한동안 잠잠했던 세계 석유 시장이 다시 동요하고 있다. 원유 시세는 현재 배럴당 30달러 선을 오르내리고 있는데 이는 걸프전 이후 최고치이다. 유가 상승의 원인에 대해서는 세계경제의 호황 등 갖가지 분석이 나오고 있으나 이같은 고유가가 언제까지 갈 것인가에 대해서는 아무도 선뜻 해답을 내놓지 못하고 있다. 캘리포니아 주유소의 기름값이 일부 지역은 갤런당 2달러 선을 넘어서자, 대형차를 타거나 출퇴근 거리가 먼 한인들은 기름 값을 아끼느라 카풀을 하기도 하고 싼 주유소를 수소문하는 등 대책 마련에 고심하고 있다.

첨단 정보 기술이 경제를 주도한다는 2000년대에 들어섰어도 석유의 중요성은 좀처럼 줄어들지 않고 있다. 정보로 자동차를 움직이거나 난방을 할 수는 없기 때문이다. 석유 대체 에너지로 한때 각광받던 핵 발전은 환경 보호론자의 반발로 사양길에 접어들었으며 태양에너지도 아직 실용화 단계까지는 멀다. 동남아 경제가 IMF 사태를 겪으면서 석유값이 에비앙 물값보다 싼 갤런당 1달러 이하로 내려가자 영국의 경제 전문지 「이코노미스트」가 커버스토리로 '석유 시대 끝났다' 고 대서특필한 것이 불과 1년 전이다. 석유시대의 종언을 점치기는 아직 이르다.

2000. 03. 27

토끼와 거북이의 주식 투자

나이 먹은 사람들은 흔히 '옛말에 그른 말 없다' 는 이야기를 한다. 살면서 겪는 갖가지 사건이 일어날 때마다 신통하게 거기 들어맞는 속담이 있다. 일이 터진 뒤 '왜 그때 그 속담을 떠올리지 못했을까' 하고 무릎을 친 경험이 한 번쯤은 있을 것이다.

그러나 수많은 속담을 줄줄 외고 다닌다고 해서 그것이 인생을 사는 데 얼마나 도움을 줄지는 의문이다. 속담 중 상당수는 서로 반대되는 메시지를 담고 있기 때문이다. '돌다리도 두드려 보고 건너라' 는 말이 있는가 하면 '쇠뿔도 단김에 빼라' 는 격언이 있다. '아니 땐 굴뚝에 연기 나랴' 는 속담이 있는가 하면 '까마귀 날자 배 떨어진다' 는 얘기도 있다. 어떤 사람이 과감하게 사업을 확장해 성공을 거두면 '용감한 사람만이 미인을 얻는다' 고 칭찬하다가도 실패하면 '욕심이 화를 불렀다' 고 비난한다. 이 같은 현상은 동서양을 막론하고 공통적이다. 속담은 일이 벌어진 뒤 설명을 하는 데는 편리하지만 막상 결정을 내리는 데는 큰 힘이 되지 못한다.

최근에는 좀 수그러들었지만 얼마 전까지 한국이나 미국이나 주식 투자가 붐을 이루면서 책방마다 주식 투자 소개서가 홍수처럼 쏟아져 나온 적이 있다. '주식으로 백만장자가 되는 법'부터 '주식 투자 이렇게 해야 한다' '투자가들이 지켜야할 철칙 OO개' 등 갖가지 타이틀을 단 가이드가 수없이 많다.

재미있는 것은 일반 속담에서 나타나는 이율배반성이 투자에 관한 금언에도 똑같이 적용된다는 것이다. 투자에 관한 조언 중 대표적인 것이 '이익을 내고 팔아 망한 투자가는 없다(Nobody went broke by taking profits)'는 말이다. 일단 산 주식이 가격이 오르면 무조건 팔아 이익을 챙기란 얘기다. 10달러에 산 주식이 20달러가 됐을 때 팔았는데 그후 주식이 1달러로 떨어졌을 경우 이 격언은 신의 계시처럼 들릴 것이다. 그러나 반대의 경우도 있다. 20달러에 팔아 충분한 이익이 남았다고 좋아했는데 나중에 이 주식이 30달러, 40달러를 거쳐 100달러가 넘어가는 경우다. 한치 앞을 내다보지 못하고 판 자신의 어리석음을 한탄하고 있을 때 동료 투자가가 들려주는 충고가 있다. '떨어지는 주식은 빨리 팔고 올라가는 주식은 가만 두어라(Cut your losses short, let your profits run)'라는 것이다.

누구나 알고 있는 '싸게 사서 비싸게 팔아라(Buy low, sell high)'라는 계명도 마찬가지다. 우선 '싸게 비싸게'를 무엇을 기준으로 삼을 것인지부터 문제다. 흔히 수익에 대한 주가 비율(P/E), 주가에 대한 배당금 비율, 장부상 가치에 대한 주가 비율 등을 기준으로 삼지만 이런 수치를 알았다고 해서 싸다혹은 비싸다는 판단이 쉽게 나오는 것은 아니다. 주가 평가란 상대적이기 때문이다. 지금은 싼 것 같지만 가격이 더 떨어진 뒤에 보면 비싸게 산 것 같고 지금은 비싼 것 같지만 나중에 주가가 오르면 싸게 산 것 같이 보인다.

'싸게 사서 비싸게 파는 것'이 어려운 까닭은 또 있다. 주가가 쌀 때는 악재에 악재가 겹쳐 전망이 극히 어두울 때다. 돌이켜보면 주식 투자의 적기는 1982년이었다. 그때 다우존스 산업지수가 777선이었으니까 그때 산 사람은 지금 12배의 이익을 남길 수 있었다. 그러나 그때부터 지금까지 주식을 갖고 있던 사람은 극소수다. 1970년대의 오랜 불황을 겪으면서 미국 주가는 1982년 이전 16년간 한 푼도 오르지 않았으며 앞으로도 전망이 없다는 견해가 지배적이었기 때문이다.

정작 주가가 쌀 때 사기 어려운 것처럼 비쌀 때는 사지 않기가 어렵다. 호재에 호재가 겹치고 '불경기란 이제 사전에 없다'는 얘기가 쏟아져나오기 때문이다. 현 투자가의 대부분은 장밋빛 경기 전망이 신문지상을 가득 메우고 다우지수가 4000선을 넘어 폭등할 때 군중심리에 휩쓸려 주식을 산 사람들이다. 특정 회사를 찾아가 직장 분위기를 살펴보고 그 회사가 그 분야에서 어떤 위치에 있는지 연구한 후 투자하는 사람은 거의 없다.

라스베이거스에서 전문 도박꾼들의 포커대회가 열리는 것처럼 주식 투자자들 사이에도 주식 투자 챔피언 대회가 있다. 주목할 점은 이 대회 우승자 중 상당수가 해병대 출신이란 점이다. 해병대는 극한 상황에서의 극기력을 중시하는 집단이다. 폭락과 폭등이 가져오는 감정적 기복과 주위 분위기에 휩쓸리지 않는 자기통제력이 투자 성공의 필수 조건의 하나임을 보여주는 대목이다. 일확천금을 노리는 투자가들이 대부분 재산을 날리는 것도 빨리 돈을 벌겠다는 욕심이 크면 클수록 자기통제력을 잃고 분위기에 휩쓸리기 쉽기 때문이다.

「포브스」지는 매년 400대 부자 리스트를 뽑는다. 별의별 비즈니스로 돈 번 사람이 다 있지만 주식 투자로 억만장자가 된 사람은 극소수다. 그중 대표적 인물인 워런 버핏은 투자하기 전 그 회사의 모든 것을 철두철미 조사하는 대신 한번 산 주식은 팔지 않는 것으로 유명하다. '자기가 비즈니스 오너라는 기분으로 주식을 사라' 는 게 그의 철학이다. 리스크가 큰 주식으로 단판 승부를 내려는 토끼보다 우량주와 함께 천천히 걷는 거북이가 이긴다는 것은 인생뿐 아니라 주식 투자에도 함께 적용되는 진리인 모양이다.

2000. 10. 23

스크루지와 산타클로스

해마다 이맘때면 빠짐없이 TV 화면을 장식하는 작품이 있다. 찰스 디킨스의 〈크리스마스 캐럴〉이 그것이다. 디킨스가 31세에 쓴 이 작품은 발표된 지 157년이 지난 지금까지 전세계인의 사랑을 받고 있다. 이 작품의 생명력이 강한 이유는 불우한 작가의 어린 시절을 바탕으로 했다는 리얼리티 탓도 있지만 단순한 아동문학 수준을 넘어 여러 각도의 해석이 가능하기 때문이다.

첫째 〈크리스마스 캐럴〉은 울프와 조이스, 프루스트 등으로 대표되는 '의식의 흐름' 문학의 선두주자라는 분석이다. 크리스마스 이브에 스크루지를 찾아오는 유령들은 외계에 존재하는 귀신들이 아니라 심층심리학적으로 보았을 때 스크루지 무의식의 심연 속에서 떠오른 잠재적 불안과 회한의 상징이란 것이다.

둘째는 원죄의 짐을 지고 태어난 인간이 그리스도를 영접해 잘못을 뉘우치고 새 삶과 구원을 얻는다는 기독교적 가르침의 작품화란 해석이다. 유령들이 찾아오는 시점이 예수 탄생을 하루 앞둔 크리스마스 이브라는 점이 그 신빙성을 뒷받침한다.

세 번째는 이 이야기가 냉혹한 돈의 원리를 추종하는 자본주의가 스스로의 모순을 깨닫고 자기반성하는 과정을 작품화한 것이란 주장이다. 개과천선한 스크루지의 모습은 바로 사회적 안전장치를 도입한 개량 자본주의의 모습이란 것이다.

인류 역사상 가장 중요한 혁명은 농업혁명이다. 1만년 전 터키 남부에서 시작된 농업과 목축이 없었다면 인류가 지금처럼 문명사회를 이뤄 사는 것이 불가능했으리라는 데는 이견이 없다. 그 다음으로 큰 변화를 일으킨 것이 산업혁명이다. 18세기 중반 영국에서 탄생한 산업혁명은 사상 유례 없는 부를 창출하며 인류의 생활수준을 현격히 상승시켰다. 예수 탄생 이후 별 변화가 없던 전세계 인구가 폭발적으로 늘기 시작하고 30세 안팎이던 인간의 평균 수명이 60세가 넘게 된 것도 산업혁명의 덕이다. 자본주의 비판자인 마르크스조차 '지난 100년간 시민계급은 선대의 업적을 합친 것보다 더 큰 생산력을 창출해냈다' 며 '이런 엄청난 생산력이 잠자고 있으리라고 누가 짐작이나 했겠는가' 라고 반문했었다.

그러나 산업혁명과 그를 가능케 한 자본주의는 탄생부터 지금까지 전세계 지식인의 혹독한 비판을 받아왔다. 자본주의는 모든 인간관계를 현찰 지급관계로 전환시켜 인간을 상품화하며, 형식적 평등이란 미명 아래 모두를 자유 경쟁의 원리가 지배하는 시장으로 내모는 약자에 불리한 제도이고, 자본가는 경쟁에서 이기기 위해 노동자에게 최소한의 임금만 지불하고 경쟁자를 쓰러뜨리기 위해 수단 방법을 가리지 않기 때문에 자본주의가 존재하는 한 국내

적으로나 국제적으로나 평화는 있을 수 없다는 것이다.

자본주의는 공산주의의 몰락과 함께 전세계의 주도적인 경제체제로 자리 잡았지만 이와 함께 그에 반대하는 집단들의 움직임도 거세지고 있다. 작년 시애틀의 세계무역기구(WTO) 협상 반대 시위, 체코에서 있었던 국제통화기금(IMF) 반대 데모, 그리고 이번 미 대선에서 자유무역 반대를 앞장서 외친 '녹색당'의 입김이 거세진 점 등이 모두 그 사례다.

그러나 많은 자본주의 비판자들은 단점만을 강조할 뿐 그 강점을 잊고 있다. 농업혁명과 산업혁명에 이어 세계를 변화시키고 있는 정보통신 혁명은 말할 것도 없고 인류를 동물과 구분 짓는 도구의 발명 자체가 따지고 보면 기술혁신의 연장선 위에 있다. 자본주의는 사회 발전의 근본 동력인 기술혁신을 축복한다. 영국에서 자본주의가 일어날 수 있었던 것은 스크루지와 같은 근검 절약가들이 쌓아놓은 자본이 축적돼 있었고 이 자본을 투자해 얻은 수익을 거둘 수 있는 제도적 장치가 마련돼 있었기 때문이다.

새로운 기술은 사회 안정을 저해한다. 새 기술이 도입되면 종전 방식으로 일하던 사람들은 실직하게 된다. 19세기 초 영국에서 방적기계의 도입으로 일자리를 잃게 된 노동자들이 조직적으로 기계를 때려부수자는 러다이트 운동을 벌인 것도 그 때문이다. 그러나 이로 인해 실업자가 된 사람들보다 훨씬 많은 소비자가 싼값으로 대량 공급된 상품의 혜택을 입었다. 기계가 짜낸 이 면제품은 더러운 누더기를 걸치고 평생을 보내야 했던 하층민들을 악취와 질병으로부터 해방시켜줬다.

동화 속에서는 산타클로스가 착한 아이에게 선물을 가져다준다. 그러나 현실 사회에서 어린아이에게 줄 선물은 자본주의가 창출해낸 부에 기초한 것이다. 크리스마스 시즌을 맞아 스크루지의 공과 과를 함께 돌아봤으면 한다.

2000. 12. 18

모래 속의 타조

세계화와 그의 적들

'호랑이는 죽어서 가죽을 남기고 사람은 죽어서 이름을 남긴다'는 말이 있다. 동서양의 성현들은 예로부터 짧은 인생을 돈이나 권력, 쾌락을 추구하며 낭비하기보다는 뭔가 값진 일을 해야 한다고 생각했다.

물론 가치 있는 일을 했다고 항상 이름이 남는 것은 아니다. 업적에 비해 이름이 잘 알려지지 않은 대표적 경제학자가 프레데릭 바스티아(1801–1850)다. 자유무역주의의 우월성을 가장 명쾌하게 설파한 이론가였던 그는 가치의 주관주의, 한계효용과 수확체감의 법칙 등을 발견, 20세기 후반 세계경제학의 주요 흐름인 오스트리아 학파의 이론적 기초를 마련했을 뿐 아니라 정부의 시장 개입이 왜 잘못인가를 밝히는 등 케인즈가 태어나기 이전부터 케인즈 학파의 오류를 예견했다.

그는 이런 학문적 업적 외에 난해한 경제적 진리를 일반인도 쉽게 알아들을 수 있게 우화로 설명하는 뛰어난 재능을 지녔다. 『양초 제조업자들의 청원서」라는 그의 작품에는 낮 동안 무료로 나라 전체를 밝히는 햇빛 때문에 촛불 장사를 할 수가 없으니 모든 시민으로 하여금 창문을 비롯한 모든 구멍을 꼭 꼭 막는 것을 의무화하는 법을 제정해달라는 양초 제조업자들 이야기가 나온다. 그렇게 할 경우 양초 생산의 증가로 인해 고용을 늘릴 수 있을 뿐 아니라 세수도 늘어나니 일석이조가 아니냐는 것이다.

지난주 자유선거에 의해 지도자를 뽑지 못한 쿠바를 제외한 미주 34개국 정상은 캐나다 퀘벡에 모여 북남미 전지역을 커버하는 자유무역지대 창설에 원칙적으로 합의했다. 물론 아직 협상 과정과 의회의 인준 절차가 남아 있지만 인구 10억에 이르는 전 미주를 포괄하는 자유무역 지대 창설을 위한 첫발을 내디뎠다는 점만으로도 역사적 사건임에 틀림없다.

캐나다 당국은 회의장 주변에 콘크리트 벽을 설치, 시위대들이 호텔 근처에 오지도 못하게 했지만 그럼에도 불구하고 복면을 쓰고 각목을 휘두르는 시위대원들의 모습은 TV를 통해 전 세계에 중계됐다.

대원 중에는 자유무역을 이론적으로 반대하는 보호무역주의자부터 무역 확대가 환경을 해친다는 환경보호주의자, 제3세계 국민들의 보호자를 자처하는 진보파 지식인, 노조 지도자, 무정부주의자 등 갖가지 생각을 가진 인물들이 모여 있었다. 흥미로운 것은 공산주의가 무너진 후 세계화가 주류를 이루면서 세계의 정치 판도에 이상한 변화가 일고 있다는 점이다. 얼마 전까지 진보와 수구로 나뉘어 으르렁대던 세력들이 자유무역을 반대하는 데는 손을 잡고 나선 것이다. 진보파 지식인의 기수 랠프 네이더와 극우파의 표본 팻 뷰캐넌이 반세계화 운동에는 의기를 투합하여 한 침대에서 짝짜꿍을 하리라고는 아무도 짐작하지 못했을 것이다. 개인의 자유를 억압하는 국가권력을 축소해야 한다고 외쳐오던 무정부주의자까지 무역장벽을 높이는 데는 국가의 힘을 동원하려는 자가당착을 범하고 있다.

자유무역을 통해 이익을 보는 사람들은 좋은 물건을 싸게 살 수 있는 소비자와 경쟁력 있는 물건을 만들어내는 생산자다. 반면 손해보는 사람들은 자국 시장 독점을 노리는 재벌 등 소수의 자본가와 생산성 없는 물건을 만들어내는 사양산업 종사자들이다. 이들을 보호하기 위해 자유무역을 금지해야 한다는 주장은 양초업자를 살리기 위해 햇빛을 가려야 한다는 주장 못지 않게 어리석다.

자본주의의 이론적 기초를 마련했다는 평을 받고 있는 『국부론』의 저자 애덤 스미스는 상인의 이익을 대변하는 인물로 잘못 알려져 있지만, 그는 상인들이란 좋은 제품을 싸게 만들어 돈을 벌기보다는 기회만 있으면 경쟁자를 배제해 독점이윤을 챙기려 하는 경향이 크다는 사실을 꿰뚫어봤다. 그가 자유무역을 주창한 이유 중 하나도 외국의 경쟁자들을 배척하고 자국 시장을 독점해 손쉽게 돈을 벌려는 소수 자본가의 횡포를 막기 위한 것이었다.

경제적 자유는 정치적 자유와 불가분의 관계를 맺고 있다. 경제에 대한 국가의 통제력이 커질수록 정치적 자유가 억압될 위험성도 커진다. 남아공과 가나 등 아프리카에서 가장 민주화가 잘 된 나라일수록 자유무역을 지지하고 수단, 짐바브웨, 리비아 등 독재가 성행하는 나라일수록 이에 반대하고 있다. 지난해인 2000년 '아프리카 성장 기회법'이 연방의회에서 가까스로 통과된 후 마다가스카르의 섬유 수출은 120%, 말라위와 나이지리아는 1,000% 늘어났다. 평생 일자리다운 일자리를 가져보지 못한 이 나라 국민들에게 처음으로 고정적인 수입원이 마련된 것이다. 무역 장벽을 높여 수출을 못하게 되면 가까스로 취직을 한 아프리카인들은 다시 실업자가 될 수밖에 없다.

아프리카에서 중남미와 동남아에 이르기까지 후진국의 자생적 경쟁성장을 유도하는 최선의 방법은 자유무역을 확대하는 것이다. 당장 밥을 굶어야 하는 사람들에게 환경이 어떻고 근로조건이 어떻고 해봐야 공염불에 불과하다. 세계화에 반대하는 사람들은 그로 인해 덕을 보는 사람과 손해보는 사람이 누구인지 다시 한번 곰곰이 돌아봤으면 한다.

2001. 4. 30

모래 속의 타조

쌀 한 톨의 경영학

한 해도 저물어가던 1984년 12월 22일 뉴욕 지하철에서 전 미국을 흥분시킨 사건이 일어났다. 전문직 종사자인 한 백인이 푼돈을 달라며 협박하던 10대 불량배 네 명에게 충격을 가한 것이다. 이 백인은 네 명에게 한 발씩 쏜 후 바닥에 쓰러진 한 명에게 다가가 "아직 괜찮은 것 같은데 어디 맛 좀 봐라"며 다시 한 발을 쏴 평생 반신불수로 만들었다. 지금은 거의 잊혀졌지만 한때는 미국을 발칵 뒤집어놓은 버나드 괴츠가 이 백인의 이름이다.

이 사건이 보도되자 괴츠는 일약 뉴욕 시민의 영웅이 됐다. 뉴욕 신문과 라디오에 괴츠를 살리라는 여론이 빗발쳤다. 그 덕분인지 그는 재판에서 무죄로 풀려났고 판결이 나오는 날 그의 아파트 앞에서는 지지자들이 몰려들어 가두 파티가 벌어졌다.

이 사건은 당시 뉴욕 시민들이 얼마나 범죄에 진저리를 치고 있었는지 보여주는 한 예다. 1980년대 중반 뉴욕은 범죄자들의 천국이었다. 특히 음침하고 오물 냄새가 밴 데다 낙서로 뒤덮인 지하철은 무법천지나 다름없었다. 돈을 내고 타는 사람도 없고, 강도를 당해도 쳐다보는 사람도 없고, 냉온방 시설이 안 돼 겨울에는 춥고 여름에는 덥고, 시속 15마일로 달리기 일쑤인 지하철은 뉴욕 몰락의 상징이었다.

인간의 힘으로는 회복이 불가능할 것 같던 뉴욕 지하철의 분위기를 일신시킨 사람은 데이비드 건이다. 1980년대 중반 뉴욕 지하철 국장으로 임명된 그는 낙서 제거를 최우선 과제로 내걸었다. 일부에서는 범죄 단속이나 열차 시설을 개선하는 것이 중요하지 그까짓 낙서가 무슨 대수냐고 맞섰지만 그는 낙서부터 해결해야 한다는 생각을 굽히지 않았다. 그는 아무리 갱 단원들이 밤새 낙서를 해도 아침이면 반드시 지우는 불용 정책을 끝까지 밀고 나갔다. 처음 그를 비웃던 갱들도 한 달이 지나고 두 달이 지나도 그의 의지가 꺾이지 않자 마침내 낙서를 포기했다. 낙서가 감소하면서 예기치 않은 변화가 일어났다. 주위가 깨끗해진 것은 물론 갱단들이 떠나기 시작한 것이다.

건 국장은 2단계 조치로 윌리엄 브래튼을 지하철 치안 책임자로 임명했다. 브래튼은 임명되자마자 무임승차 단속에 전력을 기울였다. 무임승차는 워낙 위반자가 많은 데다 잡아봐야 형식적인 벌금만 내고 풀어주는 것이 관례여서 뉴욕 경찰은 이에 대한 단속을 포기한 상태였다. 브래튼은 사복 경찰을 지하철역 입구에 배치, 무임승차자들을 보는 대로 수갑을 채워 역 철문에 묶어 놓고 아예 역에 간이 파출소를 세워 현장에서 경찰 업무를 보게 했다.

무임승차가 급감하면서 지하철 수입이 느는 것은 당연하지만 그보다 놀라운 것은 일반 범죄율의 현저한 감소였다. 브래튼은 그후 뉴욕 경찰국장으로 발탁돼 1980년대 연 60만 건의 중범죄가 저질러지던 뉴욕시의 범죄율을 80%

나 낮추는 혁혁한 전과를 올렸다.

작은 범죄를 허용할 경우 큰 범죄를 불러온다는 이론을 범죄학에서는 '깨진 유리창 이론'이라고 부른다. 어느 한 집 유리창이 깨진 것을 그대로 방치할 경우 옆집 유리창도 깨지기 쉽고 여러 집 유리창이 깨지다 보면 동네 전체가 지저분해지고 결국에 가서는 우범 지대화된다는 이론이다.

작은 것이 큰 것을 좌우한다는 원리는 범죄만이 아니라 경제를 비롯한 모든 사회 분야에 공통으로 적용된다. 그럼에도 사람들은 이를 종종 망각하는 경향이 있다. 한인 업소를 찾는 사람들이 가장 불평이 많은 부분은 고객 서비스다. 미국 백화점은 쓰던 물건을 갖다 줘도 두말없이 환불해주고 항상 친절한데 한인 업소는 고객이 한 마디 하면 열 마디씩 대꾸하며 기분 상하게 한다는 것이다.

비즈니스의 생명은 고객임에도 한인 업주들은 고객 한 명 한 명에 대해 쏟는 정성이 약하다. 그까짓 고객 하나쯤 떨어져 나간들 대수냐 할지 모르지만 그건 큰 오산이다. 새로운 고객 한 명을 잡으려면 기존 고객 한 명 유지하는 데 드는 노력의 여섯 배가 든다. 또 업소에 불만을 품고 발길을 끊은 고객은 평균 여덟 명에서 열 명의 친지와 동료에게 그 업소의 험담을 한다는 자료도 나와 있다. 이런 일이 계속 쌓여 '그 가게 못 쓰겠다더라'는 소문이 나면 영업에 타격을 받는 것은 시간문제다.

서양에 '못 하나가 없어 나라가 망했다'는 격언이 있다. 못 하나가 없어 말 편자를 박지 못했고, 편자를 박지 못해 말 한 마리가 출전을 못했고, 말 한 마리가 없어 유능한 장수가 전투에 나가지 못했고, 장수가 없어 전투에서 졌고, 전투에서 져 나라가 망했다는 이야기다. 동양에도 '한 톨의 쌀알이 저울을 기울게 한다' 는 중국 속담이 있다. 인간은 분위기의 동물이다. 범죄도 그렇고 장사도 그렇고 얼핏 보면 사소한 일이 저울추가 어디로 기울어지느냐를 결정한다. 작은 불평거리를 들고 당신 업소를 찾은 고객 한 사람을 만족시키느냐 못하느냐에 비즈니스의 성패가 달려 있다.

2001. 06. 25

모래 속의 타조

사촌이 땅을 사도 안 아픈 배

미국인들에게 가장 큰 영향을 미친 사람을 하나 들라면 누구일까. 건국의 아버지 조지 워싱턴, 독립선언서를 쓴 토머스 제퍼슨, 노예를 해방시킨 링컨, 아니면 인권운동가 마틴 루서 킹? 그 해답은 처음 미국을 세운 사람이 어떤 인물들이었는지를 살펴보면 윤곽이 드러난다.

　17세기 초 험한 대서양을 건너 북미주 대륙에 정착한 부류는 크게 두 가지다. 하나는 신천지의 물질적 풍요로움을 동경해서, 다른 하나는 종교적 탄압을 피해서 배를 탄 그룹이었다. 이 두 그룹 중 미국의 정신적 버팀목 역할을 해온 것은 '필그림 파더스(Pilgrim Fathers)' 라는 이름이 말해주듯이 후자다. 영국에서 일어난 신교 운동의 핵심세력이었던 이들 청교도들의 정신적 지주는 칼뱅이었다. 종교 개혁을 시작한 것은 마틴 루터임에도 미국 교회에서 루터보다 칼뱅을 더 인정하는 것도 이런 연유에서다.

　칼뱅 사상의 특징은 원죄 이후 밑바닥까지 떨어진 인간의 타락상에 대한 강조다. 루터가 인간은 선행이 아니라 믿음으로만 구원받을 수 있다고 가르친 데서 한 걸음 더 나아가 인간은 믿음에 의지할 능력마저 없고 오직 하나님의 은총에 의해서만 구원받을 수 있다는 게 그의 생각이었다. 이런 인간에 대한 철저한 불신이 연방헌법의 핵심 원리인 권력분립 사상의 배후에 흐르고 있다. 아무리 훌륭한 인간도 권력을 쥐면 타락하기 마련이므로 권력은 반드시 분산시켜야 한다는 것이다.

칼뱅은 종교와 정치는 물론 경제 분야에도 지대한 영향을 미쳤다. 그는 예정설을 통해 '신은 이미 오래 전에 누가 천국에 가고 지옥에 갈지를 정해뒀으며 인간의 지식으로는 이를 알 길이 없다'고 했다. 단지 그 사람이 얼마나 성실하게 신자다운 생활을 하느냐가 이를 판가름할 수 있다는 그의 사상은 근로의 성스러움과 근면에 대한 강조로 자본주의 발달에 결정적인 기여를 했다는 게 『프로테스탄트 윤리와 자본주의 정신』이란 고전을 쓴 막스 베버의 분석이다. 독실한 칼뱅 교도였던 어머니에게 감화돼 자란 그는 스스로 게으른 자신에게 채찍질을 하면서 칼뱅 사상의 진실을 몸으로 체험한 사람이다. 예정설에는 '모든 것이 하나님이 정한 것이므로 노력과 성실의 대가로 남에게 돌아오는 보답에 대해서는 시샘하지 말라'는 경고 메시지도 담겨 있다.

자본주의가 발달하기 위해서는 자본의 축적과 기술의 혁신도 중요하지만 이보다 더 필수적인 것은 남이 잘 사는 것을 보고 배 아파 하지 않는 태도를 가르치는 것이다. '사촌이 땅을 사면 배가 아프다'는 속담은 한국에만 있는 것이 아니다. 독일 말에는 남이 안된 것을 보고 느끼는 기쁨이라는 뜻을 가진 '샤덴프로이데(Schadenfreude)'라는 단어까지 있다. 공산주의와 사회주의 배후에 숨은 가장 강한 감정은 부의 평등한 배분이 아니라 부자에 대한 질투다. 그

부가 정의롭게 얻어진 것이든 불의하게 얻어진 것인가는 부차적인 문제다.

미국 직장과 한국 직장의 가장 큰 차이의 하나는 '능력에 따른 차별'에 대한 반응이다. 미국 직장에서는 자기 밑에 있던 부하가 능력을 인정받아 자기 위에 서는 것이 조금도 이상하지 않다. 체니 부통령이 과거 자기 상관이던 럼스펠드를 지휘 체계상 자기 밑자리인 국방장관에 앉혔을 때 손가락질하는 사람은 아무도 없었다. 대통령을 지낸 존 퀸시 애덤스는 퇴임 후 연방하원에서 직무를 성실히 수행했다. 한국에서라면 상상조차 할 수 없는 일이다.

한인 이민사회도 연륜이 쌓여가지만 아직도 대다수 비즈니스가 구멍가게 수준이지 기업다운 기업이 별로 없다. 기업을 늘리고 싶어도 사람 관리하기가 골치 아파 못하겠다는 업주가 하나 둘이 아니다. 가게 규모가 작을 때는 가족적인 분위기에서 대충대충 해도 될지 모르지만 직원 수가 수십 명, 수백 명으로 늘어나면 이런 식으로는 안 된다. 능력에 따른 대우를 받지 못하고 있다는 생각하는 사람은 나가서 자기 사업체를 차리게 마련이다. 남는 것은 무능력자들뿐이다. 이래 가지고 제대로 일이 될 리 없다.

사업을 키우기 위해서는 새 상품이나 서비스 개발도 중요하지만 더 필요한 것은 직원 각자가 최대한의 능력을 발휘하게 하는 것이며 그 가장 좋은 방법은 능력에 따른 대우다. 은행이든 백화점이든 가발장사든 남다르게 커나가는 한인 기업의 공통점은 능력자 우대다. 한인 비즈니스가 구멍가게 수준을 넘어 기업으로 크기 위해서 능력제는 반드시 거쳐야 할 관문이다.

2001. 07. 09

상도와 값진 삶

인류 역사상 최고 부자는 누구일까. 절대적인 기준으로 보면 단연 빌 게이츠다. 「포브스」에 따르면 마이크로소프트 주식이 최고치에서 반값으로 떨어졌음에도 그의 총재산은 2001년 현재 540억 달러로 2위인 워런 버핏보다 200억 달러나 많다.

그러나 미국경제에서 차지한 비중으로 따지면 게이츠도 록펠러의 상대는 되지 못한다는 것이 전문가들의 분석이다. 1900년의 록펠러는 스탠더드 오일을 통해 미국 정유시장의 90%를 독점하고 있었다. 독점금지법에 의해 열 개로 쪼개진 그의 회사 중 하나에 불과했던 엑손 하나만도 얼마 전까지 세계 최대 기업이었던 점을 보면 그가 얼마만한 부를 쌓았었는지 알 수 있다.

그런 록펠러를 능가한 인물도 있다. 로마의 최고 부자 크라수스이다. 기원 전 1세기 로마 전성기 때 최대의 부호였던 그는 자기가 살던 나라의 경제 규모와 비교할 때 인류 역사상 가장 큰 재산을 모았던 사람으로 인정받고 있다.

그가 얼마나 악착 같이 돈을 벌었는가를 보여주는 일화가 있다. 당시 로마에는 대부분의 건물이 목조로 지어져 불이 잘 났으나 소방서가 없었다. 어느 동네에서 불이 났다 하면 제일 먼저 뛰어오는 사람은 크라수스와 그의 사조직 소방대원들이었다. 그러나 그의 목적은 불을 끄는 것이 아니었다. 자기 집에 불이 붙어 발을 동동 구르고 있는 주인에게 다가가 '저 집을 내가 살 테니 팔라' 며 헐값을 제시한다. 주인이 '아니 어떻게 그렇게 싸게 팔 수 있느냐' 고 항의하면 '조금 더 있으면 모두 다 타 한 푼도 받지 못하게 될 테니 지금이라도 어서 팔라' 고 재촉한다. 주인이 울며 겨자 먹기로 사인을 하면 데리고 갔던 소방대원들을 동원해 불을 끈 후 수리를 해 거액을 받고 되파는 수법을 썼다.

이렇게 거만의 부를 쌓은 그는 누구보다 비참한 최후를 마쳤다. 그는 당시 로마의 최고 실력자 폼페이우스, 그때까지만 해도 별 볼 일 없었던 2류 정치인 카이사르와 함께 3두 정치를 펴나가고 있었다. 그러나 카이사르가 지금의 프랑스인 골 지역 정복에 성공해 나날이 인기가 올라가자 자기도 무공을 세워 로마 제1인자가 되겠다는 야심에 불타기 시작한다. 그가 정복 대상지로 택한 곳은 지금의 이란인 파르티아였다. 60 노구에 3만 5,000의 대군을 이끌고 원정에 나서지만 BC 53년 카레 전투에서 대패, 칼에 찔려 목숨을 잃는다. 때마침 그리스 비극을 감상하고 있던 파르티아 왕은 부하가 잘린 크라수스의 머리를 들고 들어오자 무대 위로 집어던졌다는 기록이 전해오고 있다.

한국 출판사상 가장 많이 팔린 책의 하나인 『상도』를 TV 드라마로 만든 연속극 〈상도〉가 최근 끝났다. '너무 늘리기를 했다' 느니 '원작에 충실하지 못하다' 느니 말들이 많았지만 TV 때문에 책이 더 팔리는 상승 작용을 일으킨 것은 분명하다. LA에서도 이 소설은 전 5권 1,500페이지에 달하는 분량에도 불구하고 가장 잘 팔리는 책의 하나다.

빽이 아니라 정직과 신용으로 돈을 벌어야 한다는 것도 물론 이 소설의 메시지다. 그러나 더 중요한 것은 기업인이 가장 경계해야 할 것이 과욕임을 지적했다는 점이다. 주인공 임상옥의 목숨을 살려준 세 가지 보물 주머니 중 두 번째에서 나온 솥 정(鼎) 자는, 세상에는 명예와 돈과 권력의 세 가지 영역이 존재하며 어느 누구도 이중 하나 이상을 가지려 해서는 화가 미친다는 것을 가르치고 있다. 임상옥은 함께 권력을 쥐자는 홍경래의 유혹을 뿌리치고 명예의 영역은 김정희에게 양보함으로써 분수를 지킨다.

그를 살린 마지막 보물인 계영배(戒盈盃)도 마찬가지다. '가득참을 경계하는 잔'이란 뜻을 가진 이 잔의 가르침도 결국은 지나친 욕심을 버리라는 것으로 요약된다. 임상옥은 만년에 자기 재산을 모두 가난한 자들에게 나눠주고 작은 정원이 있는 누옥에서 생을 마감한다.

장사를 해서 벌 수 있는 돈의 한계는 없다. 한 푼도 없을 때는 몇십 달러가 아쉽지만 몇십만 달러를 벌면 '100만 달러를 벌지 말란 법이 없다'는 생각이 들기 마련이다. 돈을 버는 것은 필요한 일이지만 수단일 뿐이지 목적이 아니다. 여기 넋을 뺏기면 본인과 주위가 모두 불행해진다. 어느 소수민족보다 자영업자가 많은 LA 한인들은 자칫 '아메리칸 드림'을 성취하겠다는 욕심에 빠져 어떻게 사는 삶이 진정 가치 있는 삶인가를 잊기 쉽다. 평범하면서도 깊은 진리를 흥미롭게 전한 『상도』가 LA에서도 널리 읽힌다는 것은 반가운 현상이라 생각한다.

2002. 04. 22

황금의 메시지

자고이래로 황금처럼 인간의 관심을 끈 물건은 없다. 불빛을 받아 휘황찬란하게 빛나는 황금은 인간을 홀리는 마력을 갖고 있다. 금은 또 좀처럼 변하지 않는 것이 특색이다. 인류 역사상 채취된 모든 금은 지구 어딘가에 그대로 존재한다.

금의 화학기호는 AU다. 해가 노랗게 지평선을 물들이는 새벽을 뜻하는 라틴어 'aurum'이 어원이다. 황금을 뜻하는 영어 'gold'는 '노랗다'는 뜻의 앵글로색슨 어인 'geld'에서 왔다. 인간에게 빛과 따스함을 주며 언제나 다시 뜨는 태양의 이미지와 연결되면서 금은 단순히 경제적 가치 저장의 척도가 아니라 영원, 불멸, 불사의 상징으로도 여겨져왔다.

고대인 중 황금을 가장 열렬히 사랑한 민족은 이집트인이다. 태양신을 숭배한 이들은 태양과 같이 노란색이면서 영원히 변치 않는 황금이야말로 태양신의 분신으로 생각했다. 이집트 최대의 여제로 불리는 하트셉수트는 금가루로 얼굴을 화장했으며 테베에 태양신 아몬 레를 숭상하는 100피트 높이의 황금 기둥을 세우겠다고 밝힌 적도 있다. 공사에 들어갈 어마어마한 양의 금을 댈 자신이 없는 신하들이 간신히 말려 결국 기둥 꼭대기만 금으로 도금하는 선에서 타협을 봤지만 그 정도 하는 데 들어간 금의 양도 사상 최대 규모였던 것으로 전해지고 있다.

이집트가 이처럼 금을 풍부히 쓸 수 있었던 것은 남쪽에 자리 잡은 누비아 (이집트 말로 황금이란 뜻)란 지역 덕이었다. 근대에 이르기까지 유럽 각국에 황금을 공급해온 누비아 광산에서 추출된 황금의 총량은 전세계 다른 모든 금광을 합친 것보다 많았다는 설이 있다.

황금을 신성시한 것은 이집트뿐이 아니다. 성경에도 야훼가 모세에게 자신이 거할 장막을 만들 때 황금을 풍부히 섞어 지으라고 지시하는 구절이 나온다. 모세가 십계명을 받으러 시나이산에 올라간 사이 히브리인들이 황금송아지를 만들어 제사를 지내다 야훼의 분노를 사 떼죽음을 당한 것부터 황금양피를 찾기 위해 흑해를 건너간 이아손, 손으로 만진 것은 모두 황금으로 변해 고생한 미다스 왕에 이르기까지 황금과 관련된 전설은 부지기수다.

콜럼버스가 목숨을 걸고 인도로 가는 뱃길을 개척한 가장 큰 이유의 하나도 황금을 찾기 위한 것이었으며, 역시 같은 목적으로 스페인군을 이끌고 잉카 제국을 멸망시킨 피사로는 결국 황금이 가득찬 창고 안에서 피살당했다.

금은 '최후의 가치 저장 수단'으로 불린다. 인류 역사가 시작된 이래 수많은 화폐가 등장했다 휴지로 사라졌지만 아직도 금은 그 가치를 보유하고 있다. 한 온스의 금으로 좋은 옷 한 벌 살 수 있는 것은 5,000년 전 이집트나 현대의 미국이나 차이가 없다.

1971년 닉슨이 달러와 금의 연결 고리를 끊고 달러를 불태환 화폐(금과 교환해주지 않는 돈)로 만들어버리면서 한동안 빛을 잃는 것 같던 금은, 1970년대 인플레이션이 기승을 부리자 온스당 35달러에서 1980년 800달러로 뛰어오르며 기염을 토하기도 했다. 그러나 연방준비제도이사회의 고금리 정책으로 인플레이션이 잡히면서 20년이 넘게 기를 펴지 못했다. 1년여 전 온스 당 255달러 선으로 떨어지자 한 경제 전문지는 '금의 사망'을 주요 스토리로 다루기까지 했다.

그러나 사망 선고를 받았던 금이 올 들어 다시 살아나고 있다. 지난 수개월 간 꾸준한 강세를 보이던 금값은 최근 가파른 상승세를 타며 320달러 선에 육박하고 있다. 금과 금광 관련 주식들은 지난 1년간 여러 투자수단 중 가장 높은 수익률을 기록했으며 금광 주식들의 지표로 널리 사용되는 XAU 지수는 1년 사이 60% 이상 올랐다.

미 주가가 연중 최저치를 나날이 갱신하고 달러가 폭락하며 실업률이 6%로 치솟는 등 미국경제에 불안을 느낀 투자가들이 '안전한 항구'를 찾고 있는 것이 금값 폭등의 원인으로 분석되고 있다. 촛불이 어둠 속에서 더욱 빛을 발하듯 금값은 장래가 비관적일 때 뛰어오른다. 상승세가 얼마나 계속될지는 아무도 모르지만, 미국 경기 회복이 전문가들 진단처럼 낙관만 할 수 있는 상황이 아님을 금값 폭등은 시사하고 있다.

(주: 그후 금값은 온스 당 1,000달러를 돌파했다.)

2002. 05. 06

백만장자 마인드

미주 한인들에게 '왜 미국에 왔느냐'고 묻는다면 '잘살고 싶어서'와 '자녀 교육을 위해서'가 대답의 대부분을 차지할 것이다. '자녀 교육을 위해서'도 따지고 보면 '잘살고 싶어서'에 포함된다. 자녀 교육도 결국 '잘살기 위한 수단'이기 때문이다. '뭐가 잘사는 것이냐'에 대해서는 여러 의견이 있을 수 있겠지만 대부분이 생각하는 '잘사는 삶'은 물질적으로 풍요로운 삶이다. 더구나 자영업자가 많은 한인사회에서는 비즈니스에서 성공해 큰돈을 버는 것이야말로 미국에 온 목적을 달성했느냐 못했느냐 판가름하는 기준이 되기 쉽다.

미국 부자들에 대한 권위자로 불리는 토머스 스탠리는 최근 순자산 100만 달러 이상인 733명의 백만장자에 대한 설문조사를 통해 얻은 결과를 『백만장자 마인드』라는 책으로 펴냈다. 많은 사람들이 생각하는 백만장자의 이미지는 고대광실에 살면서 벤츠 500을 타고 미녀와 함께 환락가를 누비며 호의호식하는 사람이다. 그러나 할리우드가 만든 부자의 모습은 이 책에서 드러난

백만장자의 실상과는 상당한 거리가 있다. 이들의 92%는 기혼자며 평균 결혼 기간도 28년에 달한다.

이보다 눈길을 끄는 것은 검소한 이들의 생활이다. 430만 달러의 순자산을 갖고 있고 43만 달러의 연 수입을 올리면서도 대부분 4만 달러가 넘는 차를 타지 않는다. 사는 집도 수입에 비해 의외로 작다. 대부분 12년 전 43만 달러를 주고 산 집에 살고 있으며 현재 가격은 75만 달러로 평가되지만 남아 있는 모기지 밸런스는 10만 달러 미만이다. 97%가 주택 소유자지만 대다수가 지은 지 40년이 넘은 집에서 살며 장래가 불확실한 신흥개발지보다는 오래된 동네를 선호한다. 10년 미만 된 집에서 사는 경우는 10%에 불과하다.

이들은 또 버는 것보다 훨씬 덜 쓴다. 70%가 구두 밑창을 갈아 신으며 48%가 가구를 수리해 쓴다. 71%가 리스트를 만든 후 장을 보며 코스트코나 샘스클럽 등 대형 할인매장을 이용한다. 작년 크루즈로 세계 일주한 사람은 3%, 알프스에 스키를 타러 간 사람은 4%에 불과하다. 돈 드는 사립학교보다는 좋은 공립학교에 무료로 자녀를 보내며 남는 시간은 친구를 초대해 카드게임을 하거나 자녀와 스포츠를 구경하며 돈 안들이고 보낸다.

이들 대부분은 자수성가형이다. 재산을 물려받아 백만장자가 된 것은 2%밖에 되지 않는다. 1/3은 자영업자, 1/5은 대기업 중역이다. 의사와 변호사가 각각 10%, 나머지는 회계사, 건축가, 엔지니어 등이다. 이중 가장 돈이 많은 것은 자영업자들이다.

이들은 어떻게 백만장자가 됐을까? 이들은 자기가 성공한 첫 번째 요인으로 '정직'을 꼽는다. 거짓말을 하는 사람은 한 번은 남을 속일 수 있다. 그러나 시간이 갈수록 고객이 떨어져나가고 직원의 신뢰를 잃게 되며 거래처와의 관계도 끊기게 된다. 그 다음이 자기통제력, 원만한 인간관계, 협조적인 배우자, 근면 순이다.

재미있는 것은 의사나 변호사는 예외로 하고 백만장자 중 학창 시절 성적이 뛰어난 사람은 별로 없다는 점이다. 이들의 대학입학시험(SAT) 점수는 1,190점으로 평균보다 조금 높은 정도다. 그러나 이것만으로 이들이 머리가 나쁘다고 말할 수는 없다. 그 대신 남이 하지 못하는 일을 찾아내는 창의력과 주위와 원만히 지내는 사회적 지능 등은 매우 뛰어나기 때문이다.

얼마 전 싱가포르 교육장관이 미국 교육을 배우기 위해 미국에 온 일이 있다. 그때 기자들이 "아니 공부라면 싱가포르가 최고인데 미국에는 뭐하러 왔느냐"고 묻자 "우리 아이들이 잘하는 것은 시험 잘 치는 것뿐"이라고 대답했다는 일화가 있다. '미국의 양심'으로 추앙 받는 마틴 루서 킹도 대학원 진학 시험인 GRE에서 언어 분야는 평균 이하, 수학은 하위 10%, 물리 화학과 생물학 등에서는 바닥 점수를 받았다.

시험을 잘 치는 것은 부자가 되거나 성공적인 삶을 사는 것과는 직접적인 관계가 없다. 남이 뭐라 하건 자기가 좋아하는 일을 하는 용기, 남이 못했던 것을 시도하는 창의력, 친화력과 지도력 등이 백만장자의 특징이다. '모든 것은 마음이 만드는 것(一體唯心造, 일체유심조)'이라는 불교의 가르침이 아니더라도 인간이 하는 일은 결국 마음의 조화다. 백만장자가 되기를 원하는 사람은 먼저 백만장자 마인드를 갖추도록 힘쓰는 것이 현명할 것 같다.

2002. 05. 20

지구 떠받치기

연방의회도서관은 세계에서 가장 많은 책을 소장하고 있는 곳이다. 이곳에서 미국인들을 대상으로 '인생을 바꿔놓은 책'에 관한 조사를 한 적이 있다. 1위는 물론 성경이었다. 두 번째로 뽑힌 책은 무엇일까. 그리스 신화? 셰익스피어? 정답은 아인 랜드(Ayn Rand)가 지은 『아틀라스 – 지구를 떠받치기를 거부한 신(Atlas Shrugged)』이다.

책 제목이나 저자 모두 한인들에게는 생소하다. 성경 다음으로 많은 미국인들의 인생을 바꿔놓은 책을 쓴 아인 랜드는 누구인가. 1905년 러시아 상트페테르부르크의 유태인 중산층 가정의 장녀로 태어난 랜드(본명은 앨리스 로젠바움)는 1917년 러시아혁명을 경험하며 공산주의의 실상을 뼈저리게 경험했다. 그곳에서 더 머물다가는 목숨을 유지할 수 없음을 절감하고 1926년 친척을 방문한다는 이유로 미국에 다녀오겠다고 신청하여 기적적으로 소련 정부의 출국 비자를 받는다.

미국에 건너온 후 잠시 친척집에 머물다 할리우드로 옮긴 랜드는, 단역 배우부터 대본 작가 등 잡일을 하며 공산주의의 참상을 고발하는 작품을 썼으나 러시아혁명에 동정적인 분위기가 우세하던 1930년대 미국 사회에서는 먹히지 않는다. 그녀에게 첫 성공을 가져다준 것은 창조적이며 영웅적인 건축가 이야기를 그린 『파운틴헤드』다. 1943년 출간된 이 책은 랜드를 일약 스타로 만들어줬으며 그후 사회적 착취에 항의하는 진정한 생산자들의 파업을 다룬 『아틀라스』는 소설가로서 랜드의 입지를 확고히 했다. 랜드의 책은 지금까지 총 2,000만 부가 판매됐다.

윤리적으로는 이기주의, 경제적으로는 자본주의, 철학적으로는 객관주의를 표방하고 있는 랜드는 처음부터 지금까지 격렬한 논쟁의 초점이 되어왔다. "행복 추구를 생의 도덕적 목적으로, 생산적 업적을 최고의 행위로, 이성을 유일한 절대로 여기는 영웅적 인간상이 내 철학의 핵심"이라는 랜드의 말처럼 그녀의 철학은 타협을 용납하지 않는다.

랜드에 따르면, 각자가 자신의 능력과 노동으로 정당한 대가를 얻는 자본주의를 제외한 모든 체제는 인간을 착취하고 억압하는 제도다. 이런 제도와 타협하는 것은 스스로 악에 물드는 것이다. 인간은 도덕적 동물이다. 따라서 아무리 효율적인 제도라도 제도 자체가 근본적으로 부도덕하다면 마땅히 지상에서 사라져야 한다. 종래의 자본주의 지지자들은 자본주의의 효율성만 강조함으로써 사회주의와의 논쟁에서 늘 져왔다는 것이 랜드의 생각이다.

랜드는 1982년 숨을 거둘 때까지 책뿐만이 아니라 숱한 강연과 철학 서클을 만들어 자신의 주장을 전파했다. 뉴욕을 중심으로 활동한 랜드 서클 '컬렉티브'의 말단 멤버로 활약하다 지금은 미 경제를 주무르는 자리에 앉은 사람이 있다. 부시 대통령에 의해 5번째 연방준비제도이사회 의장으로 지명되었던 앨런 그린스펀이다. 민주와 공화 양당의 폭넓은 지지를 받고 있는 그의 상원 인준은 '떼어 놓은 당상' 그 자체다.

뉴욕 하층 유대계 출신인 그린스펀은 엘리트 코스를 거친 정통 관료가 아니다. 같은 유대계인 키신저와 같이 별 볼 일 없는 중·고등학교를 나온 후 음악에 꿈을 품고 줄리아드 음대에 입학했다. 대학에 들어간 후에는 학비를 벌기 위해 나이트클럽을 전전하며 색소폰을 불었다. 후에 전공을 경제학으로 바꿨지만 돈이 없어 박사 학위 논문을 내지 못한 채 그만뒀다(학교측은 그가 출세하자 나중에 논문 없이 박사 학위를 수여했다). 그가 철학과 문학, 경제와 정치 등 다양한 분야에 눈을 뜨고 사회를 보는 눈을 넓혀간 것은 20대 젊은 시절 랜드를 만나서부터다. 랜드에 대한 찬반 논란이 치열하던 시절에도 그는 랜드에 대한 자신의 정신적 빚을 인정하는 데 인색하지 않았다. 그린스펀은 "셰비 자동차한 대에 볼트가 몇 개 들어가고 그 중 세 개가 빠지면 미국경제에 어떤 일이일어날 지를 알고 있는 인물"이란 평을 받고 있다. 그러나 그가 20년 가까이 미국경제를 책임지는 자리에 앉아 있는 것은 단순히 숫자 놀음에 뛰어나서가 아니라 미국 체제의 정수를 누구보다 잘 이해하고 있는 인물이기 때문이다.

랜드를 모르고 그린스펀과 미국을 깊게 읽기는 어렵다. 다행히 추리소설처럼 흥미로운 랜드의 대표작 『아틀라스』가 미국에서 발간된 지 46년 만에 작년 한국말로 번역됐다. 이번 연휴를 『아틀라스』와 함께 보내는 것도 유익한 방법일 것이다.

2004. 05. 24

소매의 신

미국에서 제일 돈이 많은 집안은 월턴 가문이다. 월마트의 창업주인 샘 월턴의 네 자녀와 미망인이 가진 재산을 합치면 1,000억 달러가 넘는다. 세계 제일의 부자 빌 게이츠의 2배가 넘는 돈이다. 월턴은 게이츠처럼 천재적인 발명이 아니라 소박한 소매업을 통해 거금을 모았다. 소매업 종사자가 어느 소수계보다 많은 한인들에게 월턴은 중요한 연구 대상의 하나다.

1918년 오클라호마 깡촌에서 태어난 그는 어릴 적부터 경쟁심이 강한 소년이었다. 운동에 만능이었던 그가 낀 팀은 항상 우승을 차지했고 공부도 잘했다. 신문 배달을 해도 가장 많은 부수를 돌려 졸업 후 '최고의 만능 소년'이란 칭호를 얻었고 미주리 대에 진학해서는 급우들로부터 '종신 회장'으로 뽑혔다. 그는 그 와중에도 틈틈이 역시 중서부의 빈한한 가정에서 태어나 대통령이 된 레이건처럼 인명 구조원을 하면서 많은 생명을 구했다.

대학 졸업 후 그는 꼬깃꼬깃 모아둔 자기 돈 5,000달러와 은행업에 종사하는 장인으로부터 빌린 돈 2만 달러를 투자해 1945년 아칸소주 뉴포트에서 구멍가게를 시작한다. 하루도 빼지 않고 아침부터 밤까지 가게를 돌보는 타고난 부지런함, 주위 어떤 가게보다 싼 가격, 끊임없는 실험 정신에 힘입어 그의 가게는 날로 번창하여 머지 않아 장인에게 진 빚을 모두 갚을 수 있게 된다.

그러나 호사다마란 말처럼 장사가 너무 잘된 것이 화근이 됐다. 가게에 탐을 낸 건물 주인이 리스 연장을 해주지 않은 것이다. 좋은 가격에 팔기는 했지만 처음 피땀 흘려 일궈낸 점포를 고스란히 남에게 넘겨준 일은 평생 그에게 값진 교훈이 된다. 후에 월턴은 월마트를 전국적으로 키워나갈 때 자기가 직접 경비행기를 몰고 공중에서 가장 발전성 있는 곳을 골라 땅부터 산 뒤 가게를 차렸다.

첫 가게를 뺏긴 아픔을 딛고 1962년 아칸소주 벤튼빌에 자기 이름을 딴 'Walton's 5 & 10'을 연 것이 전세계 최대의 소매체인 월마트의 출발이다. 그후 월마트는 번창일로를 걸어 미국 내 1,363개의 월마트 매장, 1,672개의 수퍼 센터 그리고 550개의 샘스 클럽을 비롯하여 한국, 중국, 독일, 캐나다, 영국, 브라질 등 세계 각국에 수백 개의 점포를 갖고 있다.

1985년 「포브스」지로부터 미국 최고 부자로 선정됐음에도 그는 1992년 암으로 사망할 때까지 3등석 비행기를 타고 다녔으며 중고 픽업 트럭을 손수 몰고 다녔다. 자기뿐 아니라 자식에게도 근검절약을 가르쳤으며 손자들이 유산을 물려받아 무위도식하는 것을 경계하기 위해 자서전까지 썼다. 그가 죽기 직전 부시 대통령은 아칸소로 날아가 그에게 민간인이 받을 수 있는 최고의 영예인 '자유의 메달'을 달아줬다.

그는 포드 이후 가장 위대한 경영인으로 불린다. 무엇이 그를 이토록 성공적인 장사꾼으로 만들었을까. 그의 경영철학은 박리다매다. 월마트가 생긴 1962년은 미국을 대표하는 체인점인 K마트와 울워스, 타겟이 함께 문을 열었던 미국 할인 체인점의 원년이다. 이들 네 곳 중 '할인 철학'에 가장 충실했던 곳이 월마트다. 월턴은 휴가 중에도 주말에도 경쟁 업소에 들러 항상 가격과 영업 상태를 비교했다. 결국 경쟁에서 진 울워스는 문을 닫았고 K마트는 한때 파산을 신청했다가 요즘 간신히 회생의 길을 걷고 있다.

끊임없는 실험정신도 월턴의 특징이다. 처음 가게를 열었을 때부터 그는 '어떻게 하면 매상을 올릴 수 있을까'를 쉬지 않고 연구했다. 지금은 수퍼마켓에서 흔히 볼 수 있는 아이스크림과 팝콘 스탠드를 처음 도입한 것도 그였고 컴퓨터 등 첨단기기를 가장 먼저 활용한 기업인도 그였다. 지금 월마트는 국방부에 버금가는 정보처리 능력을 갖추고 있다. 그는 또 가게에서 번 이익을 종업원과 함께 나눈다는 정신을 일찍부터 실천하여 직원들에게 주식을 나눠주는 종업원 지주제를 실시했다. 그 결과 수많은 백만장자 직원이 탄생했다.

그러나 이 모든 것을 가능케 한 근본 동력은 자기 직업에 대한 사랑이다. "다시 태어나도 나는 소매 상인이 될 것"이라고 그는 회고록에서 적고 있다. 자기가 좋아하지 않는 일을 하는 사람이 열심히 일할 리 없고 열심히 하지 않는 일이 잘될 리 없다. '위대한 정열이 없이 이뤄지는 위대한 일은 없다'는 말은 장사뿐만 아니라 인생 모든 분야에 적용되는 진리다.

2004. 12. 06

모래 속의 타조

GM과 포드의 몰락

헨리 포드는 지난 100년간 역사상 가장 위대한 경영자의 한 사람으로 꼽힌다. 20세기 초까지만 해도 소수 특권층의 전유물이던 자동차를 그는 대량생산 체제를 도입, '보통 사람들'의 신발로 만들었다. 1908년 그의 공장에서 굴러 나온 모델 T는 공전의 히트를 쳐 그로부터 10년 후 미국인들이 타고 다니는 차의 절반이 이 제품이었다.

1903년 세워진 포드 자동차의 약진은 단순히 자동차뿐 아니라 철강, 석유, 고무, 알루미늄 등 연관 산업은 물론 도로 건설을 촉진하고 미국인의 주거, 식생활, 레저 등 삶의 전반적인 패턴을 바꿔놓았다 해도 과언이 아니다. 그가 미시간주 디어본에 세운 종합자동차 제조단지는 세계 최대의 산업 시설이었다. 미국이 20세기 신흥 공업 강국으로 우뚝 서게 된 데는 자동차 산업의 부흥이 톡톡히 한몫을 했다.

그는 또 노사관계에 있어서도 선구적이어서 다른 어떤 기업보다 높은 임금을 지급했으며 주 5일 40시간 근무제를 제일 먼저 도입했다. 미국인들이 하루 8시간씩 일하며 주말 이틀을 쉬게 된 것은 누구보다 포드의 공이 크다. 그는 말년에 가서 자기가 만든 모델 T에 지나치게 집착하여 이를 개선하기를 게을리하고 할부제 판매도 거부했으며 아들 에젤이 죽은 후 손자와 경영권 다툼을 벌이는 추태를 벌였지만, 미국을 '자동차의 나라'로 만든 일등 공신이 바로 그 포드라는 사실은 아무도 부인하지 못한다.

포드가 방황하는 사이 1908년 뷰익을 모체로 해 탄생한 제너럴 모터스(GM)는 미국 자동차 시장을 파고들었다. 이 회사는 그후 이보다 일찍 1897년 문을 연 올즈모빌 등 독립 회사들을 잇달아 흡수하며 덩치를 키우고, 힘들게 크랭크를 돌리지 않고 키만으로 발동을 거는 장치 등 소비자의 구미에 맞는 기술혁신을 계속함으로써 미국은 물론 세계 최대의 자동차 회사로 도약했다. 1955년 연방 상원 청문회 출석한 찰리 윌슨 GM 회장의 "GM에 좋은 것이 미국에 좋은 것"이라는 발언은 GM이 미국경제에서 차지하는 비중이 어느 정도였는가를 보여준다.

영원할 것 같았던 미국 자동차 산업의 위세는 70년대 두 차례의 석유 파동을 겪으면서 꺾이기 시작한다. '가스를 마시는 차(gas guzzler)'가 주종을 이루던 미국 차의 틈새를 값싸고 연료비가 얼마 안 드는 일본차들이 비집고 들어오면서 판도가 바뀌기 시작한 것이다. '일본이 무슨 자동차를 만드냐' 비웃음에도 불구, 그후 지금까지 미국 자동차의 시장 점유율은 하락 일로를 벗어나지 못해왔다.

지난주 S&P는 미국을 대표하는 GM과 포드의 채권을 '투기 채권(junk bond)' 수준으로 하향 조정했다. 두 회사의 종업원 은퇴비와 의료비 부담, 수입에 비한 부채 총액이 너무 크다는 것이 그 이유였다. 제2차 대전 직후 미국 정부가 임금을 통제하자 미 대기업들은 부족한 일손을 충당하기 위해 은퇴 및 의료보험 등 소위 베네피트를 크게 늘렸다. 현재 GM이 차 한 대를 만드는 데 들어가는 의료비용은 철강값보다 더 비싸다. 은퇴자 의료비는 정부가 부담하는 일본 기업과 경쟁에서 불리한 것은 사실이다.

그러나 이보다 근본적인 문제는 차가 팔리지 않는다는 데 있다. 최근까지 이 두 회사를 먹여 살리던 대형 SUV 판매는 고유가와 함께 30~40%가 격감했다. 기름값이 갤런 당 3달러에 육박하는 지금 마일리지가 10마일 남짓한 이런 차를 타려는 사람이 없는 것은 당연하다. 이런 일부 차종을 제외하고는 일본차, 독일차, 심지어는 한국차와의 경쟁에서도 이기지 못하고 있는 것이 미국 자동차 산업의 현주소다.

망하기 직전 크라이슬러를 되살린 아이어코카는 "경쟁은 좋은 것이다. 우리에게 자기 혁신을 강요하기 때문"이라고 말한 적이 있다. 생산자로 하여금 소비자를 위해 최선을 다하도록 소리 없이 요구하는 것은 자유경쟁체제의 제일 큰 장점이다. 역시 한때 세계 최대의 기업이었던 AT&T에 이은 GM과 포드의 몰락은 '끊임없이 소비자가 무엇을 원하는가를 살피고 그에 부응하는 제품을 만드는 회사만이 살아남는다'는 평범한 진리를 새삼 확인시켜준다.

2005. 05. 10

직원을 감동시키는 회사

살로먼 브러더스는 1980년대 월가의 황제로 군림하던 회사였다. 연매출이나 수익 면에서 뉴욕 금융계의 기라성 같은 경쟁사들을 압도했다. 회사가 이토록 번창하는 데 결정적 공헌을 한 인물이 있다. 바로 루이스 라니에리다.

라니에리는 세인트존스 대학에서 영문학을 전공하던 학생이었다. 1968년 대학 2학년 때 살로먼 브러더스 야간 사환으로 취직했다. 그런데 취직한 지 몇 달도 안 돼 문제가 생겼다. 아내가 병으로 앓아 누운 것이었다. 병원비가 1만 달러가 넘게 나왔다. 당시 19살이었던 그가 받던 월급은 70달러였다. 회사로부터 돈을 좀 꾸어볼까 하는 생각에서 막연히 얼굴을 알던 직장 상사를 찾아갔다. 혹시 해고당하지 않을까 두려움에 떨면서.

얘기를 꺼내자마자 상사는 '알아서 처리할 테니 걱정 말라'고 말했다. 그 돈을 월급에서 까려는 것으로 생각한 라니에리가 항의하자 다시 걱정 말라며 돌려보냈다. 살로먼 브러더스는 사환 아내의 병원비를 아무 조건 없이 전액

물어줬다. 라니에리가 회사에 대해 평생 충성할 것을 약속했음은 물론이다.

그후 그는 브로커로 승진 발령을 받았고 거기서 두각을 나타냈다. 그리고 1978년 회사가 모기지 채권부를 신설했을 때 그를 책임자로 맡겼다. 1980년대 초까지 모기지는 채권 시장에서 서자 취급을 받았다. 주택이라는 든든한 담보물이 있는데도 투자가들이 이를 꺼린 것은 주택 소유주가 언제든지 이를 갚을 수 있었기 때문이다. 연방 채권은 이자는 낮지만 정한 기간까지 안심하고 이자를 받을 수 있다는 장점이 있다. 반면 모기지 채권은 이자가 높아도 상대방이 언제 갚을지 알 수 없기 때문에 채권자 입장에서는 수입이 불확실한 것이다.

살로먼은 이를 해결할 수 있는 아이디어를 갖고 있었다. 모기지를 모아 미리 갚는 모기지의 순서를 정하는 것이다. 예를 들면 모기지 풀을 세 그룹으로 만들어 1그룹과 2그룹이 다 갚기 전에는 갚을 수 없는 모기지 그룹을 만들면 월가의 큰손들도 안심하고 3그룹의 모기지를 살 수 있는 것이다. '담보 모기지 채권'이라고 불리는 이 상품은 이렇게 탄생했다. 요즘은 로컬 은행에서 주택 융자를 하더라도 내년에 이 은행에 페이먼트를 보낸다는 보장이 없다. 이 모기지 상품이 누구한테 팔려나갈지 알 수 없기 때문이다.

살로먼 브러더스는 지역 은행에서 모기지를 사들여 보험회사 등 대형 투자가들에게 팔기 시작했고 모기지는 정부 채권과 사채를 누르고 최대 채권시장으로 떠올랐다. 살로먼은 한동안 이 시장을 사실상 독점했고 라니에리는 그 책임자로 있으면서 회사에 매년 수억 달러를 벌어다줬다. 옛날에 진 빚을 수만 배로 갚은 셈이다.

그러나 라니에리 스토리는 해피엔딩으로 끝나지 않는다. 그가 성장하자 유태인과 앵글로색슨이 주도하던 회사 내 반대파가 생겨났다. 그가 정규 교육도 받지 못한 이탈리아계 이민자라는 사실이 뒤늦게 문제가 된 것이다. 그는 입사 19년 만에 경호원들의 호위 속에 그토록 아끼던 회사에서 쫓겨나고 그의 추종자들도 모두 살로먼을 떠난다.

이들은 살로먼의 독식을 부러워하던 메릴린치, 아메리칸 익스프레스 등 경쟁사에 의해 즉시 스카우트 되고 살로먼의 수익은 급속히 줄고 만다. 이 회사는 1991년 연방 채권 구입 시 서류 조작으로 2억 9,000만 달러라는 사상 최대의 벌금을 물고 트래블러스 그룹에 인수 합병돼 독립 회사로는 월가에서 사라지고 말았다.

수없이 나온 이야기지만 기업은 결국 사람이다. 꼭 직원 아내의 병원비를 댈 필요는 없다. 명절날 감사 카드와 함께 작은 선물을 주는 것도 좋다. 직장 분위기가 달라질 것이다. 유능한 사람을 알아보고 그를 감동시켜 최대한의 능력을 발휘하게 하는 기업은 성공하고 그렇지 못한 기업은 망한다는 것이 살로먼과 라니에리가 주는 교훈이다.

2006. 04. 25

버핏의 길

네브라스카 주 오마하에 있는 퀘스트센터에는 매년 2만 명의 투자가들이 전세계에서 몰려든다. 버크셔 해서웨이의 회장이자 전설적인 투자가인 워런 버핏의 연설을 듣기 위해서이다. 그는 여기서 지난 1년간 영업실적과 향후 경제전망 등을 내놓는데 그가 제안한 안건은 부결되는 법이 없다. 투자에 관한 결정에 있어서 그는 신과 다름없다. '오마하의 현인(Oracle of Omaha)'라는 별명이 괜히 붙은 게 아니다.

그가 이처럼 투자가들의 절대적인 신뢰를 받고 있는 것은 장기간에 걸친 그의 전무후무한 투자 기록 때문이다. 그는 지난 40년간 연 25%의 수익률을 올렸다. 미 주가 평균 상승률의 두 배가 넘는 기록이다. 호황은 물론 심한 불황에도 그가 운영하는 버크셔 해서웨이의 주가는 올랐다.

그는 오랜 투자 경험을 통해 얻은 지혜를, 보통 사람들이 쉽게 이해할 수 있는 말로 표현하는 데도 뛰어난 재주가 있다. 버크셔 해서웨이 주주총회에서 한 투자가가 그에게 결혼 생활을 오래 순탄하게 유지할 수 있는 비결을 묻자 그는 "그것은 용모도, 능력도, 지능도 아니고 낮은 기대치(low expectations)"라고 말했다. 그가 오늘과 같은 거부를 축적하게 된 비결도 가능성은 있지만 일반 투자가들의 기대치가 낮은 기업을 골라내는 눈이 있었기 때문이라 해도 과언은 아니다.

'될성부른 나무는 떡잎부터 알아본다' 는 우리 속담에 꼭 맞는 사람이 버핏이다. 처음 비즈니스를 시작한 것은 13세 때로, 그는 자전거를 구입해 물건을 팔러 다녔다. 그 나이에 처음 세금보고를 했는데 자전거 구입 비용 35달러는 비즈니스 경비로 소득에서 제했다. 어린 버핏의 근면함과 치밀함이 엿보이는 대목이다. 15세 때는 친구와 중고 핀볼 머신을 사 이발소에 설치하여 그 수익으로 몇달 만에 세 개로 늘린 일도 있다.

그가 투자하는 기업의 특징은 비가 오나 눈이 오나 꾸준한 수입이 있고 매년 매출이 늘며 이 사실이 널리 알려지지 않은 회사다. '미래의 기업' '무한한 성장 가능성' 운운하며 호들갑을 떠는 회사는 근처에도 가지 않는다. 버크셔 해서웨이도 원래는 알짜배기 의류업체였던 것을 인수해 투자 그룹의 이름으로 삼은 것이다.

지금도 버크셔 해서웨이의 주력업종은 보험, 가구, 진공청소기 제조회사, 보석, 신발 제조회사, 코카콜라 등 지극히 평범하면서도 일상생활에 꼭 필요한 물건을 만드는 기업들로 구성돼 있다. 이런 투자 철학 덕에 2000년 하이테크 버블 붕괴 때도 거의 피해를 입지 않았다.

매년 빌 게이츠에 눌려 만년 2위를 하던 버핏이 올해 드디어 세계 최고 부자의 반열에 올랐다. 총재산 620억 달러. 「포브스」지에 따르면 게이츠는 580

억 달러로 작년에 비해 20억 달러가 늘었지만 100억 달러가 늘어난 버핏이 그를 앞지른 것이다. 3위는 600억 달러를 소유한 멕시코 재벌 카를로스 슬림 헬루가 차지했다.

올해 세계 부자 순위의 특징은 20위 안에 든 미국인이 불과 4명으로, 2년 전 10명에서 대폭 줄어든 반면 인도는 10위안에 4명이 듦으로써 최다 부자 배출국의 영예를 안았다는 점이다. 10억 달러 이상 재산가는 러시아가 87명으로 59명의 독일을 추월하여 미국 다음으로 많았다. 세계 부의 흐름이 어느 방향으로 흘러가고 있는가를 단적으로 보여준다.

그러나 이들 부자 가운데 버핏이 단연 돋보이는 것은 그의 검소한 생활 방식과 자선 활동 때문이다. 연봉 10만 달러를 받고 손수 차를 몰며 50년 전에 3만 달러를 주고 산 집에서 아직도 살고 있는 그는 휴대폰도 컴퓨터도 없지만 2006년 빌 앤드 멜린다 게이츠 재단에 300억 달러를 기부하기로 했으며 나머지 재산도 대부분 자선단체에 주겠다고 밝힌 바 있다.

현명하게 벌어서 현명하게 쓰는 버핏이야말로 투자가로서뿐만 아니라 인간으로서 올바른 길을 가는 사람이라고 말할 수밖에 없을 것 같다.

2008. 03. 11

힘 실리는 FRB

네비스는 카리브 해에 있는 콩알만 한 섬이다. 이곳에서 세계 역사를 뒤바꿀 인물이 나오리라고는 신밖에 알지 못했을 것이다. 미국 초대 재무장관을 지낸 알렉산더 해밀턴은 1755년 여기서 스코틀랜드계 아버지와 프랑스계 어머니 사이의 사생아로 태어났다. 그가 10세 되던 해 아버지는 모자를 버리고 자취를 감췄고 어머니는 그가 13세 때 병으로 숨을 거뒀다. 사촌 집에 맡겨졌지만 그 사촌도 곧 세상을 떠났고 가게 점원으로 취직하지만 때마침 불어닥친 태풍으로 네비스의 경제는 엉망이 된다.

그러나 어려서부터 책읽기를 좋아하고 뛰어난 머리를 지닌 그의 재능을 알아본 섬마을 사람들은, 그를 위해 장학 펀드를 마련하고 그를 뭍으로 유학 보낸다. 이렇게 해서 뉴욕 킹스 컬리지(지금의 컬럼비아 대학) 학생이 된 그는 최악의 상황에서 몸을 일으켜 미국 창업자의 한 사람이 된다.

미 독립전쟁이 일어나자 조지 워싱턴 장군의 보좌관으로 발탁돼 두각을 나

모래 속의 타조

타낸 그는, 전쟁이 끝난 후에 제임스 매디슨, 존 제이와 함께 왜 연방헌법이 필요한가에 관한 기고문을 발표한다. 후에 「페더럴리스트 페이퍼스(Federalist Papers)」로 불리게 된 이 논문은 미국 정부의 기본 원리를 밝힌 고전일 뿐 아니라 인간의 본성에 관한 통찰을 담은 역작으로 평가받고 있다.

강력한 중앙정부에 대한 경계심이 강했던 당시 미국에서 연방헌법에 대한 반발은 심했다. 13개주의 번영과 존립을 위해 왜 강한 연방정부가 필요한가를 밝힌 그의 집요한 노력이 없었다면 현재와 같은 미합중국은 태어나지 못했을 것이다.

워싱턴을 수반으로 하는 초대 연방정부가 들어선 당시 미국의 재정은 엉망이었다. 국고는 텅 비었고 주정부들은 독립 전쟁을 치르느라 쌓인 빚을 갚지 못해 미국의 신용은 바닥이었다. 해밀턴은 중앙은행 설립을 통해 연방정부 설립 이전 혼란스러웠던 재정 체계를 바로잡고 전쟁 채무를 연방정부가 책임짐으로써 해결했다. 토머스 제퍼슨 국무장관, 에드먼드 랜돌프 법무장관 등 다수의 반대에도 불구하고 해밀턴은 중앙은행 설립의 필요성을 끊임없이 주장하여 워싱턴의 재가를 받아냈다. 그를 미국 금융 재정 시스템의 아버지로 부르는 것도 그 때문이다.

그는 시장이 제 기능을 수행하기 위해서는 정부의 감독이 필요하다고 믿었다. 시장의 위기가 올 때마다 그의 목소리는 힘을 얻는다. 1907년 금융 대란이 발생하자 이에 대처하기 위해 탄생한 것이 연방준비제도이사회이다. 1929년 주가 폭락과 대공황이 발생하자 증권거래위원회(SEC)가 생겼다.

이번 서브프라임 모기지 파동과 베어스턴스 파산 일보직전까지 갔던 금융위기 재발을 막기 위해 FRB의 권한이 대폭 강화될 전망이다. 헨리 폴슨 재무장관은 FRB의 감독 권한을 종전 은행에서 월가의 투자 증권회사까지 확대하고 필요한 경우 파생증권(derivative) 운용 등 모든 금융 분야에 개입할 수 있도록 하겠다고 밝혔다.

지난 수년간 월가는 파생증권 등을 통해 원 자산의 수십 배에서 수백 배에 달하는 자금을 관리해왔으며 이로 인해 천문학적인 수익을 올렸다. 베어스턴스 하나와 관련된 파생증권 액수만도 미 연 GDP와 맞먹는 13조 달러 규모다. 모든 게 잘나갈 때는 상관없지만 뭔가 잘못 베팅을 하는 날에는 미국은 물론 세계 금융권이 휘청거리는 일이 발생한다. 폴슨의 발표는 다시는 이같은 사태가 되풀이되어서는 안 되겠다는 정치권의 판단을 보여준다.

1929년의 주가 폭락이 대공황을 부른 것은 이것이 은행의 연쇄도산으로 이어져 금융 시스템이 마비됐기 때문이다. 이번 베어스턴스 사태도 그냥 방치해 월가 투자 은행의 붕괴 도미노로 이어졌다면 그때와 유사한 사태가 벌어졌을 가능성을 배제할 수 없다. 이런 때 대공황 연구 전문가인 벤 버냉키가 FRB 의장으로, 골드만삭스 회장으로 월가의 생리에 정통한 폴슨이 재무장관으로 앉아 있다는 것이 미국의 행운이라면 행운이다.

2008. 04. 01

모래 속의 타조

잘못된 경기 부양안

하마다는 동해 바다를 바라보고 있는 일본 시마네현에 자리잡은 인구 6만의 작은 도시다. 얼마 전 버락 오바마가 당선되자 축제를 벌였던 일본 오바마시에서 그리 멀지 않다. 주민 대부분이 노인인 이 자그마한 마을에는 고속도로와 대학, 아동 미술관과 교도소, 하마다 스포츠 센터, 방문자 환영 센터, 스키장, 벨루가 고래를 수용하고 있는 수족관 등 없는 것이 없다.

이 도시만 그런 것이 아니다. 총 인구 74만의 농촌 지역인 시마네현에는 공항이 3개나 있고 작은 도시마다 체육관과 미술관이 있다. 그러나 이를 이용하는 사람은 거의 없다. 2억 5,000만 달러를 들여 지은 하기 공항의 경우 하루에 뜨는 비행기는 2대뿐이다. 1999년 이미 다리로 연결되었지만 사람이 거의 살지 않는 이 섬에 놓은 1,006피트 규모의 해변 다리 공사에는 7,000만 달러가 들어갔지만, 교통량은 거의 없다.

경기 불황이 시작된 1990년대 초 이후 지난 18년간 일본에서 시마네현만큼 정부 지원을 많이 받은 지역은 없다. 이것이 이미 작고한 다케시다 노보루 전 총리가 이 지역 출신인 것과 무관하지 않음은 물론이다. 그러나 이렇게 어마어마한 돈을 쏟아부었는데도 이곳 주민의 연 평균 소득은 2만 6,000달러로 일본 47개 현 중 40위다. 온갖 공사를 하느라 현 정부 부채가 110억 달러에 달한다. 연 예산의 2배에 달하는 수치다.

시마네현은 극단적인 사례이지만 이런 사정은 일본 전체로 봐도 비슷하다. 1990년대, 불황이 쉽게 풀릴 기미를 보이지 않자 일본 정부는 돈으로 해결하려 했다. 그중 상당수는 길을 닦고 다리를 놓는 데 들어갔다. 그러나 1990년대 일본의 웬만한 지역은 이미 잘 포장된 도로가 있었고 다리가 필요할 정도로 인구가 많은 섬들에는 이미 다리가 있었다. 이들 공사를 하느라 인부를 채용하고 물자를 쏟아부어 일시적으로는 경기 진작에 도움이 됐을지 모르지만 이 효과는 그때뿐이고 장기적으로 생산성 향상과는 무관했다. 이에 필요한 돈을 채권 발행으로 충당했기 때문에 정부 빚만 잔뜩 늘었다.

일본 정부가 1991~95년 사이 공공 건설 부분에 쓴 돈은 2조 1,000억 달러, 1991년부터 작년까지 쓴 돈은 무려 6조 3,000억 달러로 집계되고 있다. 이렇게 흥청망청 돈을 쓴 바람에 지금 일본의 국채는 GDP의 2배 가까운 10조 달러에 달하는데 이는 선진국 중 최고 비율이다.

이렇게 빚은 늘었지만 아직도 일본 경기는 뚜렷한 회복 조짐을 보이지 않고 있다. 그 이유에 대해 일부에서는, 처음부터 경기가 살아날 수 있도록 과감하게 풀었어야 하는데 찔끔찔끔 돈을 쓰는 바람에 효과는 못 보고 빚만 늘었다고 주장하고 있다. 또 다른 쪽에서는 토목 공사로 경기를 살리려 했던 발상 자체가 잘못된 것이라며 일본 경기가 그나마 이 정도인 것은 전통적으로 강한 자동차, 전자 등 제조업을 발판으로 미국과 중국, 유럽에 대한 수출이 늘어났기 때문이라고 맞서고 있다.

그러나 한 가지 분명한 것은 경비 부양이란 이름으로 숱한 돈이 낭비됐으며 경기 부양이란 대의명분 때문에 이를 효율적으로 쓰는지에 대한 감시가 거의 없었다는 점이다. 그 결과 천문학적인 혈세가 공중으로 날아가고 이제와 책임지는 사람은 아무도 없는 형편이 된 것이다.

8,000억 달러에 달하는 오바마의 경기 부양안이 사실상 민주와 공화 양당의 합의 하에 거의 확정된 채 상원의 표결을 앞두고 있다. 이 부양안에는 3억 달러의 성병 교육부터 이미 인구가 줄어 학교가 비어가는 미네소타의 교사 증축, 4억 달러의 지구온난화 연구비 지원 등 경기 부양과는 아무 관련 없는 것들이 잔뜩 들어 있다.

반면 장기적으로 기업의 경쟁력을 강화시킬 수 있는 세금 감면이나 인적자원 개발 지원 등은 별로 찾아볼 수 없다. 게다가 이와는 별도로 위안화를 둘러싼 중국과의 외교적 마찰, 미국산 철강사용을 의무화하려는 보호무역주의 움직임 등 불길한 조짐이 보이고 있다.

65%에 달하는 국민들의 높은 지지나 의회와 언론의 협조적 분위기 등 지금이야말로 최대한 미국을 올바른 방향으로 이끌 수 있는 호기임에도 오바마는 이를 제대로 활용하지 못하고 있다. 오바마는 엉뚱한 데 돈을 쓰며 어영부영 20년이란 세월을 낭비하다 지금까지 온 일본을 반면교사로 삼기 바란다.

2009. 02. 10

달러의 운명

인류가 지상에 출현한 후 수백만 년 동안 인간은 주로 사냥을 하거나 산나물을 뜯어먹고 연명했다. 이 단계에서는 그날그날 배를 채우기에도 바빴기 때문에 교환이라는 개념을 생각할 여유가 없었다.

그러나 1만여 년 전 농업을 시작하면서 잉여농산물이 생겨나기 시작했고 노동의 전문화가 이뤄지면서 다양한 물건이 만들어지고 이를 교환할 필요가 발생했다. 이때 등장한 것이 돈이다. 칼부터 조개껍질에 이르기까지 다양한 물건이 돈으로 사용됐지만 전세계적으로 예나 지금이나 똑같이 진짜 돈으로 대접받고 있는 것은 금과 은, 그중에서도 금이다.

귀하고 아름다우며 변하지 않고 필요에 따라 얼마든지 크기를 조절할 수 있는 황금은 '지상의 태양'이라는 상징성까지 겹쳐 어떤 물건보다 보편적인 교환 수단으로 자리 잡았다. 지금으로부터 5,000년 전 이집트 시대에 황금 1온스는 좋은 옷 한 벌을 살 수 있는 가치를 지녔다. 지금도 황금 1온스(현 시세로 약 900여 달러)면 좋은 양복 한 벌은 살 수 있다. 황금의 가치보존력이 어느 정도인가를 보여준다.

반면 금이 아닌 정부 발행 화폐의 가치는 예외 없이 시간이 갈수록 하락한다. 아무리 큰 제국도 마찬가지다. 로마 금화와 은화의 가치는 재정 적자가 심해지면서 순도가 계속 떨어져 결국은 화폐로서의 기능을 상실, 로마 멸망에 일조한다.

지폐는 더 쉽게 가치를 잃는다. 한때 유럽에서 아시아까지 세계 최대 제국을 건설한 원나라는 세계 최초의 지폐를 발행했지만 말년에 재정 적자를 메우기 위해 이를 남발하여 결국 휴지가 되면서 나라가 망했다.

휴지가 된 지폐 이야기는 옛날에만 있던 것은 아니다. 제1차 세계 대전 후 독일은 막대한 전쟁 배상금 등으로 인한 재정 적자를 마르크화를 찍어내 해결하려다, 빵 한 조각을 사기 위해 리어카로 마르크화를 실어 날라야 하는 사태를 초래했다. 1980년대 브라질 등 라틴 아메리카에서도 몇 년마다 0을 몇 자리씩 떼어 새 화폐를 만들어내는 일을 되풀이했다.

대영제국이 세계를 지배하던 19세기 영국 화폐인 '파운드 스털링'은 신용 그 자체였다. '스털링'이라는 말 자체가 순금을 뜻하는 것처럼 대영제국의 발길이 닿는 곳이면 세계 어디에서나 황금과 똑같은 가치가 있었다. 그러나 제1차 세계대전 후 국가 채무가 급증하고 대공황의 충격으로 금본위제를 폐기하면서 파운드화는 몰락의 길을 걷기 시작한다. 영국 전성기 때 1파운드면 4~5달러를 살 수 있었지만 이제는 1달러에 40센트 선으로 추락했다.

과거 영국이 걷던 길을 비슷하게 밟는 나라가 있다. 바로 미국이다. 제2차 대전의 승리로 사실상 패권을 쥐게 된 미국의 달러화는 지금까지 세계의 기축 통화 노릇을 해왔다. 세상 사람들이 달러를 기축 통화로 인정해주는 한 미국은 별로 걱정할 필요가 없다. 필요한 만큼 무한히 찍어내기만 하면 되기 때문이다.

재작년부터 시작된 금융 위기 때 달러는 기축 통화로서의 위력을 유감없이 발휘했다. 전세계 투자가들이 가장 안전하다고 여긴 달러를 사들이는 통에 서브프라임 모기지 발 금융 위기의 본산인 미국 화폐의 가치가 폭락하기는커녕 오히려 뛰어오른 것이다.

그러나 기축 통화 소유국은, 문제가 생겼을 때 어려운 수술을 감행하기보다는 쉽게 화폐를 찍어 이를 해결하려 하며 결국 이는 나라를 망치는 결과를 가져온다. 지금 미국 재정 적자는 1조 7,000억 달러에 이르며 앞으로 추가 부양책이 나올 경우 앞으로 얼마나 오랫동안 천문학적인 빚이 늘어날지 아무도 예측할 수 없는 상황이다.

이런 상태가 계속되면 어느 순간 미국에 대한 믿음이 흔들리고 그렇게 되면 달러도 과거 파운드와 마르크화가 밟았던 길을 가지 않는다는 보장이 없다. 파운드화도 대공황 후 반짝 올랐으나 결국 다시 추락하고 말았다.

한때 영국의 채권국이자 세계의 공장이었던 미국은 지금 중국에게 채권국과 세계의 공장 자리를 내주고 있다. 그 와중에 중국 위안화는 꾸준히 오르고 있다. 역사는 되풀이되고 마는 것인가.

2009. 03. 17

3

워싱턴 산책

아이오와 코커스에서 돌풍을 일으킨 버락 후세인 오바마 바람이 뉴햄프셔에도 불고 있다는 소식이다. 이제는 흑인도 대통령을 할 수 있다는 달라진 미국인들의 의식을 읽을 수 있다. 케냐인을 아버지, 백인을 어머니, 인도네시아인을 의붓아버지로 둔 오바마가 대통령이 되는 것보다 미국이 어두운 과거를 털고 새 출발한다는 것을 상징적으로 보여주는 사건이 있을까. 흑인 노예사는 역사를 움직이는 것, 사회를 바꾸는 것은 결국 비전을 가진 지도자의 집념과 국민의 결단이라는 것을 보여준다. 윌버포스와 개리슨이 노예제 폐지를 외쳤을 때 대다수는 이를 비웃었다. 그러나 지금 역사의 조롱을 받는 것은 그들이 아니라 그들을 비웃던 자들이다. 흑인이 대통령이 되는 것은 시기상조라고 주장하는 사람들에게 들려주고 싶은 유태인 속담이 있다. "지금이 아니면 언제인가. 내가 아니면 누가 할 것인가."

감세의 정치학

지구상에 존재하는 온갖 민족 가운데 나름의 건국신화가 없는 민족은 드물다. 한민족에게 단군신화가 있다면 로마인들에게는 로물루스와 레무스 형제의 전설이 있다. 군신 마르스와 처녀 사제 사이에서 태어난 이들 형제는 바구니에 넣어진 채 강물에 던져지지만 늑대 젖을 먹고 자라나, 외할아버지의 왕위를 찬탈한 외할아버지의 동생을 죽이고 로마를 건국한다.

세계 각국의 건국 설화를 살펴보면 두 가지 공통점이 있다. 하나는 건국자가 대부분 신이나 동물을 조상으로 했다는 점이다. 알에서 태어난 박혁거세에서, 천신 이자나기의 왼쪽 눈에서 나온 일본 황실의 원조 아마테라스 오미카미에 이르기까지 동서를 막론하고 평범한 인간의 가정에서 태어나 국조가 된 인물은 찾아볼 수 없다. 또 한 가지 특징은 나라를 세운 인물은 한결같이 칼잡이라는 점이다. 동생 레무스까지 죽이고 로마를 세운 로물루스는 물론이고 다윗과 조지 워싱턴, 마오쩌둥에 이르기까지 역사에 등장하는 숱한 '건국의 아버지' 가운데 장사꾼이나 학자, 기술자는 좀처럼 눈에 띄지 않는다.

이 두 가지 사실은 국가의 기원에 관해 흥미로운 의문을 불러일으킨다. 국가란 어떻게 처음 생겨났으며 국가의 창건자들은 왜 극구 자신이 평범한 인간의 자손임을 부인하려 했을까 하는 점이다. 국가의 기원에 관해 가장 유명한 학설은 사회계약설이다. 홉스와 로크, 루소 등 근대 서양 철학자들이 펼친 이 이론은 민주주의 발전에 기여한 공로에도 불구하고 역사적으로는 픽션에 불과하다는 게 학자들의 일반적 견해다.

국가의 출현은 BC 3000여 년 경 이집트와 메소포타미아 일대에서 일어난 대규모 농업혁명과 일치한다. 인류가 수렵과 채집의 단계에 머물러 있었을 때는 잉여생산물이란 존재하지 않았다. 그날 벌어 그날 먹으면 다행일 정도로 먹을 것이 귀했고 남는 것이 있다하더라도 곧 썩기 때문에 남겨두는 것이 불가능했기 때문이다. 그러나 대규모 영농이 시작되면서 상황이 달라졌다. 한여름 농사로 혼자 먹고도 남을 만한 수확이 가능해진 것은 물론 이를 창고에 쌓아두고 오래 보관하는 일이 가능해진 것이다.

이 잉여생산물을 노린 강도떼가 농민들을 인질로 삼고 정기적으로 공물을 상납받기 시작한 게 국가의 기원이란 것이 마르크스와 엥겔스의 국가관이다. 국가는 계급 간 착취의 도구라는 학설은 공산주의가 몰락한 지금도 가장 역사적 사실에 가까운 것으로 평가받고 있다. 이런 측면에서 보면 집권자들이 왜 애써 자신이 인간의 후손임을 부인하려 했는지 짐작이 간다. '너나 나나 똑같은 사람인데 왜 내가 너를 먹여 살리기 위해 피땀을 흘려야 하느냐'는 피지배계급의 항변에 대꾸할 핑계가 필요했던 것이다.

국가와 세금의 일란성 쌍생아적 관계는 역사를 깊이 있게 이해하는 열쇠다. 근대 민주주의 운동의 효시로 불리는 마그나 카르타(1215)도, 그 연장선 위의 명예혁명(1688)도, 미국 독립전쟁(1776)도, 프랑스 대혁명(1789)도 그 근본 원인은 국왕의 중과세에 있다. 국가의 주권이 어디 있는지 떠드는 것보다 누가 누구에게 세금을 매길 권한을 갖고 있느냐를 살피는 게 급선무이다.

부시 대통령은 지난주 레이건 집권 이래 10여 년 만의 대대적 세금 감면안에 서명했다. 부시는 이 안이 불황의 초기 단계에 진입한 미국 경기를 살리기 위해 필요하다고 밝혔지만 이는 핑계에 불과하다. 작년 미국 경기가 초 호경기를 구가했을 때도 부시는 대대적 감세안의 필요성을 역설했다. 에너지 가격이 올라도 감세, 교육의 질을 높이기 위해서도 감세하는 식으로 부시는 눈만 뜨면 감세의 필요성을 주장해왔다.

'내 말을 믿으세요. 새로운 세금은 없습니다(Read My Lips. No New Taxes)' 를 외치다 막상 중요한 순간 민주당과 타협해 세금을 올렸다 낙선의 고배를 마신 아버지의 모습을 현장에서 지켜 본 부시로서는 자신을 지지하는 세력이 진정으로 원하는 것, 이것을 어겼을 때는 결코 용서하지 않을 이슈가 무엇인지 뼈저리게 느꼈음이 틀림없다. 국가가 거둬들인 세금의 수혜자인 중하류층을 지지기반으로 갖고 있는 클린턴이 증세와 분배의 정치를 펴 탄핵의 위기 속에서도 버텨간 것처럼 과세의 부담을 대부분 지고 있는 고소득층을 지지자로 갖고 있는 부시도 자기가 누구 덕에 대통령이 됐는지 잊지 않고 있는 것 같다. 이번 역사적 감세안의 발효는 워싱턴의 주인이 바뀌었음을 실감케 한다.

2001. 06. 11

백설 공주와 9·11

세계 어린이들에게 가장 큰 기쁨을 준 인물을 들라면 월트 디즈니가 첫손에 꼽힐 것이다. '생쥐의 집(The House of Mouse)'이란 별명을 갖고 있는 디즈니 왕국은 테마공원에서 영화 스튜디오에 이르기까지 아동 연예 산업 분야에서 독보적인 위치를 지키고 있다.

생쥐와 함께 살며 만화를 그리던 디즈니를 스타로 만들어준 작품은 1937년 크리스마스 때 첫 선을 보인 〈백설 공주〉다. 당시로서는 거액인 150만 달러를 들여 만든 이 첫 총천연색 만화영화는 아동은 물론 대공황의 고통 속에 신음하고 있던 어른들에게까지 사랑받았으며 월트 디즈니에게는 "새 분야를 개척한 공로로" 명예 오스카상이 수여됐다.

〈백설 공주〉의 주제는 질투다. 백설 공주를 죽이고 심장을 가져오라는 잔혹한 명령이 실패로 돌아가자 의붓딸을 독살하기 위해 흉측한 노파로 변신한 왕비의 모습은 질투에 찌든 인간이 얼마나 추해질 수 있는가를 상징적으로 보여준다.

가톨릭은 오만, 분노, 질투, 탐욕, 무절제, 게으름, 육욕을 인간의 일곱 가지 대죄로 친다. 이중 질투는 최악이다. 오만과 분노는 자부심과 정의감으로 승화시킬 여지가 있고 탐욕, 무절제, 게으름, 육욕은 자신에게 피해가 가지만 질투는 자기한테 돌아오는 것은 없으면서 남을 해치고자 하는 마음이기 때문이다.

질투는 인간이 가진 가장 파괴적이면서 강력한 감정이다. 성경에 따르면 인류 최초의 살인은 아벨에 대한 카인의 질투 때문에 일어났다. 서양의 〈신데렐라〉에서 한국의 〈콩쥐팥쥐〉에 이르기까지 질투는 전래 설화의 중요한 모티프를 이루고 있다. 야훼가 투기하는 신이라면 인간은 투기하는 동물인 셈이다.

질투를 통제하지 못하면 사회 발전은 고사하고 존립 자체가 위협받는다. 20세기 최대 비극인 나치즘과 공산주의의 '아리안 민족의 우월성'이니 '계급 없는 사회'니 하는 거창한 구호의 밑바닥에는 부유한 유태인과 부농에 대한 질투가 깔려 있다. 산업 혁명 이후 서양의 비약적 경제 발전은 정당하게 번 재산을 주위의 질투와 탐욕으로부터 보호해주는 법적 장치가 있었기에 가능했다.

모든 것을 알라의 뜻으로 보는 이슬람교나, 불교와 힌두교의 윤회설, 기독교의 예정설도 자신의 현재 위치를 받아들이라는 질투 통제수단의 하나로 이해할 수 있다. 질투의 중요성을 일찍이 이해한 문학과 종교와는 대조적으로 질투에 관한 학문적 연구는 아직까지 미미한 형편이다.

미 사상 최악의 테러인 9 · 11 사태가 일어난 지 1년이 지났다. 그 동안 테러의 원인에 대한 숱한 논의가 있었다. 그러나 대부분은 미국의 독선과 일방주의적 오만에 대한 비판이 주종을 이루고 있다. 세계 유일의 수퍼파워인 미국에 대한 다른 나라의 질투를 꼬집는 글은 찾아보기 어렵다.

인간은 누구나 못살기보다는 잘살고 싶어한다. 인간이 부를 쌓는 방법은 두 가지뿐이다. 하나는 정당하게 버는 것이요, 다른 하나는 남의 것을 빼앗는 것이다. 모든 형태의 절도를 막고 씨뿌려 거둔 자에게 과실이 돌아가게 하면 인간은 기꺼이 땀을 흘린다.

그러나 아무리 주위를 둘러봐도 희망이 보이지 않을 때, 자신은 고통받고 있는데 남들은 행복과 풍요에 싸인 삶을 누리고 있음을 볼 때 인간은 질투의 노예가 된다. 스스로 자기 처지를 개선할 능력이 없는 사람일수록 다른 사람의 행복을 저주하게 마련이다. '생각보다 많이 죽었네' 라며 좋아하는 오사마 빈 라덴의 얼굴은 백설 공주에게 독이 든 사과를 먹이고 낄낄거리는 계모의 얼굴과 닮아 있다.

9·11 재발을 막는 최선의 방법은 이슬람교권 국민들에게 노력하면 잘살 수 있다는 희망을 주는 것이다. 그를 위해서는 법치주의와 시장경제, 재산권 보호가 선결돼야 한다. 반동적 이슬람교 지도자와 독재 정권이 실정의 책임을 서구 탓으로 돌리고 세계가 이슬람교권의 민주화와 경제 발전에 무관심한 한 그들은 늘 세계의 화약고로 남을 것이다.

2002. 09. 09

산타클로스의 정치학

대통령의 경제정책에 '노믹스'라는 말을 붙이기 시작한 것은 레이건 때부터인 것 같다. '서플라이 사이드' 경제학 또는 공급경제학으로 불리기도 하는 '레이거노믹스'는 그 내용은 잘 몰라도 이름만은 누구에게나 친숙할 정도로 널리 알려졌다.

주드 워니스키는 '레이거노믹스' 탄생의 주역으로 꼽히는 인물이다. 「월스트리트저널」 논설위원이었던 그는 1978년 『세상이 돌아가는 이치(The Way The World Works)』라는 책을 썼다. '공급 위주' 경제학의 원리를 풀어쓴 이 책은 '레이거노믹스'의 산파로 평가받고 있다. 레이건 자신도 "우리가 만든 경제 모델은 주드 워니스키가 쓴 『세상이 돌아가는 이치』에 기초한 것"이라고 말한 적이 있다.

"공급이 수요를 창출한다"는 프랑스 경제학자 세이의 주장에 근거를 둔 '공급학파'는, 경제 발전에서 중요한 것은 수요가 아니라 공급이라는 점을 강조한다. 인간 사회에서 경제적 수요는 항상 존재하고 있으며 늘 공급 부족이 문제였지 수요가 모자라 문제가 일어난 적은 없었다는 것이다.

쉽게 이야기하면 기근으로 사람들이 죽어가는 것은 식량에 대한 수요 부족이 아니라 공급 부족 때문이며 이를 해결하려면 공급을 늘리는 길밖에는 없다. 공급을 늘리는 가장 효과적인 방법은 생산자의 이익을 보장하는 것이며 그러기 위해서는 각종 세금을 낮춰야 한다는 게 '서플라이 사이더'들의 주장이다.

레이건은 집권기간 두 차례의 과감한 감세 조치를 취했다. 당시에는 '부자를 위한 세금 감면'이라는 비판도 많이 받았으나 이제는 그것이 1980년대와 1990년대 미국 번영의 기초를 놓았다는 게 정설이다. 그후 감세 정책은 공화당의 기본 이념으로 자리잡았으며 이에 반대하는 인물은 당의 주류 진영에 발을 붙일 수 없게 됐다. 선거 공약으로 "내 말을 믿으세요. 새로운 세금은 없습니다(Read my lips. No New Taxes)"를 내건 아버지 부시가 민주당에 굴복, 이를 번복했다가 낙선은 물론 당내 골수들과 등을 진 일은 공화당의 '감세 신앙'이 얼마나 강한가를 보여준다.

12년째 대선에서 내리 진 민주당이 대안으로 내놓은 클린턴도 '세금을 거둬 쓰는(tax and spend)' 전통적 민주당원이 아니라 개과천선한 '신 민주당원(New Democrat)'을 자임했다. 클린턴은 집권 후 연방소득세 최고 세율을 33%에서 39%로 올리기는 했으나, 레이건이 집권기간 이를 70%에서 28%로 내린 것에 비하면 거의 손대지 않은 것이나 다름없다. 투자가들의 압력에 굴복, 자본소득세는 오히려 깎지 않을 수 없었다.

지난 20여 년간 미국 대통령선거를 보면 세금 올릴 것을 공언한 포드, 카터, 먼데일, 두카키스 등은 모두 떨어지고 감세를 약속한 레이건, 아버지 부시, 아들 부시 등은 모두 당선됐다. 감세는 백악관으로 가는 특등 티켓임이 입증된 셈이다.

워니스키는 "유권자들은 항상 산타클로스에게 표를 주지 스크루지에게는 표를 주지 않는다. 민주당은 각종 사회보장 혜택을 약속하는 산타클로스다. 공화당이 이에 맞서려면 세금을 깎아주는 산타클로스가 되어야 한다"고 역설한 바 있다.

부시 대통령은 지난 3년간 대대적인 두 차례의 감세를 단행했다. 거기다 5,000억 달러 규모의 메디케어 처방약 혜택까지 주는 법안에 서명했다. 사회보장 혜택을 주는 민주당의 산타클로스에 세금 깎는 공화당 산타클로스 역까지 겸한 셈이다. 거기다 경제도 술술 풀리고 사담 후세인도 잡혔기에 떨어지려야 떨어질 수 없는 상황 같이 보인다.

그러나 모든 것이 너무 좋을 때 옷깃을 여미는 것이 현명한 사람이다. 이름난 현자에게 누군가 "언제까지나 변하지 않을 진리 하나만 가르쳐주십시오" 하고 부탁하자 "모든 것은 변한다"고 답하고 사라졌다는 일화가 있다. 과연 부시가 모두의 예상대로 오는 11월 백악관 수성에 성공할지 지켜볼 일이다.

2004. 01. 05

두 개의 비전

고대 그리스는 유대-기독교 전통과 함께 서양 문명의 뿌리를 이루고 있다. 수많은 그리스 도시 국가 중 제일 먼저 떠오르는 것은 아테네다. 철학, 과학, 문학, 예술, 역사 등 모든 분야에 걸쳐 그만한 업적을 이룬 곳은 없기 때문이다.

그러나 아테네와 극적인 대조를 이루면서 후대에 그에 못지 않게 큰 영향을 미친 도시 국가가 있었다. 바로 스파르타다. 아테네가 개인의 존엄을 인정하고 가능한 한 모든 영역에서 최대한의 자유를 보장하기 위해 힘쓴 반면, 스파르타에서 개개인은 국가에 충성하고 그 존립을 위해 희생되는 존재로 여겨졌다. 또 아테네가 사유재산을 인정하고 상업의 자유를 허용한 것과 달리 스파르타에서 모든 재산은 국가의 소유로 개개인은 귀금속을 소지하는 것이 금지됐다. 재산뿐 아니라 국민 자체를 국가의 소유물로 여겨 약한 어린아이는 들판에 내다버려 죽게 했다.

이런 무자비한 제도를 갖고 있는 나라였지만 스파르타를 찬미한 사람은 많았다. 대표적인 인물이 플라톤이다. 개개인이 사리사욕을 버리고 공공의 이익을 위해 헌신하는 스파르타야말로 이상국가라는 것이 그의 주장이다. 대표작 『국가론』 나오는 국가의 모델이 스파르타이다. 그의 이상국가에서는 사유재산제가 폐지되고 엘리트 계급의 경우는 아내마저 공유한다.

물론 모든 지식인들이 스파르타를 좋아한 것은 아니다. 가장 준열한 비판자는 플라톤의 제자 아리스토텔레스이다. 그는 모든 인간이 국가에 충성하고 그를 위해 희생해야 한다는 스승의 주장을 반박하고 개인의 행복 추구야말로 삶의 목적이라고 가르쳤다. 그리고 그 필수불가결한 수단으로 사유재산권의 보호를 들었다. 개개인이 타인의 간섭을 받지 않고 마음대로 처분할 수 있는 사유재산이 없는 한 개인의 자유도 행복 추구도 공염불이라는 것이다.

이 플라톤-아리스토텔레스 논쟁은 그후 2,000년이 지나 루소-로크간의 논쟁으로 부활한다. 재산권 보장, 이익 추구의 자유, 제한된 정부를 주창한 로크와 달리 열렬한 스파르타 찬미자였던 루소는 모든 국민은 사심을 버리고 국가의 일반의지에 복종해야 하며 그것이 진정한 자유라고 가르쳤다. 이에 복종하지 않는 자는 폭력을 사용해서라도 "강제로 자유롭게 만들어야 한다"는 것이 그의 생각이었다.

이런 루소의 사상을 승계한 것이 그의 수제자 로베스피에르가 세운 프랑스 혁명 정부와 그 정신을 이은 레닌의 소련이다. 반면 로크의 사상은 영국의 입헌민주주의를 거쳐 미 건국의 기본 이념으로 자리잡게 된다. 미 「독립 선언서」에 '생명'과 '자유'에 이어 들어 있는 '행복추구권'은 미국의 이념적 뿌리가 아리스토텔레스-로크의 토양에 박혀 있음을 분명히 보여준다. 「독립 선언서」와 함께 미국을 지탱하는 기둥인 연방헌법도 수정헌법 5조에서 '누구도 적법절차에 의하지 않고는 재산을 빼앗길 수 없으며' 그럴 경우에도 '공공용도(public use)에 한하며' '정당한 보상'을 해줘야 한다고 명시하고 있다.

연방 대법원은 지난주 코네티컷 뉴런던 주민들이 '시 정부가 도시 재개발을 이유로 오랫동안 살아온 집을 수용하는 것은 부당하다'며 제기한 소송에서 5대 4로 시 정부 편을 들어줬다. 길을 내거나 관공서를 짓는 등 공공용도가 아니더라도 도시 재개발 등 '공공의 이익(public benefit)'을 위한 것이면 수용령을 발동할 수 있다는 것이다.

이번 판결에 대해 시 정부가 재개발이라는 미명으로 시민들의 재산을 마음대로 처분할 수 있는 재량을 준 것이라며 시 관리들과 연줄이 있는 개발업자들이 힘없는 일반 시민들의 재산을 좌지우지할 수 있는 길을 열어줬다는 우려의 소리가 높다. 보상 협상에서도 수용령 발동의 위협이 남아 있는 한 시민들은 불리한 입장에서 설 수밖에 없다는 것이다.

스파르타에서 소련에 이르기까지의 서양사는 사유재산권이 존중되지 않는 사회에서 개인의 자유와 존엄은 구두선임을 보여준다. '대표 없는 과세'에 반대해 혁명을 일으킨 미 건국의 아버지들은 재산권 존중을 위한 제도적 장치를 곳곳에 마련해뒀다. 이번 판결에 찬성 표를 던진 연방대법원 판사들은 미 건국 이념의 뿌리가 어디에 있는지를 돌아보기 바란다.

2005. 06. 28

모래 속의 타조

대법원의 힘

오늘날의 미국을 가능하게 한 인물을 하나 들라면 첫손으로 꼽히는 사람이 조지 워싱턴이다. 당시 세계 최강이던 영국군과 싸워 예상을 뒤엎고 승리한 데다 마음만 먹으면 얼마든지 왕이 될 수 있었는데도 이를 사양하고 은퇴했으며 나중에 대통령이 된 뒤에도 두 번의 임기를 마친 후에는 주위의 만류에도 불구하고 단호히 낙향했다.

미국의 전통이라 할 수 있는 평화적인 정권 교체, 군에 대한 민의 우위, 최고 권력자라도 임기를 마치면 평범한 시민으로 돌아가는 모습 등이 모두 그의 공이라 하지 않을 수 없다. 자진해서 권력을 내놓은 워싱턴을 본 영국왕 조지 3세는 "그야말로 우리 시대 최고의 인물"이라고 평했다.

워싱턴 다음으로 초창기 미국에 큰 영향을 미친 인물이 누구냐에 대해서는 의견이 분분하지만 많은 역사학자들은 4번째 연방대법원장을 지낸 존 마셜을 든다. 링컨처럼 프런티어의 통나무집에서 태어나 자수성가한 그는 34년간 대법원장으로 재직하면서 연방정부를 구성하고 있는 입법, 행정, 사법 3부 중 사법부의 우위를 확립시킨 사람이다.

15명의 자녀를 둔 집안의 장남으로 태어난 그는 독립전쟁에 장교로 참전했다 제대한 후 윌리엄 앤드 메리 대학에서 공부, 변호사가 된다. 법률 이론에 밝을 뿐 아니라 대인관계가 좋았던 그는 승승장구, 제2대 대통령인 애덤스 때 국무장관을 거쳐 대법원장이 된다.

1803년 취임한 지 얼마 안 돼 그가 내린 '마베리 대 매디슨' 사건은 당시까지 불분명하던 연방대법원의 위치를 헌법 서열상 최종 결정권을 가진 곳으로 자리잡게 했다. 사건 내용은 애덤스 행정부 말기에 관직에 임명된 마베리가 애덤스의 정적이자 후임자인 제퍼슨 행정부가 들어서면서 이를 이행치 않자 국무장관 매디슨을 상대로 소송을 제기한 것. 이때 마셜은 마베리가 근거로 인용한 모법이 연방헌법에 배치되기 때문에 무효라고 판시, 대법원이 의회가 승인하고 대통령이 서명한 법을 휴지로 만들 수 있는 권한이 있음을 천명했다. 마셜은 그후에도 30여 년간 긴 세월 동안 재산권 존중, 계약 준수의 원칙, 주간 통상에 대한 연방정부의 규제권 등에 관한 중요한 판결을 잇따라 내려 수많은 선례를 남기기도 했다.

최초의 여성 대법관이었던 샌드라 데이 오코너 판사가 은퇴를 발표하자마자 그 후임자가 누가 될 것이냐에 정계의 관심이 쏠리고 있다. 오코노 판사는 보수 진보가 반반으로 갈려 있는 연방 대법원에서 중요한 결정이 있을 때마다 캐스팅 보트 역할을 했기 때문에 후임자의 중요성이 더욱 커지고 있다. 여성계에서는 오코너가 첫 여성 대법관이었다는 점을 들어 여성이 지명된다고 주장하고 있고, 라틴아메리카 계에서는 표를 의식하고 있는 부시가 최초의 라티노 대법관을 지명할 가능성이 큰 것으로 보고 있다.

　연방의회와 백악관을 장악한 보수파들은 일찍부터 사법부를 자기 쪽 인물로 채우는 것을 최대의 과제로 삼고 이를 추진해왔다. 오코너에 이어 80세의 고령에 갑상선암을 앓고 있는 윌리엄 렌퀴스트 대법원장까지 사임할 경우 부시 대통령은 향후 사법부 진용을 결정적으로 재편할 수 있게 된다. 전문가들은 이를 정하는 것이 국내 문제에 관한 한 부시 행정부 최대의 결정이 될 것으로 보고 있다. 종신직인 연방 대법관은 부시가 2009년 물러난 후에도 수십 년 동안 낙태와 어퍼머티브 액션(affirmative action : 소수민족 등 사회적 약자 보호법) 등 미국인들의 일상생활에 큰 영향을 미칠 결정을 내릴 것이기 때문이다.

　연방대법원이 돈줄을 쥔 의회, 칼자루를 쥔 행정부 위에서 미국에서 벌어지는 모든 이슈에 대해 최종 발언권을 갖고 있는 것은 물론 주권자인 국민이 이를 용인하기 때문이다. 선거로 뽑히지도 않은 아홉 명의 판사가 미국인들의 운명을 좌우한다는 것은 잘못이라는 비판도 있지만 민주주의의 단점인 인기 영합주의에 휩쓸리지 않고 소신 있는 결정을 내릴 수 있는 장점이 크다는 여론이 아직은 대세다. 차기 대법관 지명을 둘러싼 싸움이 볼 만할 것 같다.

2005. 07. 12

추수감사절과 미국

1607년 버지니아에 세워진 제임스타운은 영국이 신대륙에 건설한 식민지 가운데 살아남은 첫 마을이다. 그러나 처음 이곳에 발을 디딘 이민자들이 겪은 고통은 혹독했다. 영국을 떠난 144명 중 무사히 이곳에 도착한 사람은 104명에 불과했다. 이 가운데 40명이 첫해 겨울을 넘기지 못하고 숨을 거뒀다. '굶주림의 시대'로 불리는 1609~1610년 겨울에는 식량이 떨어지자 뱀과 개구리는 물론 시체까지 파먹는 지경에 이르렀다.

이들의 굶주림은 인디언의 도움과 구조선의 도착으로 해결됐지만 망해가던 식민타운을 장기적으로 살린 것은 두 가지였다. 하나는 인디언으로부터 담배 재배 기술을 배운 것이다. 버지니아의 기후는 당시 유럽에서 선풍적인 인기를 끌고 있던 담배 재배에 딱 맞았다. 또 하나는 사유재산의 인정이다. 초기 제임스타운 내 모든 재산은 식민지주회사 소유였다. '게으른 자는 사형에 처한다'는 엄격한 법 아래서도 이 체제 하에서는 아무도 열심히 일하려 하지 않았다. 한 목격자는 "사람들이 하루면 끝낼 수 있는 일을 일주일이 지나도 마치지 않는다"고 개탄했다.

이 상태로는 식민지가 유지될 수 없다는 판단을 내린 토머스 데일 주지사는 사유재산을 인정하고 자신이 일해 거둔 수확은 자신이 가질 수 있도록 했다. 이때부터 전에는 툭하면 아프다는 핑계로 일에서 빠지던 사람들이 날이면 날마다 밭에 나와 농작물을 돌봤다. 사유재산제가 실시된 후 거둔 1619년의 수확은 유달리 풍성했고 사람들은 신에 대한 감사를 표시했다. 아서 슐레진저를 비롯한 일부 역사가들은 이것이 신대륙에서 유럽인이 지낸 첫 번째 추수감사 행사로 보고 있다.

전통적으로 추수감사절의 발원지로 여겨지는 매사추세츠 플리머스에서도 사정은 비슷했다. 메이플라워를 타고 이곳에 온 이민자들은 마르크스보다 200년 먼저 '능력에 따라 일하고 필요에 따라 나눠 갖는' 사회를 꿈꿨다. 그러나 역시 사람들은 열심히 일하려 하지 않았다. 특히 모든 남성들을 위해 밥을 하고 빨래를 해야 했던 아내와 그 남편들의 불만은 컸다. 이 제도는 결국 오래가지 못하고 사유재산제로 돌아갔다. 결과는 풍성함이었다.

그후에도 신대륙에서 '신사회'를 건설하려는 몽상가들의 노력은 그치지 않았다. 그중 대표적인 것이 영국인 로버트 오웬이 인디애나 뉴 라나크에 세우려던 '뉴 하모니'다. 당시로서는 파격적으로 종업원 복지에 신경을 썼으면서도 성공적으로 기업을 이끌어 널리 존경받던 오웬은 신대륙에 유토피아를 만들겠다는 꿈을 품고 대서양을 건너왔다. 1825년 3월 그가 워싱턴 의사당에서 행한 연설에는 연방 상하원 의원과 대통령, 대법원 판사 등 정계의 주요 인사들이 모두 그의 고견을 들으러 왔다.

그러나 이처럼 큰 기대를 품고 시작한 '뉴 하모니'는 불협화음만 남긴 채 불과 2년을 넘기지 못하고 문을 닫았다. 막노동자와 똑같은 월급을 주는 데 불만을 품고 숙련공들이 모두 떠난 데다 갈 곳 없는 무능력자들만 몰려들었기 때문이다. 오웬이 공장을 운영하며 번 돈을 아무리 쏟아부어도 결과는 마찬가지였다. 결국 오웬은 '뉴 하모니'를 포기했다. 그후에도 넓디넓은 미국에서 '원시 공산사회'를 만들려는 시도가 수없이 반복됐지만 단 하나도 성공하지 못했다. "미국은 유토피아의 무덤"이란 말은 그래서 나왔다.

1970년대 말 세계에서 가장 넓은 나라 소련과 가장 인구가 많은 중국은 공산체제 하에 있었다. 인도차이나 반도는 공산화됐고 제3세계는 사회주의 노선이 기승을 부리고 있었다. 동유럽은 말할 것도 없고 프랑스와 이탈리아에서도 공산당의 위력은 대단했다. 세계 주요국 중 공산주의나 사회주의 운동이 발을 붙이지 못한 나라는 미국뿐이라 해도 과언은 아니다.

그 미국이 결국 한때는 대세처럼 보이던 '진보'의 물결을 이겨내고 세계를 미국식 자본주의 체제로 개편했다. 유토피아 실패에 관한 역사적 경험이 이와 무관하지 않으리라. 그 결과 미국은 전세계 '진보적 지식인'들의 영원한 증오를 사고 있지만 인류는 숱한 문제점에도 불구하고 역사상 어느 때보다 풍요로운 시대에 살고 있다. 추수감사절을 맞아 미국의 의미를 되새겨보자.

2005. 11. 22

보수와 신보수의 싸움

1789년 7월 14일 프랑스 혁명이 터지자 대부분의 지식인들은 쌍수를 들어 환영했다. 당시 29살이었던 영국의 낭만파 시인 윌리엄 워즈워스는 "그날 새벽에 살아 있다는 것만으로도 행복이었고 젊다는 것은 천국 그 자체였다(Bliss was it in that dawn to be alive. But to be young was very heaven!)"고 노래했다. 그러나 그의 이런 혁명에 대한 짝사랑은 오래가지 못했다. 무고한 사람들이 생명을 잃고 전쟁과 사회 혼란이 계속되자 그의 희망은 환멸로 바뀌었던 것이다.

1776년 미국이 독립을 선언했을 때 '보수주의의 아버지'로 불리는 에드먼드 버크는 영국의 국회의원이었음에도 이를 지지했다. 그러던 그가 프랑스 혁명이 일어나자 180도 태도를 바꿔 이를 규탄하는 데 앞장섰다. 사람들이 그의 이율배반을 비판하자 그는 미국 혁명과 프랑스 혁명의 차이점을 설명했다. 미국인들은 영국의 전통과 관습을 이어받아 영국인으로 타고난 권리를 지키기 위해 싸웠지만, 프랑스인들은 자신의 과거와 단절한 채 몇몇 지식인의 머릿속에서 나온 추상적인 관념을 이상으로 내걸고 체제를 뒤집었다며 그 결과는 지상낙원이 아니라 유혈참극과 독재로 끝날 것으로 내다봤다.

처음 그를 비웃던 사람들도 프랑스의 혁명 상황이 그의 예측과 비슷하게 돌아가자 그를 다시 보게 됐다. 각 나라의 정치 현실은 소수 이상주의자의 꿈이 아니라 과거 오랜 세월 쌓여온 역사와 문화가 좌우하는 것이며 따라서 나라마다 다를 수밖에 없고 이를 강제로 바꾸려 하는 것은 비극을 초래할 뿐이라는 생각은 정치적 보수주의의 근간이 되는 믿음이다. "모든 국민들은 그 수준에 맞는 정부를 갖는다"는 드 메스트르의 말이 이를 대변한다.

1991년 봄 아버지 부시가 대통령이던 시절 쿠웨이트에서 이라크를 몰아낸 미군은 손만 내밀면 이라크를 점령할 수 있는 위치에 있었다. 당시 많은 사람들은 어째서 사담 후세인과 같이 흉악 무도한 자를 간단히 처치해버리지 않고 가만 놔두는지 의아해했다. 그후 15년이 지난 지금 그에 대한 대답을 아들 부시가 해주고 있다. 이라크 사태가 내전으로 치닫지 않고 있으며 호전되고 있다는 부시 행정부의 주장에도 불구하고 여야 지도자와 국민들은 이를 믿지 않고 있다. 친미파로 임시정부 수반을 역임했던 알라위는 "하루 50~60명의 이라크 인들이 죽어가고 있다"며 "이것이 내전이 아니면 무엇인가"라고 반문했다.

이라크 침공 3주년이 되는 지금 미국민의 55%는 이라크는 결국 내전으로 귀결될 것이라고 생각하고 있으며 안정된 정부가 들어설 것으로 보는 사람은 40%에 불과했다. 이라크전쟁이 그만한 가치가 있었다고 믿는 사람은 37%, 그렇지 않다고 생각하는 사람은 60%였다.

모래 속의 타조

이번 이라크전은 소위 '네오콘'으로 불리는 지식인들의 성원과 정통 보수파의 반대 속에 치러졌다. 네오콘들은 대부분 개과천선한 '진보적 지식인'들로 이뤄져 있다. 전통적 보수주의가 전통을 중시하고 "잠자는 개를 차지 말라"를 모토로 삼고 있는 것과 대조적으로 네오콘들은 자유민주주의와 시장경제를 기반으로 하는 미국식 체제로 세계를 개편하는 것을 목표로 하고 있다. '세계를 고치라(Tikkun Olam)'는 유태교의 가르침이 이들의 지상 명령인 셈이다(실제로 네오콘의 상당수가 유태인이다).

이라크 사태는 현재 진행형이다. 그러나 현재까지 상황은 처음 지지자들이 예상했던 것과는 많이 다르다. 북쪽 쿠르드족들은 안정적인 자치를 누리고 있고 합법적인 정부를 세우기 위한 선거 등이 치러졌지만 이것만으로 수만 명의 미군 사상자와 그보다 더 많은 이라크 사상자, 무엇보다 내란으로 치닫고 있는 이라크 정국을 수습하기는 역부족이다.

처음 이 전쟁을 지지했던 지식인들도 속속 이에 대한 지지를 철회하고 있다. 현 미국 보수파의 대부로 불리는 윌리엄 버클리 주니어, '역사의 종언'으로 유명한 프랜시스 후쿠야마, 명 칼럼니스트의 하나인 앤드루 설리번 등이 그들이다. 지금까지 돌아가는 상황을 보면 이라크 싸움에서는 정통보수파가 네오콘에게 일단 승리한 것 같다.

2006. 03. 21

미국의 정신, 뉴욕의 정신

대다수 교과서들은 미국의 역사가 1607년부터 시작되는 것으로 적고 있다. 그해에 지금 버지니아 제임스타운에 첫 영국 식민지가 건설되었기 때문이다. 황금을 찾아 신천지에 발을 디딘 이들은 곧 눈을 씻고 봐도 근처에 금싸라기 한 톨 없다는 사실을 발견하고 낙담한 채 한 때 아사 직전까지 갔으나 이곳이 담배 재배에 적합하다는 사실을 깨닫고 노예를 수입, 노예 노동을 바탕으로 식민지를 발전시키는 데 성공한다.

1620년 메이플라워호를 타고 매사추세츠 플리머스에 도착한 사람들은 경제적 번영이 아니라 종교적 자유를 찾아 온 사람들이었다. 소위 '청교도'로 불리던 이들은 영국 국교의 박해를 피해 새 땅에 '새 예루살렘'을 건설하고자 대서양을 건너왔다. 그러나 역설적으로 '신앙의 자유'를 모토로 내건 뉴잉글랜드 지역은 가장 종교의 자유가 없는 곳의 하나였다. 비기독교인은 말할 것도 없고 같은 기독교인이라도 청교도가 아니면 모진 박해를 받았다. 17

세기 말 미국에서는 드물게 마녀 재판을 열어 무고한 시민들을 교수형에 처한 곳도 여기다.

버지니아를 중심으로 한 남부와 뉴잉글랜드를 중심으로 한 북부가 미국 역사의 출발이자 기본틀이라는 게 지금까지 정통적인 미국 사관이었다. 그러나 최근 들어 이에 대한 반론이 일고 있다. 버지니아와 뉴잉글랜드 중간에 있는 중요한 도시 하나가 빠져 있다는 것이다. 허드슨 강변에 있는 대서양 최고의 항구 뉴욕이 바로 그곳이다.

영국의 탐험가 헨리 허드슨이 네덜란드 동인도 회사의 요청을 받고 뉴욕과 이제는 그의 이름이 붙은 허드슨 강을 발견한 것은 1609년이다. 그가 네덜란드 국회(스타텐) 이름을 따 스태튼 아일랜드로 명명한 맨해튼 옆 작은 섬은 아직도 그 이름을 가지고 있다. 1613년 네덜란드는 이곳에 식민지를 세우고 이를 '뉴암스테르담'이라고 불렀다.

17세기 네덜란드는 유럽에서 가장 자유롭고 진정으로 진보적인 나라였다. 무역을 통한 부의 축적으로 경제는 윤택하고 정치적으로 시민의 기본권이 보장됐으며 어떤 종교, 어떤 종파를 믿든 남의 자유를 해치지 않는 한 개의치 않았다. 나중에 신대륙으로 건너간 청교도들이 한때 몸을 피신했던 곳도 이곳이었다.

탄압을 피해 피난 온 사람은 청교도들만이 아니었다. 프랑스의 데카르트, 스페인의 스피노자, 영국의 로크 등등 당대의 쟁쟁한 사상가들이 모두 네덜란드의 거리를 거닐며 철학적 탐구에 몰두했다. 버트런드 러셀은 "사상의 자유가 있는 곳을 논하면서 17세기 네덜란드의 중요성을 과장하는 것은 불가능하다"고 말한 바 있다.

뉴암스테르담은 이런 네덜란드의 분위기를 그대로 물려받았다. 네덜란드 인은 물론이고 독일인, 이탈리아인, 스칸디나비아인, 유태인, 흑인 할 것 없이 모든 인종이 종교적 박해 없이 골고루 모여 살며 평화로운 상업도시를 건설했다. 개인의 자유에 대한 존중, 관용의 정신, 자유 무역 등등이 뉴 암스테르담과 그 지도자 아드리안 밴 더 동크의 기본 가치관이었다.

이같이 중요한 뉴욕의 초기 역사가 그늘에 가려져온 것은 1667년 영국-네덜란드 전쟁의 결과 이곳을 차지하고 이름조차 뉴욕으로 바꾼 영국과 그 후예인 남북부 식민지 지도자들이 그 의미를 축소해왔기 때문이다.

그러나 1960년대 후반 뉴욕 주립 도서관에서 1만 2,000페이지에 달하는 초기 뉴암스테르담 역사에 관한 사료가 발견되고 30년 만에 그 번역 작업이 완료되면서 미국 역사상 뉴욕의 의미가 새롭게 조명 받고 있다. 이에 관한 대표적인 저술이 러셀 쇼토의 『세계의 중심에 있는 섬(The Island at the Center of the World)』이다.

신정주의와 종교적 독선이 판치던 뉴잉글랜드와 노예 노동과 인종차별을 바탕으로 한 버지니아, 그리고 개인의 자유와 다양성에 대한 존중을 신봉한 뉴욕, 이중 어느 쪽이 미국의 정신을 대표하며 해야 하는 것일까. 9 · 11 테러 5주년을 맞으며 뉴욕의 의미를 새삼 되새겨본다.

2006. 09. 12

모래 속의 타조

멕시칸 장벽의 운명

중국의 만리장성은 인간이 만든 건물 중 가장 거대한 것이라 한다. 중국의 첫 황제인 진시황제가 기원전 220년부터 짓기 시작한 이 성벽의 길이는 6,352km로 실제로는 만리가 훨씬 넘는다. 그후 왕조가 바뀔 때마다 이를 보수했지만 거의 대부분 사라지고 지금은 16세기 명나라 때 세운 것만 극히 일부가 남아 있다.

진시황이 장성을 쌓느라 동원한 사람은 수백만, 죽은 사람만 100만 명이 넘는 것으로 추산된다. 이 때문에 이 벽은 '세계에서 가장 긴 공동묘지'라 불리기도 한다. 그러나 실제로 시신을 벽 속에 묻지는 않았다. 이로 인해 성벽이 약해질 것을 우려했기 때문이다.

이런 값비싼 희생을 치르고 세워진 장성이지만 외침을 막는 방어벽으로서의 역할은 거의 하지 못했다. 중국을 침략한 수많은 이민족 중 만리장성이 무서워 쳐들어오지 않은 족속은 없다. 마지막 장성을 세운 명나라는 국경을 지키는 장군이 만주족에 항복하는 바람에 제대로 싸워보지도 못한 채 장성과 나라를 넘겨주고 패망하고 말았다.

마오쩌둥은 "만리장성에 올라보지 못한 사람은 진정한 남자가 아니다"라고 말했다지만 지금 만리장성은 관광 명소로서만 의미가 있을 뿐이다. 베이징 북쪽 팔달령 언덕 위에 남아 있는 장성에 올라 보면 그 옛날에 이 험준한 계곡에 이런 장벽을 용케 세웠다는 감탄이 절로 나온다.

그러나 '만리장성은 인간이 달에서 볼 수 있는 유일한 인간이 만든 구조물'이란 속설은 잘못된 것이다. 만리장성은 길기는 하지만 폭은 수 미터밖에 안 된다. 실제로 달에 다녀온 닐 암스트롱은 "달에서 인간이 만든 건축물을 본다는 것은 불가능하다"며 달은 그만두고 그보다 천 배나 가까운 인공위성에서도 이를 보기는 극히 어렵다고 말한 바 있다. 우주에서 본 지구는 국경 없는 한 개의 푸른 보석일 뿐이다.

중국에 만리장성이 있다면 그보다 규모는 작지만 로마 시대에는 '하드리안의 장벽'이 있었다. 영국을 스코틀랜드 부족으로 지키기 위해 하드리안 황제가 기원 2세기경 지은 이 장벽은 그가 죽자마자 버려졌다. 그의 후계자 안토니우스는 '안토니우스의 장벽'을 세웠으나 이 또한 그가 죽은 뒤 방치되고 말았다.

20세기 들어 만들어진 벽 중 제일 유명한 것은 물론 베를린 장벽이다. 1961년 자유를 찾아 서방으로 탈출하려는 동독인들을 막기 위해 세워진 이 벽은 한때 영원할 것 같았으나 불과 28년 뒤인 1989년 11월 9일 허무하게 무너졌다. 지금 이 벽은 일부분만 역사 보존 차원에서 남아 있을 뿐 나머지는 관광객의 기념품이 돼 흔적도 없이 사라진 상태다.

연방 의회는 지난 주말 미국과 멕시코 국경 지대에 700마일에 걸친 장벽을 세우는 법안을 통과시켰다. 부시 대통령이 승인할 것이 확실한 이 법안이 시행될 경우 캘리포니아의 칼렉시코와 텍사스의 엘 파소 등 밀입국자가 많이 넘어 오는 지역에 베를린 장벽을 능가하는 돌담이 세워질 전망이다.

그러나 이것으로 불법체류자 문제가 해결될 것 같지는 않다. 그 절반이 국경을 넘지 않고 합법 비자로 들어와 눌러 앉은 사람들인데다 700마일을 막아도 2,000 마일에 달하는 멕시코 국경 중 1,300마일이 아직 빈 채로 남아 있기 때문이다. 이 장벽은 밀입국하려는 사람들을 험난한 산지와 사막으로 내몰아 목숨만 위태롭게 할 것이 뻔하다.

모든 장벽은 결국 무너진다는 것을 역사는 보여준다. 보다 살기 좋은 곳을 찾아가고자 하는 인간의 열망을 막을 수 있는 장애물은 없기 때문이다. "고르바초프여, 이 장벽을 허무시오"라고 외쳤던 레이건을 숭상하는 미국인들이 베를린 장벽의 수십 배에 달하는 벽을 쌓으려 한다는 것은 아이러니컬하다. 언젠가는 이 벽도 인간의 어리석음을 보여주는 역사적 유물로 전락할 날이 올 것이다. 인간은 정녕 역사로부터 아무 것도 배우지 못하는 존재인가.

2006. 10. 03

진정한 자유주의자

미국은 세계에서 정치적으로 가장 안정된 나라의 하나다. 미국의 정치적 안정은 오랜 법치주의와 민주주의 전통에 힘입은 바 크지만 현실적으로는 양당제의 영향이 크다고 봐야 할 것이다. 미국 대통령 선거는 조지 워싱턴이 초당적 합의에 의해 두 번의 임기를 마치고 낙향한 이래 지난 200여 년간 양당제의 틀 속에서 이뤄져왔다. 내년 선거 결과가 어떻게 될지는 모르지만 공화당 아니면 민주당이 이긴다는 것만은 변함이 없다. 한국에서처럼 대선을 몇 달 앞두고 집권당이 간판을 여러 차례 갈아가며 후보를 뽑는 일은 미국에서는 상상할 수 없다.

이처럼 양당제가 확고히 자리잡은 데는 승자가 그 주의 선거인단을 모두 차지하는 승자독식주의(winner-take-all)가 결정적인 역할을 했다. 미국 50개 주 중 메인과 네브래스카를 제외한 48개 주가 이를 채택하고 있다. 이 제도 때문에 상당한 지지세력이 있어도 제3당은 명함을 내밀지 못하는 것이 현실이다. 1992년 선거에서 독자 후보로 출마한 로스 페로는 전체 유권자 표의 19%(1,974만 표)를 얻고도 단 한 명의 선거인도 확보하지 못했다.

이런 미 양당제도의 최대 피해자는 자유당(Libertarian Party)이다. 1971년 12월 11일 발족한 이 정당은 20만 명의 등록 당원을 갖고 있고 다른 제3당 공직자를 다 합친 것보다 많은 600명의 선거직 공직자를 배출했지만 정작 메인 게임인 연방 선거에서는 아무런 힘을 쓰지 못하고 있다.

자유당의 기본 강령은 개인의 자유를 무엇보다 우선 순위에 놓는다. 다른 사람의 자유를 해치지 않는 한 개인의 어떤 행위도 정부는 간섭해서는 안 된다는 것이다. 이 원칙에 따라 경제적으로는 시장 경제, 사회적으로는 민권 존중, 외교적으로는 불간섭주의를 채택하고 있다. 이들에 따르면 정부가 할 일은 치안과 국방, 판결 집행에 국한돼야 하며 동성애, 낙태, 총기 소유, 심지어는 마약과 매춘에도 관여해서는 안 된다. 작은 정부, 감세, 사회보장제도와 정부보조금 제도의 민영화도 이들이 지지하는 이슈다.

언뜻 보면 경제적 자유주의와 사회적 보수주의를 결합한 공화당과 경제적 개입주의와 사회적 자유주의를 혼합한 민주당의 주장 중 자유에 관한 부분만 떼어내 만든 것 같지만, 이들은 자신들이야말로 '개인 자유의 최대 보호'라는 논리의 일관성을 갖고 있으며 미국을 건국한 이들의 비전에 충실하다고 믿고 있다. 현실 정치에서의 힘은 별로 없지만 이들 생각에 공감하는 미국인들은 많다. 공화당 내 주요 지지세력 중 하나가 이런 성향을 갖고 있고 최근 여론 조사 결과에 따르면 20~30대 젊은 층 가운데 이런 생각을 갖고 있는 사람들이 다수다.

17일 일제히 서점에 깔린 『격동의 시대(Age of Turbulence)』를 쓴 앨런 그린스펀 전 연방준비제도이사회 의장도 그런 사람의 하나다. 그는 20년에 걸친 자신의 FRB 의장 재직 시절 이야기를 쓴 이 책을 소개하면서 자신을 "공화당 내 자유주의자(a libertarian republican)"로 소개했다. 보통 '자유주의자'를 의미하는 'liberal' 대신 'libertarian'이란 단어를 쓴 것은, 자신이 명색은 자유를 표방하면서 실제로는 정부의 시장 개입을 지지하는 가짜 자유주의자가 아닌 '진정한 자유주의자'임을 밝히기 위해서인 것으로 보인다.

흥미로운 것은 그가 이 책에서 자신은 공화당원이면서도 북미자유무역협정, 웰페어 개혁, 균형 예산을 통한 흑자 재정을 이룩한 민주당 클린턴 전 대통령에게는 후한 점수를 주고 의회의 방만한 예산 편성에 한 번도 거부권을 휘두르지 않은 현 부시 대통령에게는 낙제점을 줬다는 사실이다. 보수주의자를 자처하는 부시가 대통령이 됐을 때 연방 상하원은 모두 공화당 장악 하에 있었고 작은 정부와 균형 예산, 세제 개혁과 소셜 시큐리티 민영화 등 레이건을 능가하는 업적을 이룰 기회가 주어졌다. 그러나 집권 7년이 다 돼가는 지금 부시가 남긴 것은 사상 최대 규모의 국채와 이라크라는 수렁뿐이다.

원칙을 저버린 공화당은 2006년 선거에서 참패했지만 그것이 민주당이 잘해서가 아니라는 데 미국의 비극이 있다. 그린스펀은 "2008년 대선에서 자유무역협정에 적대적인 힐러리 클린턴이 집권할 경우 빌 클린턴 때보다 반시장적인 정책을 펼 것"이라며 미국경제의 앞날을 우려했다. 넓은 미국에도 제대로 된 지도자 감은 별로 없는 것 같다.

2007. 09. 18

흑인 노예사와 오바마 바람

근대에 접어들면서 아프리카인을 처음 노예로 잡아 팔기 시작한 것은 포르투갈 사람들이다. 그들이 특별히 악해서라기보다 유럽 국가 중 가장 먼저 아프리카 탐험을 시작했으며 아프리카인들보다 힘이 있었고 대서양 섬 사탕수수 밭에서 일할 노동자가 필요했기 때문이다.

대서양의 주도권이 스페인과 네덜란드, 영국으로 차례차례 넘어가면서 노예무역의 주도권도 그 순으로 바뀌었다. 16세기초부터 노예무역이 절정이던 18세기 말까지 대서양을 건너간 흑인 노예 수는 1,100만 명이고 그 와중에 죽은 노예 수는 최소 1,100만에서 최대 그 두 배로 추산된다.

노예제가 잘못이라는 것은 당시 깨어 있는 지식인들은 알고 있었다. 「독립선언서」초안자인 토머스 제퍼슨은 자신의 출신 주인 버지니아부터 노예제를 없애고자 애썼으나 실패했다. 그는 말년에 "신이 정의롭고 그의 정의가 언제까지나 잠자지는 않는다는 것을 생각하면 조국 걱정에 몸이 떨린다"고 적었다. 그러나 그런 그도 끝내 자기가 소유하고 있던 노예를 해방시키지 못했다. 경제적 이해가 걸려 있었기 때문이다.

인류 최대 비극의 하나인 대서양 노예무역이 중단된 것은 지금은 대체로 잊혀진 윌리엄 윌버포스의 공이 크다. 요크셔 유지의 아들로 1780년 21살 대학생 때 영국 하원의원에 당선된 그는 젊어서 놀기 좋아하는 한량이었다. 그러나 독실한 기독교도가 된 그는 노예제의 참상을 전해 듣고 이 제도를 없애는 것을 필생의 사업으로 삼는다.

1789년부터 그는 매년 노예무역을 금하는 법안을 의회에 상정하지만 번번이 실패한다. 노예 무역업자, 선주들, 농장 소유주 등 노예로 먹고사는 이익 집단의 영향력이 워낙 강했기 때문이다. '노예무역을 폐지하면 나라가 망한다' '뜻은 좋지만 시기상조다' 는 주장이 대세를 이뤘다.

그러나 대중 집회와 노예제의 실상을 알리는 책을 출간하는 등 '의식화 작업' 과 함께 정치 세력의 결집을 통해 그는 노예무역 폐지 운동에 뛰어든 지 20년 만인 1807년 '노예무역 금지법' 을 통과시키는 데 성공한다. 한때 노예무역선 보호에 앞장서던 대영제국 해군은 이제 노예 무역선을 잡는 군대로 변신하였고, 전세계 바다를 장악하는 영국 해군의 위력 앞에 대서양 노예무역은 사라지고 만다. 미국도 한 해 뒤인 1808년 '노예무역 금지법' 을 통과시켰다. 윌버포스는 이에 만족하지 않고 '노예제 금지법안' 을 상정하기 시작하여 26년 뒤인 1833년 그 제정에 성공한다. 그는 이 법안 통과 소식을 듣고 사흘 뒤 숨을 거뒀다.

영국에서의 노예제 폐지 움직임은 미국 내 노예 폐지 운동에 불을 당겼다. 대표적 노예제 폐지 운동가인 윌리엄 로이드 개리슨은 1831년부터 신문「해방자(The Liberator)」를 통해 즉각적이고도 완전한 노예 폐지를 주장하며 처음 극소수에 불과했던 동조자들은 점차 세를 확장, 30년 뒤 링컨을 당선시키기에 이른다. 그후 역사는 모두 아는 바 그대로이다.

그러나 링컨에 의해 노예가 해방된 지 140년, 마틴 루서 킹의 인권 운동이 결실을 본 지 40년이 지났지만 아직도 미국에서 흑인에 대한 차별은 남아 있고 백인들이 이들에 대해 저지른 범죄에 대한 배상도 이뤄지지 않고 있다.

지난주 아이오와 코커스에서 돌풍을 일으킨 버락 후세인 오바마 바람이 뉴햄프셔에도 불고 있다는 소식이다. 이제는 흑인도 대통령을 할 수 있다는 달라진 미국인들의 의식을 읽을 수 있다. 케냐인을 아버지, 백인을 어머니, 인도네시아인을 의붓아버지로 둔 오바마가 대통령이 되는 것보다 미국이 어두운 과거를 털고 새 출발한다는 것을 상징적으로 보여주는 사건이 있을까.

흑인 노예사는 역사를 움직이는 것, 사회를 바꾸는 것은 결국 비전을 가진 지도자의 집념과 국민의 결단이라는 것을 보여준다. 윌버포스와 개리슨이 노예제 폐지를 외쳤을 때 대다수는 이를 비웃었다. 그러나 지금 역사의 조롱을 받는 것은 그들이 아니라 그들을 비웃던 자들이다.

흑인이 대통령이 되는 것은 시기상조라고 주장하는 사람들에게 들려주고 싶은 유태인 속담이 있다. "지금이 아니면 언제인가. 내가 아니면 누가 할 것인가." 2008년 유권자들은 역사에 새로운 이정표를 세울 기회를 부여받았다. 과연 올해 미국인들은 이를 해낼 것인가.

2008. 01. 08

세상 바꾸기

1980년대 레이건의 등장과 함께 떠오른 보수주의는 최근까지 미국 정치를 이끈 주도적 이념이었다. 1992년부터 2000년까지 민주당의 빌 클린턴이 집권하기는 했지만 그가 1992년 캠페인에서 들고 나온 슬로건은 '신민주당원(New Democrat)'이었다. '큰 정부, 대소 유화정책 등 전통적 자유주의를 신봉하던 민주당원으로서는 대통령이 되기가 불가능하다는 것을 알았기 때문이다.

보수주의 물결은 미국에만 국한된 현상이 아니었다. 노동당 총리로 최장수 기록을 세운 토니 블레어도 이름은 노동당이었지만 정책은 대처 이념을 이어받은 보수당과 차이가 없었다. 시장주의를 신봉한 그는 골수 노동당원들로부터 '배신자'라는 비판을 받았지만 18년간 보수당에게 권좌를 내준 채 방황하던 노동당의 집권을 가능케 한 일등공신이라는 데는 이론이 없다. 독일의 메르켈이나 프랑스의 사르코지 등장도 유럽 대륙의 보수화와 맥을 같이 한다. 오랜 저성장과 고실업의 늪에 빠져 있던 이들 나라 경제는 시장친화적인 정부가 들어서면서 소생의 기미를 보이고 있다.

이처럼 세계 정치의 흐름을 주도하고 있는 보수주의도 한때 역사의 퇴물 취급을 받던 적이 있었다. 뉴딜 이래 민주당 집권이 계속되면서 이념 논쟁은 자유주의의 승리로 끝난 것처럼 보였다. 미국을 대표하는 지성인 라이오닐 트릴링은 1950년 "자유주의는 이제 미국에서 주도적 이념일 뿐 아니라 유일한 이념이다. 보수 반동적인 사고는 사회 전반에 걸쳐 찾아볼 수 없다는 것은 명백한 진리"라고 썼다.

그러나 그 다음해 트릴링이 예상하지 못한 사태가 벌어졌다. 예일대를 갓 졸업한 25살짜리 풋내기가 『예일대의 신과 인간(God and Man at Yale)』이라는 책을 쓴 것이다. 이 책에서 윌리엄 버클리 주니어는 무신론과 자유주의가 판치는 예일대는 교육기관으로서의 소명을 잊어버렸다고 통렬히 비판했다.

이 책의 발간과 함께 지식인 서클에서 이름이 알려지기 시작한 그는 1955년 아직까지 보수주의 평론지의 대표주자격인 「내셔널 리뷰」를 창간했다. 그는 이 잡지를 통해 밀턴 프리드먼과 같은 시장경제주의자, 러셀 커크 같은 전통적인 보수주의자, 휘태커 챔버스 같은 반공주의자들의 사상을 소개하고 한데 이를 묶어 보수주의 이념의 토대를 닦았다. 수많은 보수주의 논객이 그 밑에서 연필을 날카롭게 깎았다.

그의 사상은 1964년 공화당 대통령 후보로 뽑힌 배리 골드워터를 통해 뚜렷이 미 정계에 모습을 드러낸다. 골드워터는 그 선거에서 참패하기는 했지만 보수주의는 공화당의 지도 이념으로 뿌리를 내리게 되고 마침내 1980년 레이건의 집권과 함께 미국과 세계를 바꾸기 시작한다.

집권 내내 '진보적 지식인'의 조롱을 받았지만 자유시장 정책과 '강한 외교'가 미국경제의 부활과 소련의 몰락으로 나타나자 레이건의 인기와 평가는 퇴임 후 더 치솟았다. 동유럽, 러시아, 중국 등 구 공산권과 해방신학과 민족주의가 기세등등하던 브라질 등 라틴 아메리카까지 시장 경제를 추구하는 것 모두 궁극적으로는 미국 보수주의의 결실이다.

버클리는 이념 전쟁의 선봉에 서 평생을 보냈지만 정치 얘기만 한 것은 아니다. 그가 쓴 55권의 책들은 스파이 소설부터 요트 세계 일주기 등 다양한 소재를 망라하고 있다. '보수주의의 대부'라는 별명을 갖고 있었으면서도 자신을 '자유주의의 원수'라고 부른 슐레진저나 갤브레이스 같은 리버럴과도 친구로 지냈다.

그는 장장 50년 동안 매주 2편씩 5,600개의 칼럼을 썼으며 33년 동안 역사상 최장 프로그램인 PBS 〈파이어링 라인(Firing Line)〉의 진행자를 맡았다. 뉴욕 시장 후보, CIA 요원, 유엔 대표부 대의원 등등 보통 사람은 여러 평생 살아도 다 못할 화려한 경력을 가진 윌리엄 버클리 주니어가 지난주 82세로 세상을 떠났다. 그는 죽는 순간까지 책상에 앉아 글을 쓰고 있었다고 한다.

"진정한 혁명은 총칼이 난무하는 전쟁터가 아니라 생각하는 인간의 마음 속에서 일어난다"는 말이 있다. 세상을 바꾼 미국 보수주의와 버클리는 떼어 놓고 생각할 수 없다. 그의 명복을 빈다.

2008. 03. 04

4

미국 사회의 단면들

올바른 일을 하는 것은 무엇이 옳은 일인지 아
는 것보다 몇 배나 어렵다. 특히 인기를 먹고사
는 연예인이나 정치인들은 항상 대중이 원하는
말을 하며 살아야 한다. 이런 생활을 오래 하다
보면 대중의 입맛에 맞춰 말하고 이들의 기분을
거스르는 것은 아무리 진실이라도 입을 다무는
것이 몸에 배게 된다. 현재 테러와의 전쟁 못지
않게 장기적으로 미국의 미래를 위협하는 것은
소셜 시큐리티와 메디케어를 포함한 사회복지
프로그램이다. 10여 년 후면 소셜 시큐리티 기
금은 적자로 돌아서고 이로 인한 재정 적자는
장차 26조 달러에 이를 전망이다. 궁극적으로
미국과 같이 거대한 나라를 망하게 할 수 있는
사람들은 미국민뿐이다. 재정 파탄과 이로 인한
사회적 혼란을 미리 막을 수 있는 사람은 유권
자, 그 중에서도 현재 혜택을 누리고 있는 은퇴
자. 미국민과 정치인들이 하루 속히 모래 속
에 묻은 머리를 들기 바란다.

일류대학과 성공

조지 W. 부시 대통령 밑에서 재무장관을 하다 『충성의 대가』라는 책을 써 부시 행정부의 문제점을 파헤친 폴 오닐은 프레스노 스테이트 컬리지 출신이다. 그러면서도 그는 미 최대 기업의 하나인 알코아와 인터내셔널 페이퍼의 회장과 사장을 역임했다. '구경제 기업'을 '신경제 기업'으로 변모시킨 그의 능력은 학계에서도 주목을 받아 하버드 비즈니스 스쿨은 그에 관한 연구 논문을 내기도 했다.

부시 행정부 내 실세이자 오닐을 재무장관으로 천거한 딕 체니 부통령 역시 별 이름이 없는 와이오밍대를 나왔다. 그러면서도 34세 때 포드 대통령 비서실장을 지냈으며 6선 연방 하원의원, 국방장관, 세계 굴지의 기업인 핼리버튼 총수를 거쳐 현재 부통령에 이르고 있다. 돈 에번스 상무장관 또한 오스틴 텍사스 주립대학을 나온 후 석유 시추 노동자로 출발, 그 회사 최고경영자 자리에 오른 후 장관으로 발탁됐다.

명문대 출신이 휩쓸고 있는 것처럼 보이는 미국의 정·재계도 가만히 보면 비 명문 대학을 나온 사람들이 의외로 많다. 이와 관련하여 얼마 전 흥미로운 보고서가 하나 나온 적이 있다. 프린스턴 대학 교수이자 뉴욕타임스 칼럼니스트인 앨런 크루거는 1976년 30개 대학에 입학한 1만 4,000명의 1995년 수입을 조사한 일이 있다. 물론 명문대 출신 수입이 비 명문대 출신보다 연 2만 달러 정도 높았다.

그러나 조사 대상자를 SAT 점수로 나누자 결과는 다르게 나왔다. SAT 1,200점을 맞고 그에 합당한 대학에 간 학생의 수입은 연 평균 9만 3,000달러였다. 그런데 같은 점수를 갖고 이보다 입학 기준점이 200점 정도 낮은 학교에 간 학생의 평균 연봉도 9만 3,000달러로 나타난 것이다. 다시 말해 SAT 점수가 같은 한 어느 학교를 가건 20년 후의 수입은 별 차이가 없다는 결론이 나온 셈이다.

물론 명문대를 가는 이유가 꼭 수입 때문만은 아니다. 명문대 '간판'이 주는 자부심과 재학 기간 중 맺어 놓은 '커넥션' 등은 장차의 자산이 될 수 있다. 또 명문대 '간판'이 있으면 취직할 때 도움이 되는 것도 사실이다.

그러나 명문대의 이점은 일단 취직이 되면 승진이나 봉급 인상에 큰 영향을 미치지 못한다. 크루거 교수에 따르면 그 자리에 있으면서 얼마 만큼의 능력을 발휘하느냐가 어느 대학을 나왔느냐보다 직장 생활에서의 성공을 좌우한다.

지금부터 연말까지는 고3을 둔 학부모와 당사자들이 어느 대학을 갈까를 놓고 씨름하는 기간이다. 공부를 잘하는 자녀를 둔 학부모라면 가능하면 명문대를 보내고 싶어하겠지만 어마어마한 학비 부담에 망설여지는 경우도 많

모래 속의 타조

다. 1976년 당시 5,900달러 정도이던 하버드 대학 1년 등록금은 이제 3만 8,000달러로 치솟았다. 장학금과 대출을 받아도 부모 허리를 휘게 만들기에 충분한 액수다.

어느 대학을 가느냐보다 무엇을 공부하느냐가 더 중요하다는 것은 교육 전문가들 사이의 상식이다. 본인은 별로 원하지 않는데 명문대 인기학과라는 이유만으로 자녀에게 이를 강요하는 것은 비극의 씨를 심을 뿐이다. 하버드를 중퇴하고 세계 최대의 기업을 세운 빌 게이츠를 보면 능력과 비전이 있는 한 대학을 굳이 나올 필요도 없음을 알게 된다. 그리고 보면 미국이 낳은 최고의 대통령으로 꼽히는 워싱턴이나 링컨, 미국 최고 부자인 존 록펠러나 앤드루 카네기 모두 대학 문턱에도 가보지 못한 인물들이다.

대학 진학을 앞둔 자녀를 갖고 있는 부모들은 "교육은 좋은 것이다. 그러나 결국 진짜 중요한 것은 스스로 하는 교육"이라고 한 오스카 와일드의 경구를 음미해보는 것이 좋을 것 같다.

2004. 09. 13

모래 속의 타조

〈여인의 향기〉는 제목과는 달리 눈 먼 퇴역 장교와 고등학생 간의 우정을 그린 영화다. 알 파치노가 스타로서의 기량을 마음껏 발휘하는 이 영화는 그의 탱고 솜씨를 보기 위해서라도 한번은 감상할 만한 명화다.

동부 명문고에 장학금을 받고 다니고 있는 찰리는 같은 학교에 다니는 부잣집 아이들이 교장 차에 못된 짓을 하는 것을 우연히 본다. 교장은 그에게 범인이 누군지 대라고 문초하고 만약 이를 거부할 경우 퇴학도 불사하겠다고 으름장을 놓는다. 찰리는 친구를 배신하고 살아날 것인지 의리를 지키다 인생을 망칠 것인지 고민에 빠진다. 그러던 중 그는 추수감사절 연휴 동안 장님을 돌봐달라는 광고를 보고 그에 응한다. 그렇게 만난 퇴역 중령 프랭크는 괴팍한 성질로 사사건건 찰리를 괴롭히지만 함께 뉴욕 여행을 하는 동안 둘 사이 정은 깊어가며 장님 생활에 지쳐 목숨을 끊으려던 프랭크를 찰리는 간곡한 호소로 살려낸다.

학교로 돌아온 찰리의 퇴학 여부가 결정되는 징계 회의장에 그의 후견인 자격으로 뜻밖에 나타난 프랭크는 당근과 채찍으로 찰리를 위협하며 친구를 배신할 것을 종용하는 교장을 준엄히 꾸짖는다. "지금까지 살아오며 무엇이 옳고 그른가는 항상 분명했다. 정말 힘든 것은 옳은 일을 실천하는 것이었다. 옳은 일을 하려는 찰리를 벌주려는 것이 미래의 지도자를 키워낸다는 당신 학교의 교육 방침인가." 징계위원회는 그 자리에서 찰리의 무죄를 선고하고 교장은 망신을 당하며 회의장은 환호의 도가니로 뒤바뀐다. 진정한 교육의 목적과 삶의 의미가 무엇인지 모두로 하여금 두고두고 되씹게 만드는 장면이다.

올바른 일을 하는 것은 무엇이 옳은 일인지 아는 것보다 몇 배나 어렵다. 특히 인기를 먹고사는 연예인이나 정치인들은 항상 대중이 원하는 말을 하며 살아야 한다. 이런 생활을 오래 하다보면 대중의 입맛에 맞춰 말하고 이들의 기분을 거스르는 것은 아무리 진실이라도 입을 다무는 것이 몸에 배게 된다.

현재 테러와의 전쟁 못지 않게 장기적으로 미국의 미래를 위협하는 것은 소셜 시큐리티와 메디케어를 포함한 사회복지 프로그램이다. 1935년 대공황이 한창이던 시절 가난한 노인들을 구제하기 위해 프랭클린 루스벨트가 만든 소셜 시큐리티는 가장 인기 있는 정부 프로그램의 하나다. 지금까지 노인들이 안락한 노후를 보내는 데 기여해온 것도 사실이다.

그러나 루스벨트가 이 프로그램을 만들었을 때 미국인들의 평균 수명은 60대 초반이었고 20명의 근로자가 1명의 노인을 부양했었다. 그러나 이제 평균 수명은 10년 이상 늘어났으며 근로자 3명이 1명의 은퇴자를 먹여 살리고 있다. 평균 수명과 노인 인구는 나날이 늘어나 80세를 넘어 살고 노동 인구와 은퇴 인구의 비율이 2대 1이 되는 것은 시간 문제다. 10여 년 후면 소셜 시큐리티 기금은 적자로 돌아서고 이로 인한 재정 적자는 장차 26조 달러에 이를 전망이다. 현 미국 연방 예산이 연 2조 달러가 조금 넘으니까 거둬들인 돈을 10년 동안 여기에만 쏟아 부어도 모자랄 지경이다.

이를 막기 위해서는 세금을 올리거나 혜택을 줄이는 것, 수혜 연령을 높이거나 새로운 프로그램을 개발하는 것이 외에는 방법이 없다. 어떤 방식을 택하더라도 단기적 고통이 따르는 것은 불가피하다. 그러나 부시와 케리 후보 모두 고통에 대해서는 한마디도 입을 열지 않고 있다. 미국 최대 유권자 계층인 노인 표가 무섭기 때문이다. 부시는 그나마 페이롤 택스의 일부를 개인 은퇴 계좌로 전환하는 새로운 아이디어라도 내놓고 있지만, 파산을 향해 달려가는 소셜 시큐리티의 앞날을 못 본 척하는 케리는 천적을 피하기 위해 모래 속에 머리를 파묻는 타조와 다를 바 없다.

궁극적으로 미국과 같이 거대한 나라를 망하게 할 수 있는 사람들은 미국민뿐이다. 재정 파탄과 이로 인한 사회적 혼란을 미리 막을 수 있는 사람은 유권자, 그 중에서도 현재 혜택을 누리고 있는 은퇴자다. 미국민과 정치인들이 하루 속히 모래 속에 묻은 머리를 들기 바란다.

2004. 10. 25

부자의 고통

잭 휘태커(57)는 미국에서 가장 운이 좋은 사람이었다('이다'가 아니다). 2002년 크리스마스 날 그가 3억 1,400만 달러 규모의 미국 사상 최대 복권에 당첨되자 언론들은 '산타클로스는 있다'며 이를 대서 특필했다.

그로부터 2년이 지난 지금 그는 얼마나 행복한 생활을 하고 있을까. 결론 부터 말하자면 한마디로 엉망진창이다. 그 사이 집과 사무실, 자동차는 수없 이 털렸고 스트립클럽에서 약물을 복용당한 후 50만 달러가 든 가방을 도둑 맞았다. 또한 나이트클럽과 경마장 직원을 폭행한 혐의로 기소된 상태며 두 번이나 음주 운전으로 체포돼 알콜 중독자 치료 프로그램에 등록하라는 법원 명령을 받았다.

최근에는 자기 집에서 손녀딸의 남자 친구가 마약을 과다 복용하다 숨진 채로 발견됐는데 이를 신고한 사람은 이 남자 친구의 친구들로 그의 집을 털 러 들어온 3인조 절도범들이었다. 17살 난 손녀는 집을 나가 행방이 묘연하다 20일 시체로 발견됐다. 사태가 이 지경에 이르자 그의 부인은 '복권을 찢어버리지 못한 게 한스럽다'며 울부짖고 있다.

휘태커는 복권 당첨에 목을 건 실업자도 생활이 난잡한 불량배도 아니었다. 사업을 해 복권이 당첨되기 전에도 상당한 재산이 있었으며 교회에 열심히 나가는 성실한 인물이었다. 세금을 공제하고 일시불로 1억 1,300만 달러를 받은 후에는 그는 700만 달러를 세 교회에 나눠 기부하기로 약속하고 이를 지켰다. 가난한 사람들에게 먹을 것을 대주는 재단을 설립하는가 하면 아이들의 놀이기구와 학용품을 사는 데 돈을 내놓기도 했다. 그는 지금까지 2,000만 달러를 자선 단체에 기부한 것으로 나타났다.

그러던 그가 어떻게 전과자와 알콜 중독자로 전락했을까. 그를 아는 사람들에 따르면 휘태커는 복권에 당첨된 날부터 하루도 빠짐없이 수많은 기부금 요청에 시달렸으며 온 가족이 이로 인해 고통받았던 것으로 알려졌다. 만나는 사람마다 손을 벌리자 대인기피증이 생겼으며 혼자서 나이트클럽과 도박장, 경마장을 전전하며 술과 도박에 빠진 것으로 짐작할 수 있다.

이는 위테이커에만 국한된 현상이 아니라 복권에 당첨된 대부분의 사람이 겪는 일이다. 때문에 이 분야 전문가들은 일단 당첨이 되면 이 사실을 숨기고 집 주소와 전화번호를 바꾸며 자기를 아는 사람이 없는 곳으로 이주할 것을 권하고 있다. 한마디로 도망자로서의 삶을 새로 시작하라는 것이다.

복권 같은 횡재가 아니더라도 지나치게 많은 돈은 사람의 마음을 변하게 한다. 자기보다 가난한 사람은 뭔가 못나 보이고 남이 알아주지 않으면 섭섭하고 주위 사람들은 다 자기 돈을 노리는 것처럼 여겨지기도 한다.

한인 은행 관계자들에 따르면 비즈니스가 안 돼 형편이 어려운 가정도 깨지는 경우가 잦지만 사업이 너무 잘 돼 소득이 급속히 늘어난 고객 가운데도 이혼 사례가 많다고 한다. 배우자도 새 경제 수준에 맞는 '트로피 아내'로 바꾸고 싶어한다는 것이다. LA 한인사회에서 사업에 성공한 후 아내를 버리고 자식들과도 등을 돌린 채 젊고 매력적인 여성과 결혼해 사는 사람들이 하나 둘이 아니다.

"나는 가난한 적도 있었고 부자였던 적도 있었다. 부자인 편이 낫다"는 한 여배우의 말처럼 같은 값이면 형편이 넉넉한 것이 좋은 것은 물론이다. 그러나 비싼 집과 고급 차가 주는 기쁨은 덧없는 것이다. 지나치게 많은 부는 평범한 사람의 마음을 타락시키고 진정으로 중요한 삶의 가치가 무엇인지를 잊게 한다.

자본주의는 물질적 풍요로움을 실현하는 데는 훌륭한 수단이지만 돈 버는 것이 인생 최고의 목적인 것처럼 착각케 하는 맹점을 지니고 있다. 휘태커를 기억하면서 떼돈으로 인생을 망치지 않게 해준 행운의 여신에 감사하는 세모가 되자.

2004. 12. 20

베푸는 기쁨

세계에서 가장 돈이 많은 빌 게이츠는 세계 제일의 자선가이기도 하다. 그와 그의 아내 멜린다가 2000년 세운 '빌 앤드 멜린다 게이츠 재단'은 재단 기금이 288억 달러에 이른다. 사람들 귀에 훨씬 더 익은 록펠러 재단이 30억 달러 정도니까 그 규모를 짐작할 수 있다. 게이츠 부부는 이 돈을 아프리카를 비롯한 제3세계 아동의 건강 증진과 교육에 쓰고 있다.

자선에 관대한 것은 게이츠뿐만 아니라 미국인들의 오랜 전통이다. '건국의 아버지'로 자수성가한 인물인 벤저민 프랭클린은 사업에 성공, 40대에 은퇴한 후 사재를 털어 도서관을 세우고 철학협회를 만들었으며 펜실베니아 대학의 모체가 된 학교를 설립했다. 그후 미국인들 사이에서는 돈을 벌면 이를 사회적으로 유익한 데 쓰는 것이 불문율로 자리잡았다.

최근 들어 미국 내 한인사회에서도 이같은 현상이 눈에 띄게 늘어나고 있는 것은 고무적인 일이다. LA 한인사회에서 대표적으로 성공한 사람의 하나인 홍명기씨는 수년 전부터 '밝은 미래 재단'을 설립하여 한인사회의 각종 봉사 단체와 학술 활동을 지원해오고 있다. 현재까지 이 재단에서 각종 사업 기금으로 나간 돈만 500만 달러가 넘는다. 이 재단에서는 이와는 별도로 경제 연구소를 설립, 한인 경제 발전을 체계적으로 뒷받침할 계획이다.

한인사회에서 공식적으로 모습을 드러내지는 않고 있지만 기금 규모가 수백만 달러에서 1,000만 달러가 넘는 각종 공익 재단이 지난 수년 간 여러 개 생겼다. 한 의료계 종사자가 세운 재단은 1,000만 달러를 기금으로 조성해 놓고 조용히 선교 사업을 지원 중이다. 또 다른 한인 금융계 인사가 추진해 온 500만 달러 규모의 자선 재단도 마무리 단계에 있다. 올 가을 설립 작업이 끝나면 한인은 물론 흑인, 라틴 아메리카인들을 가리지 않고 노약자와 극빈 자를 상대로 구호 사업을 벌일 예정이며 매년 재단 규모를 늘려 장차 대형 단체로 만들 계획을 세워 놓고 있다.

한인 재단 창립자들의 공통점은 극소수를 제외하고는 한인사회에 자신의 신원을 밝히는 것을 꺼리고 재단을 운영한다는 사실조차 알리려 하지 않는다는 점이다. 한번 한인사회에 발을 디뎠다가는 돈은 돈대로 들면서 욕은 욕대로 먹는다는 인식이 깊이 박혀 있다. 아닌 게 아니라 돈을 주면 고맙다는 소리보다는 '왜 요것밖에 안 주느냐'는 이야기를 듣기가 십상이다. 거절이라도 하는 날에는 '누구는 주고 누구는 안 준다'느니 '돈만 아는 수전노'라느니 별의별 험담을 다 듣기 마련이다. 한두번 이런 일을 경험하다 보면 한인사회와는 관계를 맺지 않는 것이 낫다는 생각을 하는 것도 무리는 아니다.

아시아 소사이어티가 선정한 '2005 올해의 인물'로 뽑힌 이종문(77) 암벡스 벤처그룹 회장이 전 재산을 사회에 환원하겠다고 밝혀 화제다. 그는 지난

31일 뉴욕 월도프 아스토리아 호텔에서 열린 수상식에서 "사회에서 받은 혜택을 자식에게 물려주는 것은 문제가 많다"면서 노부부가 살 돈을 제외한 전 재산을 사회에 환원할 뜻을 비쳤다. 종근당을 창업한 고 이종근 회장의 친동생인 그는 1970년 도미, 50대에 1982년 다이아몬드 컴퓨터시스템을 설립해 실리콘밸리 성공신화를 일궈낸 인물이다. 그는 전에도 샌프란시스코 아시아 미술관에 1,500만 달러를 지원하는 등 자선에는 돈을 아끼지 않았다.

'미국을 가장 잘 이해한 책'이란 평을 받고 있는 『미국의 민주주의』를 쓴 알렉시스 토크빌은 미국 민주주의의 강점으로 자발적으로 개인들이 설립한 단체의 번성을 들었다. 이들이 고립된 개인과 거대한 국가 사이에서 윤활유 역할을 하며 사회가 원만히 기능할 수 있게 한다는 것이다. 이중 중요한 몫을 차지하고 있는 것이 공익 목적으로 설립된 자선 단체이다. 카네기와 록펠러는 한때 미국 제일의 부를 호령했지만 지금 부자로서의 그들을 기억하는 사람은 없다. 그들이 세웠던 스탠더드 오일과 카네기 강철회사는 모두 역사의 뒤안길로 사라졌지만 그들의 이름을 딴 학술 문예 재단은 지금도 남아 미국 사회의 버팀목이 되고 있다.

어찌 됐든 큰 규모의 한인 재단이 속속 들어서는 것은 한인사회도 경제적 성장에 못지 않게 정신적으로 성숙했음을 보여주는 증거다. 한인들이 '탈세나 일삼는 부정직한 민족'이라는 이미지에서 벗어나 '버는 만큼 베푸는 민족'으로 미국인들의 존경을 받는 날이 하루 속히 오기를 기대한다.

2005. 06. 07

이스터 섬과 사회보장제도

이스터 아일랜드는 남태평양에 떠 있는 자그마한 섬이다. 망망대해에 흩뿌려져 있는 수많은 섬의 하나에 불과한 이 땅덩어리가 유별나게 유명한 것은 묵묵히 바다를 내려다보고 있는 '모아이' 란 이름의 거대한 돌상들 때문이다. 나무 한 포기 찾기 힘든 황량한 이곳에 누가 무슨 목적으로 이런 거상을 세웠을까. 한때는 외계인의 작품이라는 설까지 나돌 정도로 온갖 추측이 난무했으나 지난 수십 년간 학자들의 연구로 누가 어떻게 이것을 세웠는지는 이제 거의 밝혀져 있다.

그것은 바로 이 섬의 원주민들은 지금부터 1,200년 전쯤 카누를 타고 건너온 '라파누이' 라 불리던 폴리네시아계 사람들이었다. 이스터섬의 전성기였던 1500년대에는 9,000명에 달하는 원주민들이 이 섬에 살고 있었으며 섬 자체도 지금처럼 황무지가 아니라 야자수로 뒤덮인 지상낙원이었다. 지금 거상이 서 있는 곳으로부터 10마일 이상 떨어진 돌산에서 바위를 끌고 와 이런 조각을 남길 수 있었다는 것 자체가 이 섬사람들이 한때나마 경제적으로 얼마나 여유가 있었는지를 보여준다.

그런데 너무 풍요로웠던 것이 이 섬 멸망의 원인이었다. 땔감으로, 혹은 암석 운반의 수단으로 무진장해 보이던 나무를 마구 베기 시작했고 숲은 점점 줄어들었다. 숲이 사라지면서 땅은 홍수와 가뭄에 시달리게 됐고 먹을 것은 구하기 어려워졌다. 태평양 한가운데 떠 있어 도움을 청할 길도 없었던 원주민들은 서로 싸우기 시작했고 나중에는 서로 상대방을 잡아먹기에 이르렀다. 목숨을 부지하기 위해 산 속 동굴로 도망갔던 몇 안 되는 원주민들은 18세기 이 섬이 백인들에게 발견되면서 노예로 팔려가 '라파누이'는 멸종되고 만다.

이스터 섬의 멸망은 등 따습고 배부른 인간이 장차 닥쳐올 재난에 대비하는 것이 얼마나 어려운지를 말해준다. 따지고 보면 이스터섬만이 아니라 모든 국가의 운명이 그렇다. '로마는 하루에 이루어지지 않았다'는 말이 있지만 하루아침에 망하지도 않았다. 아우구스투스가 사실상 로마 황제로 군림하고 5현제가 다스리던 시절 로마가 망하리라고는 상상하기조차 힘들었을 것이다. 그러나 도가 지나친 흥청거림 속에 날로 국력은 쇠약해졌고 모든 사람이 '이래서는 안되겠다'고 깨달았을 때는 이미 회복 불능의 상태에 도달한 것이다.

지난 14일은 소셜 시큐리티 제도가 탄생한 지 70년이 되는 날이다. 프랭클린 루스벨트 대통령은 대공황에 시달리는 은퇴 노인들의 참상을 조금이나마 덜어주기 위해 1935년 이날 소셜 시큐리티 법에 서명했다. 이 제도의 첫 수혜자인 버몬트 주 러들로우의 아이다 풀러는 1939년 64세로 은퇴해 1940년부터 매달 22달러(지금 돈으로 1,000달러 정도)씩 35년 동안 받고 100세를 일기로 사망했다. 총 수혜액은 2만 2,000달러고 그녀가 평생 낸 소셜 시큐리티 세는 24달러니까 1,000배에 가까운 장사를 한 셈이다.

풀러는 횡재를 했지만 당시에는 평균 수명이 지금보다 10년이나 짧았고 은퇴자 한 명당 노동인구 수는 20명으로 지금 3명보다 6배 이상 많았기 때문에 별 문제가 없었다. 그러나 의학의 발달로 고령자 수와 평균 수명이 날로 늘어나는 지금 이 제도를 그대로 유지한다는 것은 불가능하다.

부시 집권 2기의 최대 과제이자 공약으로 내걸었던 소셜 시큐리티 개혁이 사실상 물 건너갔다는 소리가 나오고 있다. 현행 소셜 시큐리티 제도는 2012년이면 적자로 돌아서고 2030년대가 되면 파탄이 난다는 것은 이제 누구나 다 아는 사실이다. 그럼에도 아무도 이에 손대지 못하고 있다. 파국을 막으려면 수혜 연령을 높이거나 혜택을 깎거나 세금을 올리는 것이 불가피한데 막강한 고령자 로비의 눈길이 무서워 아무도 고양이 목에 방울을 달지 못하는 것이다.

미국과 같이 부강한 나라를 망하게 할 수 있는 것은 미국민 자신밖에 없다. 지금이라도 미국민과 정치인들이 정신을 차려 이스터 섬의 전철을 밟지 않기 위한 조치를 취하기 바란다.

2005. 08. 16

혼혈의 허상

인류의 고향이 아프리카라는 것을 처음 눈치챈 사람은 찰스 다윈이다. 그가 살았던 19세기 중반에는 이를 구체적으로 입증할 자료는 없었다. 그럼에도 그는 인간과 가장 닮은 침팬지 같은 영장류가 가장 많은 곳은 아프리카이고 따라서 인류의 조상도 이곳에서 살았을 가능성이 높았을 것으로 추론했다.

그후 100여 년 동안 인류가 아프리카에서 탄생해 전세계로 퍼졌다는 가설은 여러 분야를 통해 입증되고 있다. 첫 번째가 고고학이다. 인류의 조상 화석이 가장 많이 발견되는 곳이 아프리카다. 현존하는 인류의 화석 중 가장 오래된 것은 1974년 에티오피아에서 발견됐다. '루시' 라는 이름이 붙은 이 오스트랄로피테쿠스는 300만년 전 지상을 거닐었던 것으로 추정된다. 고고학자들은 발굴된 화석을 통해 호모 에렉투스와 호모 사피엔스 모두 아프리카에서 태어나 뻗어나간 것으로 믿고 있다.

인류의 아프리카 기원설은 언어학에 의해서도 뒷받침되고 있다. 인도어가 유럽어와 비슷한 점이 많다는 점은 19세기부터 알려져 왔다. 언어학자들은 이들 언어의 공통 조상인 원인도유럽어가 6,000년 전쯤 흑해 인근에 살던 부족에 의해 쓰여졌을 것으로 보고 있다. 일부 학자들은 여기서 한 걸음 더 나아가 전세계 모든 언어의 조상인 노스트라틱어가 1만 2,000에서 1만 5,000년 경에 존재했을 것이란 가설을 세우고 이를 입증하는 데 힘을 쏟고 있다.

이를 받아들이지 않는 학자들도 세상에 존재하는 수천 개의 언어를 친소 관계에 따라 그룹으로 나눌 수 있다는 데는 동의한다. 여기서 흥미로운 점은 아프리카 내에 존재하는 여러 언어들 간의 차이가 아프리카 밖 언어들 간의 차이보다 훨씬 크다는 점이다. 이는 인류가 아프리카 밖으로 나와 퍼져 살기 시작한 기간이 안에서보다 훨씬 짧다는 것을 말해주고 있다.

인류의 아프리카 기원설을 결정적으로 입증한 것은 유전공학이다. DNA 검사를 해보면 아프리카에서 산 하나를 건넌 부족간의 DNA 차이가 중동과 아시아에 떨어져 사는 인종 간의 차이보다 크다. 뉴기니아의 토착민과 아프리카 원주민은 겉으로 보면 비슷하지만 유전자는 상당히 다르다. 뉴기니아 주민은 유전자적으로는 아프리카 흑인보다 아시아인이나 유럽인들에 가깝다.

그러나 다르다는 것은 상대적이다. 인간과 가장 가까운 동물인 침팬지는 인간과 97% 유전자를 공유하며 가장 하등 동물인 박테리아도 상당 부분 인간과 같은 유전자를 갖고 있다. 크게 보면 모든 생명은 한 형제인 셈이다. 더군다나 인간끼리는 말할 것도 없다. 모든 인류의 유전자는 99.99%가 같다. 그 0.01%의 차이를 놓고 서로 자기 인종이 최고라고 우기고 자기와 조금만 다르면 백안시하는 것이 최근까지의 인류 역사였다.

흑인 아버지와 한인 어머니 사이에서 태어난 하인스 워드가 올 프로 풋볼

최우수선수로 뽑혔다. 어려서 아버지에게 버림받고 두 모자가 겪었을 고생은 상상만 해도 끔찍하다. 어머니 김영희씨는 잠자는 시간만 빼고 하루 16시간 씩 일을 했고 워드 자신은 '혼혈'이라는 놀림 속에서 어린 시절을 보냈다고 한다.

모든 인류의 고향이 아프리카고 현 인류가 공통의 조상을 가졌으며 그 조 상이 아프리카를 떠난 것이 불과 10만 년 전이라는 사실은 첨단 과학이 밝혀 낸 중요한 성과의 하나다. 따지고 보면 우리는 모두 아프리카인이며 혼혈이 고 형제인 셈이다. 미국이라고 혼혈에 대한 차별이 없지 않았을 것이고 본인 의 노력 덕도 있었겠지만 그가 세계 정상의 반열에 오를 수 있었던 것은 그만 큼 사회가 깨어나고 있다는 증거이기도 하다. 하인스 워드 스토리가 혼혈과 피부색에 관한 뿌리 깊은 편견을 씻어 버리는 계기가 되기를 희망한다.

2006. 02. 07

누가 불법체류자인가

홋카이도는 일본에서 혼슈 다음으로 큰 섬이며 면적이 남한의 85%나 된다. 공장이 거의 없어 섬 전체가 자연 그대로나 다름없는 청정지역이다. 맑은 물과 공기, 그리고 무엇보다 산을 뒤덮은 온갖 나무들의 교향악이 심신의 피로를 풀어준다.

지금은 일본 땅이지만 항상 그랬던 것은 아니다. 250만 개의 빨간 벽돌로 지어진 삿포로 구 북해도 청사에 가보면 홋카이도의 자연과 역사에 관한 전시실이 있다. 1868년 메이지 유신 이후 일본인들이 이곳을 어떻게 '개척' 했는지가 자세히 소개돼 있다.

그러나 '개척' 당시 홋카이도는 빈 땅이 아니었다. 이곳 원주민인 아이누족들이 선사시대부터 터를 잡고 살던 곳이었다. 일본 정부는 먼저 이들과 무역을 하자면서 계약을 맺은 후 이를 일방적으로 파기했다. 아이누족들의 항의를 무력으로 짓밟고 땅을 빼앗은 후 일본인들을 대거 이주시켰다. 아이누족의 언어와 문화는 말살되고 강제 혼혈정책을 써 현재는 순수한 아이누 혈통이 사실상 사라졌다. 아이누가 독립된 민족으로 사라진 1997년 뒤늦게 일본 의회는 '아이누 보호법'을 만들었지만 보호 대상이 사라진 상태여서 유명무실한 법이나 마찬가지이다.

구 북해도 청사의 전시실에는 이런 피눈물 나는 아이누의 역사는 한 줄도 언급돼 있지 않다. 어떻게 일본인들이 악조건을 극복하고 오늘의 홋카이도를 건설했는가 하는 얘기뿐이다. 일본의 한국 역사 왜곡은 아이누 역사 왜곡에 비하면 진실 그 자체라고 할 정도이다. 일본이 한반도를 100년 넘게 통치했더라면 어떤 결과가 벌어졌을지 생각만 해도 끔찍하다.

원주민을 학살한 후 땅을 **빼앗고** 주인 행세를 하고 있는 나라는 일본만이 아니다. 우리가 살고 있는 아메리카 대륙에서는 똑같은 일이 100배 규모로 벌어졌다. 단지 다른 점이 있다면 미국인들은 자신들의 조상이 과거에 저지른 일을 반성하고 이를 기록으로 남기고 있다는 점이다.

미국인들의 인디언 학살사건은 수없이 많지만 그 중 유명한 것은 '운디드 니 학살사건(Wounded Knee Massacre)'이다. 1890년 12월 29일 수(Sioux) 부족을 네브래스카로 옮기라는 명령을 받은 제7기병대 소속 500명의 병사들은 운디드 니에서 수족 남녀노소를 가리지 않고 무차별 발포하여 300명을 살해했다. 남은 150명은 도주했지만 대부분 추위와 굶주림으로 사망했다.

1890년 2월 연방정부는 수족과 맺은 조약을 깨고 땅을 **빼앗았다.** 절반 크기 땅으로 강제 이주된 이들은 전통적인 생활방식인 수렵을 버리고 농업을 할 것을 강요받았다. 그러나 이들이 이주한 땅은 농업이 불가능한 곳이었다. 설상가상으로 연방정부가 식량 배급을 절반으로 줄인 데다 백인 이주자들이 몰려들자 인디언들의 불만은 극에 달했다. 연방정부는 이들을 내모는 것 이 외에는 해결책이 없다고 판단해 강제 이주시키려다 이런 참극이 발생한 것 이다.

이 사건의 전모를 그린 『내 심장을 운디드 니에 묻어라(Bury My Heart at Wounded Knee)』는 인디언 역사를 다룬 고전이다. 1970년 디 브라운이 쓴 이 책은 서부 개척시대의 진정한 영웅이 누구고 악당이 누구인가를 미국인들로 하여금 다시 생각하게 하는 계기가 됐다. 지난달 말에는 HBO가 이를 역사극 으로 만들기도 했다.

역사적 과오를 바로잡는 데는 오랜 시간이 걸린다. 교황이 갈릴레오 탄압 을 사과하는 데 400년, 클린턴이 노예무역을 사죄하는 데 역시 400년 가까이 걸렸다. 그러나 아직도 인디언에 대한 범죄에 대해 미국 정부가 사과했다는 이야기는 듣지 못했다.

미국은 인디언 땅 말고도 1848년 멕시코와 불법적인 전쟁을 일으켜 현 미 국 영토의 1/3에 달하는 땅을 차지한 나라다. 그런 나라가 불법체류자를 단속 하겠다고 열을 올리는 것은 보기가 좀 민망하다.

이제 와서 지나간 역사를 모두 원상 회복시킬 수는 없다. 그러나 인간답게 살아보겠다고 미국 땅을 찾는 이들에게 문을 넓게 여는 것이 과거의 잘못을 조금이라도 씻는 길이다. 미국인의 조상들도 한때는 밀입국자였으며 불법체 류자였음을 기억했으면 한다.

2007. 06. 05

인생을 바로 사는 법

베토벤의 〈9번 교향곡〉은 인류가 낳은 최고의 창작품으로 꼽힌다. 유럽 연합(EU)은 수많은 다른 작곡가의 작품을 제쳐두고 이것을 공식 국가로 선정했다. 이 노래가 전세계 인류의 사랑을 받는 이유는 극적인 멜로디와 웅장한 화음 등 음악적 요소는 물론이고 4악장 〈합창〉의 내용이 인간에 대한 사랑과 인생을 어떻게 살아야 하는가에 대한 강렬한 메시지를 담고 있기 때문이다.

〈합창〉은 프리드리히 실러의 〈기쁨 찬가〉를 베토벤이 다소 수정한 것이다. 이 긴 시의 주요 부분을 소개한다.

기쁨, 아름다운 신성의 불꽃이여, 낙원의 딸이여,

우리는 불에 취해 천국 같은 너의 영역을 거닌다.

너의 마법은 세상이 갈라놓은 것을 한데 묶고

너의 부드러운 날개짓 아래 모든 인간은 형제가 된다.

진정한 친구가 있는 사람, 사랑하는 아내가 있는 사람,

단 하나의 영혼을 자기 것이라 부를 수 있는 사람은

함께 찬사의 노래를 부르자.

그러나 그렇지 못한 사람은 울며 떠나야 한다……

새들이 천국의 영광스런 계획에 따라 즐겁게 날 듯

영웅이 즐겁게 승리를 향해 가듯

친구여, 너의 길을 달려라.

인간을 사랑하며 기쁘게 살라는 어찌 보면 단순한 메시지는 사실은 인생에 관한 가장 깊은 진리이기도 하다. 연방 상원의원들의 성경 공부 그룹을 지도해 온 나오미 로젠블랏이 쓴 『천사와의 싸움(Wrestling with Angels)』은 창세기에 관한 통찰로 가득 찬 책이다.

창세기가 주는 메시지는 많지만 로젠블랏에 따르면 야훼가 아브라함에게 한두 가지 명령 "가라"와 "두려워 말라"가 가장 중요한 열쇠다. 어려운 인생길이지만 야훼가 만들고 "보기 좋았다"고 평한 세상이니 만큼 하나님을 믿고 담대하게 살라는 것이다.

즐겁고 담대하게 최선을 다해 살다간 한 교수의 동영상이 화제다. 카네기 멜론 대에서 컴퓨터를 가르치던 랜디 포시는 작년 췌장암 판정을 받았다. 매년 미국에서 3만 7,000명이 걸리는 이 암은 치사율이 90%가 넘는다. 사실상 사형선고인 이 소식을 듣고 포시는 대학에서 '마지막 강의'를 했으며 그 동영상이 유튜브에 올려졌는데 지금까지 1,000만 명이 이를 다운로드 한 것으로 알려졌다.

그는 이 강의에서 죽음을 수개월 앞둔 사람 같지 않게 활기찬 모습으로 장애물에 기죽지 말고 살 것을 촉구했다. 그는 여섯 살에서 한 살 난 세 자녀를 남겨두고 떠나야 하는 것을 무엇보다 아쉬워했다. 이번 동영상도 훗날 자녀들에게 아버지로서 메시지를 전달하기 위해 만든 것이다. 그러면서도 그들이 어떤 일에건 정열을 갖게 되기를 원했고 그것으로 충분하다고 말했다. 가상현실(VR) 부분에서 권위자로 이름을 날린 그는 가장 인기 있는 무료 컴퓨터 애니메이션 프로그램인 '앨리스'를 개발하기도 했다.

포시 교수는 지난 주말 결국 47세라는 아까운 나이에 숨을 거뒀다. 그는 갔지만 "벽이 존재하는 것은 우리 길을 막자는 것이 아니라 우리의 의지를 시험하기 위한 것이다" "적당히 통과하려 하지 말고 차라리 엄청난 실패를 하라"는 그의 메시지는 이미 수많은 사람들의 삶을 변화시켰다. 끝까지 의연한 모습을 잃지 않고 좋아하는 일을 하다 간 그는 어떻게 살아야 할까를 놓고 방황하는 사람들의 귀감이다. 그의 명복을 빈다.

2008. 07. 29

아슬아슬한 인간의 삶

봄날의 숲속은 지극히 평화로워 보인다. 새는 지저귀고 햇볕은 따스하며 산들바람은 이마에 난 땀방울을 식혀준다. 그러나 조금 자세히 보면 그렇게 한가하지만은 않음을 곧 알게 된다. 나뭇잎들은 한줌이라도 햇볕을 더 받기 위해 소리 없는 경쟁을 벌이고 그 잎을 애벌레가 갉아먹고 있다. 참새는 나뭇가지에 앉아 벌레를 노리고 매는 공중에서 참새를 향해 돌진하고 있다. 먹고 먹히는 이런 생물들의 치열한 투쟁이 석가모니로 하여금 왕위를 버리고 붉은 먼지 사이를 헤매게 했다.

생명을 위협하는 것은 다른 생명체만이 아니다. 애리조나의 분화구가 보여주듯 46억년 전 지구가 탄생한 이래 생명체는 주기적으로 집중적인 운석 세례를 받아왔다. 2억 3,000만여 년 전부터 1억년이 넘게 지구를 호령하던 공룡들이 6,500만년 전 어느 날 갑자기 유카탄 앞 바다에 떨어진 운석 때문에 멸종했다는 것은 이제 기정사실로 받아들여지고 있다.

생명체가 집단으로 사망한 것도 그때가 처음은 아니다. 공룡 출현 직전인 '펌 기(Permian Extinction)'에는 지구 생명체의 96%가 멸종했다. 이때는 화산 대폭발이 그 주원인이었다는 학설이 유력하다.

겉보기에 평화로운 지구 표면 밑바닥은 용암으로 들끓고 있다. 이것이 지표 밖으로 터져나오는 것이 화산 폭발이다. 물이 끓어오를 때 표면에 이르면 양쪽으로 퍼지듯이 마그마가 지구 밑바닥에서 끓어올라 지표에 닿으면 양쪽으로 퍼져나가며 이와 함께 지각도 움직인다. 이때 지구 표면을 덮고 있는 조각판들이 서로 부딪치며 일어나는 것이 지진이다.

2억 5,000만 년 전 한데 붙어 있는 거대한 대륙이 지금처럼 조각조각 난 것도 이 때문이다. 지금도 아메리카와 유럽–아프리카의 거리는 매년 빠를 때는 머리카락 자라는 속도(160mm), 느릴 때는 손톱 자라는 속도(40mm)로 멀어지고 있다. 이를 처음 밝혀낸 독일의 기상학자 알프레드 베게너는 두 대륙 해안가 화석이 같고 해안선이 기가 막히게 들어맞는 데 착안, '대륙이동설'을 주장했다 동료들의 비웃음만 샀다. 허탈한 심정으로 그린란드로 탐험에 나선 그는 50세를 일기로 동사하고 만다.

지구 내부 마그마가 끓기를 중단하지 않는 한 지진은 중단되지 않는다. 지금도 매년 리히터 진도 8도 이상의 초강진이 1번, 7~7.9의 강진이 18번 일어난다. 이 수치는 지난 100년간 거의 변함이 없다.

지진을 생각하면 마그마가 식는 것이 좋을 것 같지만 그러면 더 큰일이 난다. 남극과 북극을 잇는 지구의 자장은 이 마그마의 운동 결과 생겨난 것이다. 이 자장은 지구의 생명체를 태양에서 쏟아져나오는 소립자인 태양풍의 공격으로부터 지켜주는 역할을 한다. 마그마가 멈추고 자장이 없어지면 대기는 태양풍에 쓸려 사라지며 생명체도 존재할 수 없게 된다. 화성에 대기가 사라진 것도 바로 그 때문인 것으로 분석되고 있다.

17일 저녁 진도 4.7의 지진이 캘리포니아를 찾아왔다. 이번 지진은 1920년 캘리포니아를 강타한 뉴포트 잉글웃 지진대에서 발생했다고 한다. 1933년 역시 이곳에서 발생한 지진으로 캘리포니아 사상 두 번째로 많은 115명이 사망했다. 지진 대비 캘리포니아 건축법이 강화된 것은 이때부터다. 지구상에 발생하는 지진의 90%가 태평양 연안에서 일어난다. 캘리포니아에서 대지진이 발생하는 것은 내일이냐 100년 후냐만 모르지 거의 확실하다.

석가모니는 인생을 들판에 나갔다 미친 코끼리를 만난 사람에 비유했다. 그는 도망쳐 가다 우물로 뻗어 내려간 등나무 넝쿨을 잡고 들어가 간신히 몸을 피했다. 그런데 그 속에는 네 마리의 독사가 혀를 널름거리고 용 한 마리가 독기를 내뿜고 있었다. 거기다 잡고 있는 등나무 넝쿨을 흰쥐와 검정쥐가 번갈아가며 쏘는 것이 아닌가. 그때 우물가에서 몇 마리 꿀벌들이 집을 짓느라 날며 꿀 방울 몇 개를 떨어뜨렸다. 그 상황에서 그는 그 단맛에 도취돼 모든 것을 잊고 순간 순간을 사는 것이었다.

몇십억 년이 지나면 태양은 차디차게 식고 지구 위 모든 생명체도 사라진다. 지금까지 지구에 닥친 재난이나 앞으로 닥칠 재난에 비하면 작은 지진이나 지금의 불경기는 걱정거리에 속하지도 않는다. 사방을 둘러봐도 위험뿐인 세상에서 하루하루의 기쁨에 만족하며 사는 존재, 그것이 인간인가 보다.

2009. 05. 19

5

코리아타운 이야기

한인을 비롯한 많은 아시안 학부모들은 자녀를
명문대에 보내기 위해 산다고 할 정도로 자녀
교육에 열심이다. 자녀가 실력이 모자라 못 들
어가는 것이야 어쩔 수 없다지만 공부를 잘 하
는데도 과거 백인들이 흑인과 히스패닉에 저지
른 잘못을 배상하기 위해 자신의 자녀들이 희생
양이 되고 있다는 사실을 안다면 슬픔과 분노를
느끼지 않겠는가. 역사적으로 따져보면 중국계
는 '중국인 배척법' 등으로 흑인 못지 않게 차별
당했고 일본계는 2차 대전 중 여러 인종 중 거
의 유일하게 사실상 재산을 몰수당하고 강제수
용소 생활을 한 경험이 있다. 이들에게 우대는
하지 못할 망정 역차별을 한다는 것은 말이 안
된다. 대학 입학 시 아시안에 대한 역차별은 하
루 속히 미국 땅에서 사라져야 한다.

월남국수와 성공 비결

월남국수의 특징은 향내음에 있다. 약초로도 쓰이는 고수 이파리인 실란트로와 월남산 민트, 바질 등의 향기가 진한 고깃국물 맛과 어울려 독특한 향취를 풍겨준다. 이 냄새를 싫어하는 사람은 월남국수 근처에도 가지 않지만 한번 빠져든 사람은 정기적으로 먹지 않으면 못 견딜 정도로 중독성이 있다.

최근 LA 식당업계에서 눈에 띄는 현상 중 하나는 월남국숫집의 범람이다. 불과 3년 전까지 한인타운에서는 찾아보기 힘들던 월남국숫집이 이제는 우후죽순처럼 생겨나 10여 군데에 이르고 있다. 이처럼 월남국숫집이 급증하고 있는 것은 물론 월남국숫집을 차리면 돈을 번다는 소문이 퍼졌기 때문이다.

실제로 LA 한인타운에서 제일 먼저 국숫집을 차린 존 조(55)씨는 상당한 돈을 벌었다. 가게 문을 연 지 3년이 넘었지만 지금도 점심 때면 사람들이 줄을 선다. 조씨는 이미 LA 다운타운과 밸리에 각각 하나, 시카고에 둘 프랜차이즈를 냈으며 내년 초 서울 압구정동 등 네 곳에 직영 프랜차이즈 네 군데를

내기로 했다. 서울 지점이 자리가 잡히면 부산과 광주, 대전에도 점포를 늘릴
계획이다.

조씨를 보는 타운 식당업계의 반응은 두 가지다. 하나는 한인이 월남국숫
집을 차려 돈을 번 데 대한 부러움이고 또 하나는 어쩌다 운이 좋아 차린 게
그렇게 된 거지 하는 질시 어린 시선이다.

조씨가 월남국수와 인연을 맺은 것은 30년 전 미 공수여단으로 월남전에
참전하면서부터다. 월남 전국을 돌아다니며 각 지역 특유의 월남국수를 모두
먹어 본 조씨는 미국에 와서도 월남국수의 맛을 잊지 못했다. 1979년 월남국
수 가게를 찾아 웨스트민스터 일대를 배회하다 우연히 보트피플로 미국에 온
월남 민병대 소속 친구 세 명을 만났다. 이들이 직업이 없어 빈둥거리고 있는
것을 보고 당시 LA 다운타운에서 무역업을 하던 조씨는 1만 5,000달러를 투
자, 공동으로 의자 6개 짜리 월남국숫집을 냈다.

사업이 날로 번창, 이들이 모두 분가해 나가자 조씨는 1987년 그 동안 번
돈을 투자해 서울에 월남국숫집을 크게 차렸으나 당시만 해도 이에 대한 인
식이 없어 실패하고 만다. 그후 1990년 다이아몬드 바에 중국인 등을 상대로
해 가게를 냈다 문을 닫았고 1991년에는 롤랜 하이츠에 30만 달러 규모의 식
당을 차렸으나 또 실패했으며 1995년에는 다시 서울에 도전했으나 끝내 가
게를 닫아야 했다.

여러 번의 실패로 벌어둔 돈을 거의 날린 상태에서 조씨가 한인타운에 월
남국숫집을 낸 것이 1996년 1월. 뜻밖에도 열자마자 문전성시를 이뤄 재기의
발판을 만들어줬다. 그 동안 거듭된 실패를 통해 조씨가 분명히 깨달은 것은
비즈니스가 성공하려면 우선 고객이 무엇을 원하는가를 알아야 한다는 것.

월남인들은 닭고기와 돼지고기를 주로 먹지만 한인들은 쇠고기를 좋아한다. 또 한인을 상대로 한 월남국수는 월남인을 상대로 한 것과는 국물 맛이 달라야 한다. 이같은 원칙에 따라 미국 각지와 한국으로 운송되는 국물 맛은 지금도 조씨가 직접 조리한다. 월남국수를 먹으러 오는 사람은 바쁜 사람들인 만큼 주문한 지 1분 내 음식이 나와야 한다는 것도 조씨의 생각이다. 조씨의 가게에는 지금 UCLA와 UC어바인을 나온 조씨의 두 아들이 웨이터 겸 매니저로 일하고 있다.

월남국숫집의 번창이 한인 업주들에게 주는 교훈은 세 가지다. 첫째, 화려한 성공의 이면에는 숱한 좌절과 극복이 있다는 것. 남 보기에는 쉽게 돈을 번 것 같지만 그 내막을 살펴보면 본인만이 아는 고통이 숨겨져 있는 경우가 대부분이다. 둘째는 어떤 분야든 성공하려면 그 분야의 전문가가 돼야 한다는 것. 우습게 보이는 월남국수도 제대로 맛을 내기 위해서는 수십 년의 준비작업이 필요했다. 셋째는 남보다 그 분야에 먼저 뛰어들라는 것. 좁은 한인타운은 말할 것도 없고 미 주류사회에서도 대부분 그 분야에 가장 일찍 진출한 업체가 가장 높은 시장점유율을 차지하고 있다.

많은 한인들이 무슨 사업을 해야 돈을 많이 벌 수 있는지로 고민한다. 그러나 비즈니스의 성공비결은 간단하다. 남이 하지 않는 분야에 먼저 뛰어들어 남보다 나은 노하우를 익히고 실패에 좌절하지 않는 것이다. 행운의 여신은 제 발로 걸어 들어오지도 않지만 끈기 있게 노력하는 자를 끝내 외면하지도 않음을 월남국수 성공담은 새삼 일깨워준다.

1999. 11. 08

BOA와 한인 경제

샌프란시스코 대지진은 지금까지 미국 대도시에서 발생한 최악의 자연재해로 꼽힌다. 1906년 4월 18일 새벽 도심을 강타한 리히터 8.3의 지진으로 가장 큰 피해를 입은 지역은 무허가 판잣집과 싸구려 술집 등이 몰려 있던 노스비치였다.

한때 미국 최대(지금은 두 번째) 은행이던 뱅크 오브 아메리카(BOA)가 태어난 곳도 여기다. 지진 발생 2년 전 이탈리아계 이민자를 상대로 은행을 세운 아마데오 지아니니는 지진으로 새벽잠에서 깨어나자마자 은행으로 달려갔다. 폐허를 뒤져 은행금고에서 금화 등을 챙긴 그는 이를 야채 행상꾼 마차에 싣고 야채로 덮어 위장한 후 집으로 가져왔다. 그후 다른 은행가들이 사태의 추이를 관망하는 사이 그는 부두로 나가 널빤지 위에 장부를 펴놓고 당장 끼니를 위해 돈을 필요로 하는 시민과 비즈니스를 재건하려는 업주들에게 '얼굴과 사인 하나로' 돈을 빌려줬다. 가장 아쉬울 때 지아니니의 덕을 본 이들은 평생 그의 고객이 됐다.

1870년 새너제이에서 가난한 이탈리아 이민자의 아들로 태어난 그는 아메리칸 드림을 이룬 입지전적 인물이다. 7세에 아버지를 잃고 14세 때 청과업에 뛰어든 그는 19세에 비즈니스 파트너가 되며 31세에 자기 지분을 팔고 은퇴한다. 다음해 술집을 개조, 이탈리아 은행을 차리는 것으로 금융업과 인연을 맺은 지아니니는 1928년 뉴욕의 뱅크 오브 아메리카를 인수하여 1945년 미 최대은행으로 키운다. 그는 평생을 돈을 만지며 살았음에도 돈에 별 욕심이 없었던 것으로도 유명하다. 수년 동안 무보수로 일한 그에게 150만 달러의 보너스를 주자 그는 전액을 UC계열에 희사했다. 79세로 사망한 그의 전재산은 50만 달러에 불과했다.

지난 10여 년간 LA의 한인 은행은 한인 커뮤니티와 함께 비약적인 성장을 거듭했다. 1980년대 초까지 한국 외환은행의 현지법인인 캘리포니아 외환은행 하나뿐이던 한인 은행업계는 이제 은행수 7개로 늘어났으며 총자산도 2억 달러에서 25억 달러로 12배 이상 커졌다.

그러나 한인 은행 자산 전부를 다 합쳐도 미 주류 은행은 말할 것 없고 같은 동양계인 중국 커뮤니티의 동서은행 하나에도 못 미친다. LA 다운타운의 대형 의류업체와 하이테크 업체 가운데는 한인 은행을 이용하고 싶어도 대출 규모가 너무 적어 미국 은행을 택할 수밖에 없다는 사람이 적지 않다. 한인 비즈니스가 한 단계 도약하기 위해서는 한인 은행들의 몸집 불리기가 필수라는 인식이 확산되고 있다. 작년 한미은행이 글로벌을 인수한 데 이어 나라은행이 뉴욕의 한국계 현지법인인 제일은행을 인수한 것도 같은 맥락이다.

최근 연방의회가 은행과 보험, 증권업의 겸업을 금지한 글래스-스티걸법을 폐지함에 따라 지금 미 금융계에는 60년래 최대의 변화가 예상된다. 이제는 은행이 보험을 팔고 증권회사가 예금을 받을 수 있는 시대가 온 것이다. 이렇게 되면 은행 간은 물론이고 지금까지 타 업종에 속해 있던 회사 끼리의 경쟁도 더 치열해질 수밖에 없다. 미 금융계의 변화는 현명히 대처하는 은행에게는 제2의 뱅크 오브 아메리카로 도약하는 계기를, 그렇지 못한 은행에게는 흡수 합병돼 사라지는 비운을 가져다줄 것이다.

이 점에서 지아니니 성공담은 한인 은행계에 시사하는바 크다. 지아니니가 40년 만에 구멍가게를 미 최대 은행으로 키운 비결은 세 가지다.

첫째, 다른 은행가들이 팔짱을 끼고 앉아 있는 동안 길거리에서도 행인을 붙잡고 은행을 선전하는 등 발로 뛰며 고객을 찾았다. 주택융자와 자동차융자, 가전제품의 신용 구매 등 서민이 원하는 서비스를 먼저 제공한 것도 그다.

둘째, 고객이 있는 곳이면 어디에나 점포를 늘려 고객의 편의를 도왔다. 위험 부담을 낮추기 위해서라도 특정 지역을 벗어나 전국적인 규모의 점포를 가져야 한다는 것이 그의 생각이었다. 뱅크 오브 아메리카가 전국에 지점을 둔 첫 은행이 된 것은 우연이 아니다.

셋째, 유망하다고 판단되면 새 비즈니스라도 과감히 밀었다. 캘리포니아 포도주 산업이 프랑스와 어깨를 견줄 만큼 큰 것이나 할리웃이 세계 연예산업의 중심지가 된 데도 그는 기여했다.

은행이 어떤 서비스를 제공하는가는 비즈니스 성장에 큰 영향을 미친다. 뉴욕은 LA에 이어 미국 제2의 한인 밀집 지역이지만 그곳 비즈니스 규모는 LA보다 훨씬 작다. 거기서는 비즈니스 론이 제대로 이뤄지지 않아 사업체를 팔고 살 때 대부분을 현찰을 내야 한다. 그러다 보니 액수가 큰 사업체는 잘

모래 속의 타조

팔리지도 않고 론을 얻어 사업규모를 늘리는 것도 쉽지 않다. LA 한인 비즈니스 규모가 커진 데는 한인사회의 특수성을 감안, 미 주류은행들이 꺼리는 비즈니스 론을 과감히 해준 한인 은행의 공을 무시할 수 없다. 한인 은행이 다가올 격랑을 어떻게 헤쳐나가느냐는 은행 자신은 물론 한인 비즈니스의 성패를 좌우할 것이다.

1999. 11. 22

호경기와 이창호의 마음

월간 「바둑」지는 최근 호에서 지난 100년간 바둑계를 빛낸 인물 10명을 선정했다. 이중에는 조남철, 조치훈, 조훈현, 이창호 등 한국인도 4명이 포함돼 있다. 그러나 이중 현 세계 최고수는 이창호이다. 최연소이면서도 보유 타이틀 수나 승률, 상금 등 모든 면에서 타의 추종을 불허하고 있다.

이창호 바둑은 끝내기가 강하다. 중반까지 잘 끌고 와서도 골프의 퍼팅에 해당하는 끝내기에 오면 아무도 이창호를 당해내지 못한다. 이창호 바둑 중 유난히 반집승이 많은 것도 이 때문이다. 끝내기에 접어들어 서너 집쯤 이겨 있더라도 여기서 한 집 저기서 한 집 당하다보면 나중에는 어느 틈에 역전돼 있다. 중반에 여유 있게 리드하지 않으면 이길 수 없다는 강박관념 때문에 상대방은 무리를 하게 되고 이창호는 그 허를 찔러 간단히 이긴다.

그러나 이보다 더 큰 이창호의 강점은 부동심이다. 그는 바둑이 자기에게 유리하거나 불리하거나 착점에 변화가 없다. 분명히 내가 유리한 바둑인데 상대방이 너무 태연하면 내가 뭔가 계산을 잘못하지 않았나 초조해지고 덤벙대다 스스로 무너져버리고 만다. 기상천외한 묘수로 상대방을 누르기보다는 지긋한 기다림으로 상대가 지쳐 자폭하게 만드는 것이 특징이다. 20대 중반에 접어든 지금은 말할 것도 없고 10년 전에도 10대라고는 믿을 수 없는 달관의 무표정으로 '평생 바둑에 미쳐 늙어 죽은 고수의 환생'이란 별명을 얻기도 했다.

한 판의 바둑도 인생처럼 순탄하지만은 않다. 처음부터 잘 풀려 계속 우세를 유지하다가 승리를 거머쥐는 일은 드물고 한동안 엎치락뒤치락하다 끝에 가서 승부가 결정되는 경우가 더 많다. 처음에 우세했다가도 상대방의 맹추격을 받고 나중에 전세가 뒤집히는 수가 한두 번이 아니다. 초반에 유리했던 사람이 종반에 역전패를 당하는 이유는 지나친 방심과 소심이다. 이 정도 벌어놓았으니 안심해도 되겠지 하고 여기저기서 양보하다보면 어느새 승부는 뒤집혀 있다. 불리한 쪽은 수가 되든 안 되든 온갖 공세를 취해오는데 유리한 쪽은 '부자 몸조심'이란 말처럼 가진 것을 지키기에 급급해 과감한 수를 둬보지 못한 채 밀리고 만다. 어느 쪽이든 부동심을 잃은 결과다.

기업도 마찬가지다. 호경기를 만나 장사가 잘 되면 자만에 빠져 빚을 얻어서라도 마구 사업을 늘리기 쉽다. 또 효율적인 경영이나 기술혁신에도 게을러진다. 가만 있어도 돈이 굴러 들어오는데 구태여 새 아이디어를 짜내느라 고민할 이유가 없기 때문이다. 이렇게 흥청망청 지내다 경기가 나빠지면 이자 부담과 배고픈 후발주자와의 경쟁을 감당하기 힘들게 된다.

지금 미국은 9년째 계속되는 호경기로 흥청대고 있다. 올 연말 쇼핑 총액은 사상 최고를 기록할 전망이며 하이테크를 중심으로 한 주가는 천정 부지로 치솟고 있다. 캘리포니아 부동산 또한 모처럼 만의 상승세를 타고 있으며 LA 한인타운도 호텔 식당이 꽉꽉 차고 상점 주인들은 넘치는 손님들로 즐거운 비명을 지르고 있다.

그러나 호경기가 언제까지나 계속되지는 않는다. 지금 캘리포니아의 상황은 1989년과 여러모로 닮아 있다. 그때도 미국 전역이 8년째 계속되는 호황과 치솟는 주가, 부동산 시장의 열기 등으로 후끈 달아 있었다. 그때도 전문가들은 이런 저런 이유를 들면서 미국의 호황은 계속될 것으로 내다봤었다. 그러나 불과 1년 후 걸프전과 함께 미국은 불경기의 늪으로 빠져들었으며 1992년에는 폭동, 1994년에는 노스리지 지진까지 겹치면서 캘리포니아는 최악의 불황을 경험했다.

부채는 호경기 때는 사업규모 확장을 통해 이익을 늘리는 지렛대가 되지만 경기가 나빠지면 기업의 목을 죄는 올가미로 돌변한다. 한국이나 미국이나 생명이 긴 기업은 호경기 때 번창하는 회사가 아니라 불경기 때 망하지 않고 버틴 회사다. 돈 벌 기회는 반드시 돌아온다. 그러나 그 기회를 잡으려면 우선 살아남아야 한다.

IMF 이후 지난 2년간 한국에서는 30대 재벌 중 절반이 사실상 사라졌다. LA 한인타운도 비슷하다. 지난번 불경기로 이민 초창기 때부터 한인타운 유지로 행사하던 사람 얼굴이 대부분 바뀌었다. 사라진 재벌과 타운유지들의 공통점은, 지나치게 많은 부채를 끌어 무리한 사업 확장과 부동산 투자를 하다 넘어갔다는 점이다.

사람들은 너무 쉽게 과거를 잊는 경향이 있다. 조금 경기가 좋다고 무리하게 빚을 얻어 흥청대거나 경기가 나쁘다고 좌절하지 않는 것이야말로 기업

장수의 비결이다. 2000년대를 맞는 한인 업주들은 판이 좋거나 나쁘거나 흔들리지 않는 이창호의 마음을 배울 필요가 있다.

1999. 12. 20

중간상인의 설움

미국에서 가장 성공한 마이너리티를 들라면 유태인이 첫 손가락으로 꼽힌
다. 유태인의 평균 소득은 미국인들보다 80%가 높다. 백인 성인 중 대학 졸
업자는 12%에 불과하지만 유태인은 거의 대부분 대학을 나왔다. 유태인의
40%가 의사, 변호사, 교수 등 전문직에 종사하며 그밖에 17%가 관리직이다.
미국에서 유태인이 가장 많이 몰려 있는 뉴욕은 의사의 절반, 변호사와 치과
의사의 2/3가 한때 유태인이었다.

언론재벌 조지프 퓰리처, 뉴욕타임스의 창업자인 애돌프 옥스, 20세기를
대표하는 과학자 앨버트 아인슈타인, 대중음악 작곡가의 대명사 오스카 해머
스타인이 모두 유태인이다. 증권회사 골드만삭스와 출판사 사이먼 앤드 슈스
터, 구두 체인점 플로샤임 등등이 유태인이 세운 회사며 전세계를 주름잡고
있는 할리우드의 영화산업도 유태인이 만든 것이나 다름없다. 유태인이 두각
을 나타내지 않는 분야는 없다 해도 과언이 아닐 정도로 지금 유태인은 미국

에서 600만이란 인구에 걸맞지 않게 막강한 영향력을 행사하고 있다.

처음부터 유태인들이 기를 펴고 살았던 것은 아니다. 1654년 북미주 대륙에 첫발을 디딘 이후 20세기 초까지 대서양을 건넌 유태인들은 대부분 빈털털이였다. 초기 유태인 이민자들의 주요 직종은 봉제였다. 어린아이부터 노부모까지 온 가족이 한방에 모여 살며 봉제일감을 맡아와 아침부터 밤까지 일해 돈이 모이면 봉제공장을 차렸다. 19세기 말 유태인 회사의 절반이 봉제 관련 업소였으며 뉴욕 의류 소매업의 80%, 도매업의 90%를 유태인이 장악했다.

봉제와 함께 유태인 초기 이민자들의 주직종은 행상이었다. 괴나리봇짐에 냄비나 바늘 등 가정용품을 넣고 이집 저집 돌아다니며 물건을 팔던 유태인 행상은 동네 소식을 전해주는 정보원으로도 환영받았다. 이렇게 장사를 해 돈이 조금 모이면 손수레를 사 물건을 싣고 다녔으며 거기서 좀더 발전하면 구멍가게를 내 중개상으로 키워가는 것이 비즈니스 정석이었다. 미국을 대표하는 백화점인 메이시와 블루밍데일, 색스 핍스 애비뉴와 시어스도 이렇게 세워졌다.

이들 유태인 중개상인들이 처음 가게를 차린 곳은 주로 저소득층 거주지역이었다. 이들은 생필품 등 주민들이 필요로 하는 물건과 외상으로 물건을 주고 이자를 받는 융자 서비스 등을 제공했다. 유태인들은 가난한 사람들에게 비싸게 물건을 팔고 고리대금업까지 하는 흡혈귀라는 비난이 일기 시작한 것도 이때부터다. 1965년 와츠 폭동 당시 흑인들이 유태인 가게에 불을 지르고 약탈하면서 내건 구실도 유태인들은 불친절하며 돈만 벌고 주위 환경을 해치는 수전노라는 것이었다.

사우스 센트럴의 한인 주류 전문점들이 가게마다 경호원을 세우고 영업시간을 단축할 것을 강요하는 등 까다로운 규제에 견디다 못해 잇달아 문을 닫고 있다. 캘리포니아 한미 식품상협회에 따르면 지난 2년 사이 15군데의 이 지역 한인 업소가 사라졌다. 한 달에 3,000~4,000달러를 버는 소규모 가게의 경우 이렇게 해서는 수지가 맞지 않기 때문에 폐업할 수밖에 없다는 것이다. 현행 시 조례는 주거지역에 관계없이 누구나 5명만 모여 요청하면 영업 규제에 관한 공청회를 열게 돼 있다. 한인 업소들이 문을 닫은 것도 지역주민이 아니라 주류 전문점의 존재 자체를 원치 않는 일부 단체들의 불평에 의한 것이다. 이들은 명목상으로는 범죄 퇴치를 내세우지만 주류 전문점이 범죄의 온상이 된다는 객관적인 증거는 제시하지 못하고 있다. 또 치안 확보의 책임은 업주가 아니라 당국에 있다. 이들의 한인 업소에 대한 규제 요청 뒤에는 후발주자이면서 경제적으로 앞서 가는 한인들에 대한 질시와 배타심이 스며 있다.

소수계 중간상인에 대한 박해는 어제 오늘의 일이 아니다. 한인들도 4 · 29 폭동으로 엄청난 피해를 입었지만 중세 유럽의 유태인과 동남아의 화교 등 중간상인들은 집단학살 등 이와는 비교할수 없는 박해를 받아 왔다. 중간상인에 대한 멸시는 상당 부분 상인의 역할에 대한 무지에서 기인한다. 과거에는 말할 것도 없고 아직도 많은 사람들이 같은 물건을 공장이나 도매상에서 싸게 사 고객에 이윤을 부쳐 파는 행위나 같은 돈을 빌려주고 나중에 이자를 부쳐 받는 행위를 죄악시하고 있다. 물건이 어디 있느냐에 따라, 돈이 언제 있느냐에 따라 같은 물건과 돈이라도 가치가 달라진다는 사실을 잊고 있기 때문이다.

지금 사우스 센트럴의 한인 상인들이 겪는 고통은 이미 오래 전 유태인들이 경험한 것으로 이민 1세들이 극복해야 할 시련이다. 한인도 유태인들처럼 어려움을 이겨내고 으뜸가는 소수민족으로 일어서기를 기대해본다.

2000. 01. 19

나눠 먹는 업주가 많이 먹는다

『대망』한국어판이 30년 만에 다시 나왔다. 야마오카 쇼하치가 쓴 이 책의 원 제목은 '도쿠가와 이에야스'이다. 수백 년간 전화에 시달린 일본을 통일해 260여 년간 평화를 누릴 수 있는 발판을 마련한 이에야스의 파란만장한 일대기를 그린 이 작품은 400자 원고지로 총 1만 7,482매에 달하는 방대한 분량에도 불구하고 나오자마자 1,700만 부가 팔려나가는 선풍적인 인기를 누렸다. 이렇게 긴 대하소설이 이처럼 많은 독자들의 사랑을 받는 것은 드문 일이다.

이에야스는 16세기 전국시대 일본에서 다 쓰러져가는 작은 성주의 아들로 태어났다. 태어나자마자 정략결혼을 당했던 생모는 정략이혼까지 당하고 아버지는 부하에 의해 살해당하며 자신은 적진에 두 번이나 볼모로 끌려간다. 악조건 치고도 최악이다. 그러나 이에야스는 조금씩 자신의 영지를 넓혀 결국은 온갖 제후를 물리친 후 천하를 제압하는 대업을 이룩한다.

이에야스가 이마가와 가문에 볼모로 잡혀 있던 시절 이마가와의 최고 군사 고문인 셋사이 도사는 그의 그릇을 알아보고 제자로 삼는다. 그때 셋사이가 어린 이에야스에게 논어를 가르치는 대목이 나온다. 셋사이는 국가에는 식량과 군대와 믿음이 있어야 한다면서 만약에 셋 중에 하나를 버려야 한다면 무엇을 택하겠느냐고 이에야스에게 묻는다. 이에야스는 군대를 버리겠다고 답한다. 셋사이가 그 까닭을 묻자 이에야스는 '사람은 창은 버려도 살 수 있지만 먹을 것이 없으면 살 수 없다' 라고 답한다. 다음에는 무엇을 버리겠느냐고 묻자 믿음을 버리겠다고 말한다. 역시 사람은 먹을 것이 없으면 살 수 없기 때문이라는 것이다. 셋사이가 '볼모로 있으면서 배고팠던 것이 사무쳤느냐'고 묻자 이에야스는 가신들과 없는 밥을 나눠 먹느라 고생했던 이야기를 들려준다. 자신이 먹지 않으면 부하들도 먹지 않기 때문에 먹을 것이 생기면 항상 사람 수대로 나눠 함께 먹었다는 것이다. 그러자 셋사이는 적은 음식으로 목숨을 부지할 수 있었던 것은 서로에게 상대방이 혼자 먹을 사람이 아니라는 믿음이 있었기 때문이라면서 이것이 없었다면 서로 싸우다가 모두 자멸하고 말았을 것이라고 믿음의 중요성을 일깨워준다.

처음에는 보잘 것 없던 이에야스를 군웅이 할거하는 난세에서 지켜주고 그를 일본 최강자로 만들어 준 것 역시 그가 속한 마쓰다이라당 가신들의 변함없는 충성심이었다. 그러나 가신의 충성심이 거저 주어진 것은 아니다. 빈한했던 시절이나 세력을 키워 일본 전국을 주무르는 강자가 된 후에나, 이에야스의 제일 관심사는 '어떻게 하면 부하들의 마음을 사로잡을까' 하는 것이었다. 어찌 보면 『대망』의 전편이 이처럼 상대방의 마음을 읽는 연습이라 해도 과언이 아니다. 이것이 이 작품이 단순한 역사소설이 아니라 경영자의 교훈서 역할을 하는 이유이다. 일본 대기업은 간부들에게 이 책을 의무적으로 읽게 했다고 한다.

부하 직원들이 최선을 다해 일하는 사업은 번창하고 빈둥거리며 하는 척 하는 사업은 쇠망한다는 것은 16세기 일본이나 21세기 미국이나 공통되는 진리다. 그리고 직원들이 열심히 일하게 하는 가장 좋은 방법은 주인과 일체감을 갖게 하는 것이다. 주인과 직원이 함께 배고프고 함께 배부르면 불평이 생기지 않는다. 자신들에게는 고생만 시키고 좋은 것은 자기가 차지하는 주인을 위해 헌신하는 직원은 없다.

최근 들어 LA 의류업계와 무역업계를 중심으로 회사의 수익을 직원들에게 돌려주는 업소가 늘고 있다. 연말결산을 한 후 남은 이익의 몇 %를 직원들에게 나눠주는 것이다. 아직도 전체 업소의 10%에도 못 미치는 수치지만 불과 수년 전 거의 전무했던 것에 비하면 새로운 현상이다. 수익을 환원하는 업소와 하지 않는 업소를 비교해보면 예외 없이 환원하는 업소의 성장이 빠르다.

미국에서는 요즘 붐이 일고 있는 벤처기업은 말할 것도 없고 일반 대기업도 스톡옵션 등을 통해 회사 성장의 열매를 직원들과 나누는 것이 보편화돼 있다. 미국인들이 인심이 좋아 이같은 제도를 마련한 것은 아니다. 열심히 일할 수 있는 인센티브를 주는 기업은 번창하고 그렇지 못한 기업은 도태된다는 것을 미국 기업 역사가 너무나 분명히 보여주고 있기 때문이다.

한인업주들은 업소의 이익을 함께 일한 직원들에게 돌려주는 데 아직 인색하다. 당장 나가는 현찰은 눈에 보이는데 앞으로 늘어날 수입은 실감이 나지 않기 때문이다. 이익 공유제를 남보다 먼저 시작한 한 업계 관계자는 "비즈니스를 키우겠다면서 이익을 직원들과 나누지 않으려는 업주만큼 어리석은 사

람은 없다"며 "21세기에는 이익을 공유하지 않는 기업은 살아남지 못할 것"이
라고 말했다.

2000. 03. 13

고개 드는 노사 분규

LA는 미국에서 가장 노조가 약한 도시의 하나다. 그러나 항상 그랬던 것은 아니다. 19세기 말에서 20세기 초까지만 해도 어느 곳보다 노동운동이 거세게 일었었다.

이같은 분위기를 하루아침에 바꿔 놓은 것이 맥나마라 재판이다. 1890년 LA타임스를 비롯한 LA 지역 주요 신문 식자공들은 파업을 감행했다. 다른 신문들은 적당한 선에서 타협한 후 파업 식자공들을 다시 받아줬지만 타임스 발행인이던 오티스만은 대체 노동자를 고용해 신문을 만들고 파업에 가담했던 노동자들을 채용하지 않았다. 그후 20년간 회사 측과 노동자들 간의 갈등은 점점 뜨거워져만 갔다. 고용주는 고용주들대로 노조에 가입한 직원들은 쓰지 않기로 결의하고 노조는 노조대로 타 지역에서까지 지원부대를 끌어와 LA는 고용주와 노조와의 대결장으로 변해갔다.

양측의 대립이 극에 달해 있던 1910년 10월 1일 타임스 공장에서 무엇인가 폭발하여 20명의 직원이 죽는 사고가 발생했다. 회사 측은 틀림없이 쫓겨난 노동자들의 소행이라고 주장하고 노조 측에서는 회사 측이 안전관리를 소홀히 해 생긴 사고거나 아니면 노조 측에 혐의를 뒤집어씌우기 위해 일부러 폭탄을 터뜨렸다고 맞섰다. 회사 측은 사립탐정을 고용해 디트로이트로 도망간 용의자 맥나마라와 맥마니걸을 붙잡아왔다.

노동운동의 불길이 일기 시작하던 시점에 벌어진 이들 재판은 전국적인 관심의 초점이 됐다. 당시 약자 편에 서 최고의 명성을 날리던 클레런스 대로우와 사회주의자로 LA시장 당선이 확실시되던 잡 해리먼 후보가 이들의 변호를 맡았다. 그러나 불행히도 이들이 범행을 저지른 것은 사실이었다. 며칠간 취조를 받던 맥마니걸은 철강노조 소속이던 맥나마라 형제가 다이나마이트 등 장비를 가져다 폭발시켰다고 불었다.

노조 측에서는 사형을 당하더라도 끝까지 재판을 하자고 나왔지만 대로우는 이들의 목숨을 구하기 위해 사형을 면하게 해주는 조건으로 1911년 12월 1일 유죄 인정에 합의했다. LA시장 선거가 있기 나흘 전이었다. 해리먼은 압도적인 표 차이로 낙선했으며 LA에서의 노조 세력은 하루아침에 와해됐다. 그후 수십년간 LA에서 노조는 제대로 발을 붙이지 못했다.

최근 LA에서 노사 분규가 다시 고개를 들고 있다. 지난 달 LA 청소원들이 오렌지색 제복을 입고 LA 시내를 누비며 시위를 벌여 임금 인상 타협안을 이끌어낸 데 이어 이번 달에는 배우 노조가 파업에 들어갈 예정이다. 청소부 시위 때는 리오단 시장과 마호니 대주교를 비롯하여 많은 LA 시민들이 지지를 보내기도 했다.

LA에서 노조가 활기를 찾기 시작한 것은 1998년 그레이 데이비스가 주지

사에 당선되면서부터다. 당선되는 데 노조의 덕을 단단히 본 데이비스가 취임 후 가장 먼저 한 일은 전임자인 피트 윌슨이 하루 8시간에서 주 40시간으로 바꿔 놓은 오버타임 규정을 근로자에게 유리하게 원래대로 환원시킨 것이다.

얼마 전 LA 한인타운에서도 한 요식업소의 임금 착취에 항의하는 대규모 시위가 있었다. 한인뿐 아니라 재키 골드버그 LA시의원을 비롯, 멕시코 인권 옹호단체, 이민자 권익옹호단체 타인종 관계자 300여 명이 참가했다. 한인타운 요식업소 분쟁에 이처럼 많은 사람이 가담한 것은 이번이 처음이다.

이처럼 노동자들의 시위가 느는 것은 캘리포니아의 오랜 호황에도 불구, 저소득층 주민들의 생활을 별로 나아지지 않은 데 있다. 특히 불법체류자가 많이 종사하는 청소부 등 일부 직종은 혹사당하고도 임금을 제대로 받기는커녕 이민국에 신고하겠다는 고용주의 협박에 못 이겨 숨도 크게 쉬지 못하는 경우가 적지 않다. 이번에 문제가 된 요식업소의 경우 오버타임을 체불한 것은 물론 체류 신분을 약점으로 잡고 FBI와 INS 등 관계기관원들을 동원한 것이 사태를 악화시켰다는 것이 종업원 측 주장이다.

노조 입장이 항상 옳은 것만은 아니다. 그러나 한인타운에서 발생하는 분규의 대부분은 오버타임 등 임금을 제대로 지불하지 않아 생긴 것이다. 한인 업주들이 채용하는 직원은 대부분은 저임금 라틴계들이다. 사업 규모의 영세성 때문에 모든 법규를 제대로 지키고 장사하기가 쉽지 않은 점을 감안하더라도 가장 사회적 약자인 이들을 착취하는 것은 부도덕한 행위일 뿐 아니라 비즈니스적 관점에서 봐도 어리석다.

기업은 사람이다. 주인한테 날마다 구박받으며 혹사당하는 종업원이 비즈니스가 잘 되길 바랄리 없다. 종업원은 무조건 쥐어짜야 한다는 전근대적 사고방식을 가진 고용주는 하루 빨리 한인타운에서 사라져야 한다.

2000. 05. 08

순두부 전쟁

피타고라스는 그리스가 낳은 최대 수학자이다. 아무리 수학을 싫어하는 사람도 피타고라스의 정리를 모르는 사람은 없다. 그는 수학자였을 뿐 아니라 밀교의 창시자였다. 그의 가르침 중에는 영혼 윤회설 등 불교적 요소가 짙은 부분도 있다. 피타고라스교 계율 중 하나는 절대 콩을 먹지 말라는 것이다. 현대인의 관점에서 보면 납득할 수 없는 주장이지만 서양에서는 피타고라스 탓인지 콩은 음식으로 별 대접을 받지 못했다.

그러나 한국은 다르다. 한국인의 주식인 된장, 고추장, 간장은 물론이고 두부, 비지, 콩자반 등이 모두 콩을 원료로 하고 있다. 한국 음식에 콩이 널리 쓰이는 것은 서양 사람에 비해 육식을 하지 않는 한국인들이 곡물 중 유일하게 단백질이 많이 포함돼 있는 콩을 통해 이를 보충하려 했기 때문일 것이다.

최근 콩이 건강에 좋은 영양식품이라는 사실이 알려지면서 미국에서도 콩에 대한 평가가 달라지고 있다. 미 식품의약국은 콩 단백질을 함유한 식품에 대해 심장에 좋다는 내용을 겉포장에 표시하도록 허용하기로 했다. 특정 식품이 몸에 좋다는 표시를 하도록 허용한 것은 이례적인 일이다.

콩은 미국인 사망 원인 1위인 심장병을 비롯하여 골다공증, 당뇨병, 비만증, 고혈압, 동맥경화를 비롯한 각종 성인병 및 암의 예방 및 치료에 효능이 있음이 여러 연구 결과 확인되고 있다. 그래서인지 이제는 미국 내 수퍼마켓 가운데 두부(tofu)를 팔지 않는 곳이 거의 없다.

한인사회에서도 순두부는 인기 식품이다. 본격적인 순두부 붐을 일으킨 A 순두부집은 점심때고 저녁때고 장사진을 이루고 있다. 이 집이 이처럼 잘되자 여기저기 순두부집이 생겨났다. 그 중에서도 가장 지점을 많이 늘린 곳이 BCD 순두부다.

BCD 순두부는 후발주자라는 핸디캡에도 불구, 최근 윌셔가에 순두부집치고는 호화로운 대형 지점을 열었다. 이 집은 오렌지에서도 고급 순두부집을 내 재미를 봤다. 통상적인 순두부집 이미지를 깨고 분위기를 고급화하자 점심 한 끼 때우려는 직장인뿐 아니라 외국인 손님과 한국인 관광객까지 몰려들어 매상이 예상외로 느는 것이다. BCD 순두부는 장차 전국적으로 50개의 체인망을 구축한다는 야심찬 계획을 세워놓고 있다. 예상대로만 된다면 미주 한인사회에서 식당재벌이 나올 날도 멀지 않았다.

수많은 한국 식당 중 순두부집들이 유독 잘되는 이유는 무엇일까? 첫째는 품질 관리이다. A 순두부는 밥을 지어 30분이 지나면 버리는 것으로 유명하며 BCD 순두부는 새벽 2시까지 주인이 가게에 남아 음식 맛을 본다.

두 번째는 스피드이다. 맥도널드 보고서에 따르면 음식을 주문해 나오는 시간이 6초 빨라질 때마다 매상이 1% 오르는 것으로 돼 있다. 미국 식당들도 요즘은 어떻게 하면 조금이라도 빨리 음식을 내놓을까 연구하느라 열심이다. 순두부집들은 남으면 버릴 각오로 점심때에 맞춰 수백 명분의 음식을 미리 준비해놓고 있다.

세 번째는 나름대로 특색이 있다는 점이다. BCD 순두부가 솥에 밥을 담아 누룽지까지 먹을 수 있도록 하자 그보다 후발주자인 C 순두부는 야채를 그릇에 담아 비빔밥을 만들어 먹을 수 있게 했다. 뭔가 남다르지 않으면 살아남지 못한다. 음식 전문가들은 순두부와 가장 궁합이 잘 맞는 음식으로 다시마와 부추를 들고 있다. 다시마의 요오드 성분과 부추의 칼륨이 순두부의 나트륨과 잘 조화를 이룬다. 아직 한인 타운 내 순두부집 중 이를 시도한 집은 없는 것 같다. 새로운 발상이 필요하다.

마지막으로 한 가지만 제대로 하는 전문점이란 사실이다. 한 분야만 파니까 음식 만들기도 쉽고 품질 개선을 하는데도 한군데다 힘을 집중시킬 수 있다. 성공에 우연은 없다. 겉으로 보기에 대수롭지 않아 뵈는 순두부집이 돈을 긁어모으는 데는 그만한 이유가 있다. 한 가지를 해도 제대로 하는 것, 그것이 성공의 비결이다.

2000. 05. 18

모래 속의 타조

어느 하버드 졸업생의 죽음

유승엽씨(31)는 장래가 촉망되는 청년이었다. 아버지가 서울 명문대 교수로 재직 중인 좋은 집안에서 태어나 하버드대 행정대학원을 졸업한 후 작년 버클리대 법학대학원에 입학했다. 미국에서 태어난 시민권자여서 졸업만 하면 연봉 십만 달러 이상의 좋은 직장에 취직하는 것은 어려운 일이 아니었다.

그러나 유씨는 이달 초 서울의 한 아파트에서 싸늘한 시체로 발견됐다. 지금 미국을 휩쓸고 있는 벤처 열풍에 말려든 것이 화근이었다. 갈수록 치열해지는 미국 내 교육 열기를 피부로 느낀 유씨는 인터넷 교육 정보 사이트를 만들면 큰돈을 벌 수 있겠다 판단, 친구들과 교육 관련 벤처 사업에 뛰어들었다. 그러나 여기저기 돈 들어가는 데는 많고 수입은 없고 처음에는 그럴듯해 보이던 사업이 시간이 지날수록 점차 꼬이기 시작했다.

친지들에게 손을 내밀어 10만 달러가 넘는 돈을 마련했지만 순식간에 모두 사라지고 날이 갈수록 빚과 이자는 늘어가기 시작했다. 처음에는 호기심과 기대를 갖고 격려해주던 사람들도 하나 둘씩 떨어져나가고 유씨는 갚을 수 없는 빚 독촉에 시달렸다. 절망의 나날을 보내던 유씨는 결국 귀국하여 30대의 한창 나이에 목을 매는 길을 택했다.

아이디어 하나만으로 기업을 세운 후 상장시켜 20~30대에 억만장자가 됐다는 뉴스가 여기저기서 터져나오면서 요즘 미주 한인사회에서도 멋모르고 벤처 분야에 뛰어 드는 한인 2세가 급속히 늘고 있다. 하이테크 분야를 전공한 사람은 말할 것도 없고 전혀 무관한 공부를 하던 사람들까지 전공을 때려치우고 벤처를 외치고 있다. 유씨의 경우는 극단적인 케이스지만 한 건 하기보다는 패가망신하는 수가 더 많은 것이 벤처다. 수많은 벤처 캐피털 회사 중 으뜸으로 꼽히는 클라이너 퍼킨스(KP)가 미는 기업도 신문에 날 정도의 화제가 되는 것은 열에 하나 둘이고 나머지는 잘 해야 본전이다. 히트 친 기업 하나가 나머지 10건의 사업 손실을 만회해준다.

좋은 학교를 나온 수재면 다 성공할 것으로 생각했다가는 큰 코 다친다. 벤처 분야에 뛰어드는 사람은 면면부터가 보통 사람과는 다르다. 벤처 돌풍의 주역을 들라면 제일 먼저 손꼽히는 사람이 짐 클라크이다. 클라크는 1990년 특수 컴퓨터칩 제조회사인 실리콘 그래픽스 사를 차려 화제가 됐던 인물이다. 지난 10년간 할리웃 영화사들이 쏟아낸 화려한 특수효과는 모두 이 회사의 기술 없이는 불가능했다. 클라크는 1995년 넷스케이프 사를 창립, 수십억 달러를 벌며 인터넷 혁명을 미국 가정 안방까지 전파했다. 1999년에는 의료보험 청구절차를 간소화하는 인터넷 거래업체인 헬시온을 설립, 또 다시 수십억 달러를 벌었다. 한 사람이 이처럼 다른 회사를 연달아 설립하여 세 차례나 히트를 친 경우는 실리콘밸리 사상 유례가 드문 일이다.

클라크는 명문대를 나온 명문 가정 출신의 모범생이었을까. 천만의 말씀이다. 그는 알콜중독자로 아내를 상습 폭행한 아버지를 둔 문제 가정 출신으로 고교 시절 학교 버스에 폭탄을 장치하고 무도회장에 스컹크를 숨겨가지고 들어오는 등 기행을 일삼아 퇴학당한 인물이다. 생계를 위해 해군에 들어가 온갖 고생을 한 후 사회에 나와서도 직장을 수없이 바꿨으며 공식 이혼 경력만도 두 번이다. 두 번째 아내가 도망간 후에는 정신상담까지 받기도 했다.

세계 최고의 갑부 자리를 놓고 빌 게이츠와 1·2위를 다투는 오러클 사의 래리 엘리슨도 마찬가지다. 10대 미혼모의 아들로 뉴욕에서 태어난 그는 생모가 아홉 달 된 자신을 버리는 바람에 시카고 빈민가 친척집에서 자랐다. 엘리슨이란 이름도 러시아 이민자 출신이었던 친척이 엘리스 아일랜드를 통해 미국에 들어 온 것을 기념하기 위해 붙여준 이름이다. 엘리슨은 일리노이 대에 입학했으나 양모마저 죽자 2년 만에 학교를 그만뒀다. 각고 끝에 차린 오러클 사도 1990년대 중반 인터넷이 뜨기 전에는 존폐 기로에 선 적이 여러 번이었다.

벤처는 원래 '모험' 이란 뜻이다. 모험에는 항상 위험이 따른다. 잘 되면 보물 상자를 찾아 금의환향하지만 상어 밥이 되는 것도 순간이다. 온실에서 고이 큰 화초보다는 비바람에 시달리며 자란 잡초가 더 적합하다. 비상한 머리보다는 온갖 고초를 견뎌낼 수 있는 맷집과 자신의 비전을 끝까지 실현하겠다는 집념이 더 중요하다. "이 분야에서는 미친 사람 빼고는 살아남지 못 한다"는 인텔 창업자 앤디 그로브의 말을 되새겨보자.

2000. 06. 19

깨진 우정 전말기

A씨는 한때 한국에서 잘나가던 엘리트였다. 서울대 치대를 졸업하고 10년째 개업해 손님도 꽤 있었고 모교에 강사로 나갈 정도로 실력도 인정받았다.

A씨의 비극이 시작된 것은 같은 대학 선배인 B씨의 유혹을 받고 미국으로 건너오면서부터였다. "좁은 한국에서 복작댈 것이 아니라 '기회의 땅' 미국에 와 물질적으로도 풍요롭고 아이들 교육 걱정도 하지 말며 살자"는 선배의 거듭된 권유에 귀가 솔깃해진 A씨는 1997년 보따리를 싸고 태평양을 건넜다.

처음에는 유학 비자로 USC에서 공부하며 미국 치과의 면허도 땄다. 면허를 얻은 후에는 약속대로 B씨가 자기 사무실에서 일하게 해줘 취업 비자로 바꾸고 영주권 나올 날만 기다리며 새 삶을 어떻게 짤 것인가 희망에 부풀어 있었다.

그런데 처음부터 조금 이상한 구석이 있었다. 세금이나 의료비 청구 등 돈이 관계되는 업무는 모두 A씨 이름으로 하자는 것이었다. 그래야 세금을 적게 낸다는 것이 그 이유였다. 좀 꺼림칙하기는 했지만 체류 신분도 있고 거절할 처지가 아니라 그냥 넘어가기로 했다.

한동안은 비즈니스가 잘돼 B씨는 호화 주택을 구입했고 친척들 이름으로도 여러 채 집을 사는가 하면 샌디에이고에도 사무실을 낼 정도로 번창 가도를 달렸다. 언제까지나 잘나갈 것 같던 이들 앞길에 먹구름이 끼기 시작한 것은 1999년 1월부터. 샌디에이고 사무실에서 치료를 받은 흑인 여성 고객한 명이 이빨 5개를 고치겠다고 해놓고 10개 값을 청구했다며 이를 샌디에이고 TV에 고발해버린 것이다. 취재팀은 LA에 오피스까지 찾아와 진을 치고이들을 기다렸고 이때부터 당국의 수사가 진행됐다.

설상가상으로 치과 비즈니스는 너무 벌인 탓인지 장사가 안돼 A씨는 B씨와 결별하고 2001년 4월 파산 신청을 하지 않을 수 없었다. 그후 한 달 뒤인 5월 아침 A씨는 느닷없이 집으로 들이닥친 경찰에 의해 연행돼 구치소에 수감됐다. 메디컬 중절도와 탈세가 죄목이었다.

금전 거래를 A씨 이름으로 돌려놓는 등 나름대로 신경을 썼던 B씨도 같은날 메디컬 사기 혐의로 체포됐다. 자신이 이용당한 것을 뒤늦게 안 A씨는 B씨의 범법행위에 대한 검찰 수사에 적극 협조하는 대가로 감옥에 가는 것은면하고 수십만 달러의 벌금과 1년간의 족쇄형을 받는 것으로 그쳤다. 40만달러의 보석금은 A씨의 억울한 사정을 들은 동창들이 모아주어 간신히 감옥에서 나올 수 있었다.

'아메리칸 드림'을 꿈꾸며 미국 땅에 발을 디딘 A씨는 졸지에 파산자와 전과자로 전락해버렸고 한때 '세리토스에서 제일 좋은 집'으로 불릴 정도로 고급 주택에 살던 B씨는 3년간 철창신세를 지게 됐다. 두 사람 사이의 우정이

산산조각난 것은 물론이다.

한국의 경기와 교육 환경이 나빠지면서 어떻게든 미국에 오려는 사람이 급증하는 것과 비례해 취업을 미끼로 이들을 울리는 사례도 늘고 있다. 미국 사정에 어둡고 신분 때문에 발이 묶인 한국인들을 상대로 임금 착취와 사기, 범법 행위까지 시키는 경우가 빈발하고 있다는 것이 이민 관계자들 이야기다.

돈이 조금 있는 사람들은 E2 비자를 받기 위해 비즈니스를 사겠다고 덤비는 바람에 한인타운 비즈니스 가격은 천정부지로 올라가고 돈이 없는 사람은 비숙련 취업 비자를 받기 위해 막노동이라도 좋다며 닭, 오리 등 가축 가공 공장에까지 뛰어들고 있다.

요즘 한국에서는 돈이 있는 사람은 있는 사람 대로, 없는 사람은 없는 사람 대로 한국을 떠나려는 분위기가 만연해 있다. 이들 탈 한국 희망자의 1순위 행선지는 미국이다. 국내 사정이 크게 바뀌지 않는 한 한국 탈출 행렬도 줄지 않을 것이고 이들을 먹잇감으로 노리는 온갖 사기꾼과 악덕 업주들의 횡포도 사라지지 않을 것이다. 부푼 꿈을 안고 미국 땅을 밟는 한국인들의 세심한 주의가 어느 때보다 요구되는 시점이다.

2004. 07. 30

소문난 잔치

최근 LA 한인사회에서 기존 미국 군소 은행을 하나 인수하기 위해 투자자를 모집한 일이 있다. 원래 목표액은 2,000만 달러 정도였는데 너도나도 은행 비즈니스를 하겠다고 몰려드는 바람에 그 2배 가까운 돈이 모였다.

지난 수년간 캘리포니아 한인사회에서 3~4개의 소규모 은행이 생겼음에도 은행 설립 열기는 좀처럼 식지 않고 있다. 올 들어서만 3~4개 은행이 새로 생길 모양인데 지금 추세라면 이것으로 끝날 것 같지 않다. 심지어는 오렌지 카운티 베트남 커뮤니티에서 첫 은행이 세워지자 여기까지 한인 투자가들의 문의가 쇄도했다.

이처럼 한인들의 은행에 대한 관심이 높아진 것은, 은행만 한 장사가 없다는 확신이 널리 퍼져 있기 때문이다. 1990년대 말부터 지금까지 한인 은행은 '문만 열어 놓으면 된다' 는 말이 나돌 정도로 호경기를 누렸다. 2000년 버블 붕괴와 함께 잠시 불황이 있었지만 이는 한국에서의 대대적인 투자자금의 유입, 부동산 호황, 한인타운 비즈니스 가격 폭등 등 호재에 비하면 별 영향을 미치지 못했다.

거기다 미 증시에 상장되며 기관 투자가들까지 이를 사들이자 한인 은행주는 10배, 20배씩 뛰며 이사들을 모두 백만장자로 만들어줬다. 요즘 한인사회에서는 몇백만 달러 정도로는 부자 행세를 하지 못한다. 은행 주식만으로도 천만장자가 넘는 사람이 즐비하다. 은행 설립이라는 간판만 걸면 돈을 싸들고 찾아오는 것은 지난번 놓친 기회를 이번만은 잡겠다는 한인이 얼마나 많은가를 보여준다.

새 은행을 세우는 사람들에 따르면 아직도 한인사회에서는 은행들 몇 개쯤은 더 생겨도 끄떡없다는 이야기다. 유니티, 미래, 태평양 등 신생 은행들이 모두 양호한 성적을 거두고 있으며 한미 등 한인사회의 대형 은행들은 미 주류 시장 개척을 노리기 때문에 더 파고들 여지가 있다는 것이다.

지금 LA 한인사회의 은행 설립 붐과 투자 열기는 2000년 봄 나스닥의 하이테크 버블과 닮아 있다. 당시에도 이름도 들어보지 못한 회사 주식들이 자고 나면 수십 배씩 가격이 폭등, 투자가들을 유혹했다. 이들 주식이 오른 것에 이유가 없는 것은 아니다. 과거에는 없던 새로운 기술들이 쏟아져 나오면서 기업의 생산성은 향상됐고 이에 따라 수익도 증가했다.

문제는 수익률의 증가 속도와는 관계없이 주가가 과열됐다는 데 있다. 한인 주요 은행들의 경우 주가 평가 자료로 널리 쓰이는 '주가 수익 비율(P/E)'이 전에는 미 주가 평균인 14보다 훨씬 낮았지만 지금은 그 2배에 달하고 있다. 이는 한인 은행 주식이 현재 정상가보다 2배 정도 과대평가되고 있음을 말해준다.

한인 은행 수가 늘어나고 주가가 폭등한 것과 반비례해 한인 타운 호경기를 뒷받침하던 여건들은 악화하고 있다. 그 첫 번째가 한국 정부의 외국 송금 규제다. 작년 10월 한국 언론들도 한국 자금이 빠져나가 LA 등 해외 한인사회의 부동산과 비즈니스 가격이 폭등하고 있다는 내용을 1면 주요 기사로 다뤘다. 이와 함께 정부가 환치기 등 단속을 강화하고 증여성 송금에 관한 규제를 까다롭게 하면서 LA 등 한인 은행으로 오는 한국 돈 규모가 현저히 줄어들었다.

두 번째는 연방준비제도이사회의 꾸준한 금리 인상이다. FRB는 지난 8개월에 걸쳐 6차례 금리를 인상했으며 앞으로도 연말까지 계속 올릴 것으로 전망된다. 금리 인상은 비즈니스에 부담을 주는 것은 물론 부동산 경기에 직접적인 영향을 미친다. 캘리포니아에서 가장 큰 폭으로 집값이 올랐던 샌디에이고는 1년째 하락세를 보이고 있으며 그에 못지않게 뜨거웠던 샌버나디노와 리버사이드 부동산도 작년 말부터 경기 둔화가 뚜렷하다.

지난 수년간 LA 코리아타운의 호경기는 장사가 잘돼서라기보다는 한국과 미국 투자자금의 유입에 힘입은 바 크다. 이런 자금은 흘러 들어오기도 쉽지만 빠져나가는 것도 잠깐이다. '소문난 잔치에 먹을 것 없다'는 속담이 있다. 한인타운과 은행들의 잔치는 이미 소문이 날 대로 난 상태다. 과연 이 잔치에 얼마나 먹을 것이 더 남아 있는지 두고 볼 일이다.

(주: 신창 은행의 하나인 미래가 2009년 문을 닫았다.)

2005. 02. 07

한인 학부모의 슬픔

"지옥으로 가는 길은 선의로 포장돼 있다." 영국의 학자 새뮤얼 존슨 박사의 경구다. 선의만 가지고 일을 시작했다고 반드시 좋은 결과가 나오지는 않는다는 뜻이다. 이 경구에서 제목을 따온 『선의로 포장된 길(Paved with Good Intentions)』이란 책도 있다. 재릿 테일러가 쓴 이 책의 내용은 어퍼머티브 액션에 관한 것이다.

좋은 의도로 시작됐으나 바람직하지 못한 결과를 가져온 사회 정책의 대표적 사례가 바로 이 '어퍼머티브 액션'이라는 것이 저자의 주장이다. 취직이나 도급 공사, 대학 입학 시 소수계를 우대하는 것을 골자로 하는 이 조치는 1964년 통과된 연방 민권법에 규정된 '평등하게 보호받을 권리'에 기초하고 있다. 문제는 이 조치가 소수계가 차별 받는 것을 넘어 객관적 조건이 떨어지는 경우에도 우선권을 준다는 데 있다.

여러 분야 가운데 어퍼머티브 액션의 모순이 가장 극명하게 드러나는 곳이 교육이다. 현재 미국 대학에서는 인종에 따라 입학 기준에 이중 잣대를 적용하는 것이 일반화돼 있다. 흑인이나 라틴 아메리카인은 백인보다 성적이 훨씬 떨어져도 명문대 입학이 가능하다. 아시아인은 흑인이나 라틴 아메리카인보다 현저한 소수계임에도 이들보다 엄격한 자격 요건이 요구된다.

성적만으로 하면 아시아인의 입학 비율이 너무 높기 때문에 인종 다양화를 위해 더 좋은 자격을 구비하고 있더라도 아시아인을 탈락시키고 있다는 것이 이들 대학 측의 설명이다. 소위 명문고에서 공부 잘하는 아시아인 신청자가 너무 많이 몰려들자 명문고 출신 입학을 제한하고 좀 떨어지는 학교에서 우등 성적을 거둔 학생을 받는 곳도 있다. 이러한 사실이 알려지자 어처구니없게 좋은 고등학교를 포기하고 2류 학교에 자녀를 보내는 한인 학부모까지 생겼다.

미국 대학에 아시아인이 많은 것은 사실이다. 현재와 같이 불리한 제도 하에서도 UC버클리와 UCLA 신입생의 거의 절반을 캘리포니아 인구의 12%에 불과한 아시안이 차지하고 있다. 최근 발표된 프린스턴대 보고서에 따르면 만약 흑인과 소수계에 대한 우대 조치가 사라지고 모든 인종을 성적에 의거하여 공평하게 심사할 경우 흑인 입학률은 현재 34%에서 12%로, 히스패닉 학생은 27%에서 13%로 급락하며 이들 자리의 80%를 아시아 학생들이 메울 것으로 나타났다.

미국 주류 사회에서는 이같은 어퍼머티브 액션의 모순점이 논의된 지 오래됐다. 1978년 앨런 바키가 백인이란 이유로 좋은 성적을 가지고도 UC데이비스 입학이 거부됐다고 소송을 제기, 승소했고 1996년에는 캘리포니아 대학에서 어퍼머티브 액션을 폐지하는 프로포지션 209가 통과됐다. 그 이후 노골

적으로 인종을 기준으로 차별하는 것은 사라졌지만 아직도 '사회경제적 요소'를 고려하는 사실상의 어퍼머티브 액션은 남아 있다.

2003년 연방 대법원은 미시건 대 케이스를 재판하면서 포인트제를 도입해 명백하게 소수계에게 특혜를 주는 것은 불법이지만 폭넓은 사회적 가치를 고려해 소수계를 우대하는 것은 한시적으로 허용한다고 판시했다. 미국민들도 대법원도 소수계라는 이유만으로 특혜를 주는 것의 문제점을 인식하기 시작했음을 보여준다.

캠퍼스의 인종 다양화는 좋은 일이지만 억지 다양화는 인종 갈등만 부추길 뿐이다. 어퍼머티브 액션의 덕으로 명문대에 어렵게 진학한 소수계들은 대학 재학 기간 중 내내 '2등 학생'이란 열등감과 역차별당하고 있다고 믿는 백인들의 분노에 시달려야 한다. 거기다 이들 소수계의 중도 탈락율은 백인과 아시안의 2배가 넘는다. 조금만 낮춰 갔으면 자신도 졸업하고 다른 사람에게도 길을 열어줄 수 있었을 텐데 이중으로 귀중한 인력 자원을 낭비하고 있는 셈이다.

한인을 비롯한 많은 아시안 학부모들은 자녀를 명문대에 보내기 위해 산다고 할 정도로 자녀 교육에 열심이다. 자녀가 실력이 모자라 못 들어가는 것이야 어쩔 수 없다지만 공부를 잘 하는데도 과거 백인들이 흑인과 히스패닉에 저지른 잘못을 배상하기 위해 자신의 자녀들이 희생양이 되고 있다는 사실을 안다면 슬픔과 분노를 느끼지 않겠는가.

역사적으로 따져보면 중국계는 '중국인 배척법' 등으로 흑인 못지 않게 차별 당했고 일본계는 2차 대전 중 여러 인종 중 거의 유일하게 사실상 재산을 몰수당하고 강제수용소 생활을 한 경험이 있다. 이들에게 우대는 하지 못할 망정 역차별을 한다는 것은 말이 안 된다. 대학 입학 시 아시안에 대한 역차별은 하루 속히 미국 땅에서 사라져야 한다.

2005. 06. 21

동반 자살이란 광기

전세계의 유태인 인구는 1,800만 정도다. 세계 인구가 60억이 넘으니까 비율로 보면 0.3%에 불과하다. 숫자적으로 보면 미미하지만 그만큼 역사적으로 큰 공헌을 한 민족도 드물다.

여러 종교 중 가장 많은 신도 수를 자랑하고 있는 기독교와 이슬람 모두 유태교에 그 뿌리를 두고 있다. 한때 인류의 1/3이 신봉했던 공산주의도 칼 마르크스라는 유태인 머릿속에서 나왔고 20세기 물리학과 심리학을 뒤흔든 아인슈타인과 프로이트가 모두 유태인이다. 유럽 최대 재벌 로스차일드 일가도 유태인이고 가장 위대한 철학자 중 하나인 스피노자 또한 그렇다.

지금 미국도 마찬가지다. 인구 600만의 유태인이 언론계, 학계, 금융계, 연예계, 법조계 등을 휘어잡고 인구 3억의 미국을 주무르고 있다. 유태인이란 유전자가 따로 있는 것은 아니다. 오랜 세월 온갖 지역에 흩어져 살면서 여러 민족과 피가 섞였다. 그러면서도 수천 년 동안 자신의 민족성을 지키고 이처럼 뛰어난 업적을 이룰 수 있었던 것은 그들의 교육에서 비결을 찾아야 한다.

유태인의 자녀 교육열, 그 중에서도 책에 대한 사랑을 일찍 심어주는 것은 정평이 있다. 하루도 빠짐없이 온 가족이 자신들의 경전을 읽고 그 해석을 놓고 토론을 벌인다. 방대한 양의 독서와 함께 논리적인 사고력이 어려서부터 길러지는 것이다.

독서와 함께 유태인들이 자녀들에게 강조하는 것은 자신들이 신의 은총을 받은 민족이라는 데 대한 자부심과 생명에 대한 외경심이다. 한인들도 대를 이어가는 것을 중시하지만 아브라함 이래로 유태인만큼 대를 잇는 것을 일생의 사명으로 여기는 민족도 드물다. 이들에게 건강한 남녀가 독신으로 남아 있는 것은 종족 보전의 의무를 저버린 큰 죄다.

같은 논리로 이들에게 남의 생명을 앗아가는 것은 다른 범죄와는 질이 다른 대죄다. 우선 살인은 한 번 저지르면 돌이킬 수 없다는 점에서 훔친 물건을 돌려주면 되는 절도와는 근본적으로 다르다. 유태인들은 모든 살인을 대량 학살로 본다. 단지 한 사람의 목숨을 빼앗는 것을 넘어 그 사람이 앞으로 낳을 수 있었던 모든 생명도 같이 사라졌다고 보기 때문이다.

구약에서 '믿음의 조상'으로 불리는 아브라함의 가장 큰 시험을 자기 친자식을 죽이는 것으로 설정한 것은 우연이 아니다. 그것이 인간이 저지를 수 있는 최악의 범죄이자 가장 하기 힘든 일로 생각했기 때문이다.

일찍부터 이런 생명 존중 교육 탓에 유태인이 범죄를 저지르는 비율은 타민족에 비해 크게 낮다. 미 전체 인구 중 유태인 비율은 2% 정도이지만 이들 가운데 감옥에 있는 사람은 전체 수감자의 0.1%에 불과하며 더구나 폭행, 살인, 강간 등 강력 범죄로 교도소에 가는 사람은 극히 드물다. 잘 알려지지는 않았지만 어찌 보면 아인슈타인을 배출한 것보다 더 위대한 유태인 가정교육의 업적이다.

한인들은 종종 '동양의 유태인' 으로 불린다. 자녀들에 대한 교육열, 근면함과 민첩함, 경제적 성공, 각계에서의 두각 등 비슷한 점도 많다. 그러나 한 가지 차이가 있다면 생명에 대한 외경이 부족하다는 점이 아닐까. 전통적 가치관이 무너지면서 자녀를 낳지 않는 가정이 급속히 늘고 낙태에 대한 불감증에다 가정에서 폭력을 휘두르는 일이 빈발한다.

지난 일주일 사이 LA 인근 한인 가정에서 아버지가 친자식을 죽이는 사건이 세 건이나 일어났다. 스스로 자신과 자신의 대를 끊는 행위는 어떤 변명으로도 용서받을 수 없는 행위다. 물론 순간적인 정신착란에서 온 행동이겠지만 이런 충동적이고 폭력적인 행위를 억제하기 위해 어려서부터 오랜 교육과 훈련이 필요한 것이다.

유태인의 성공을 본받고 싶어 하는 한인들은 이들의 가정교육에 관심이 높은 편이다. 이제 어떻게 유태인들이 자녀들을 좋은 학교에 보내고 경제적으로 성공하는가를 배우는 단계를 넘어 어떻게 이들이 자녀를 생명을 존중하는 인간으로 키우는가를 연구할 때가 된 것 같다.

2006. 04. 11

모래 속의 타조

이 또한 지나가리라

보에티우스는 로마의 마지막 철학자이자 첫 번째 스콜라 철학자로 불리는 인물이다. 명문가 출신인 그는 40세에 지금으로 치면 총리대신의 자리에 올랐으나 불과 3년 뒤 역모로 몰려 모든 권력과 재산을 박탈당하고 감옥에 갇히는 신세가 된다. 그가 감옥에서 쓴 것이 『철학의 위안(Consolation of Philosophy)』이라는 책이다.

자신과 운명의 여신과의 대화 형식으로 쓰인 이 책에서 그는 끊임없이 회전하는 운명의 수레바퀴의 덧없음을 이야기한다. "나는 운명의 여신이 속이려는 상대에 특히 친절하다는 걸 안다. 그러나 그녀는 전혀 예기치 않을 때 그를 버려 한없는 고통 속에 빠뜨린다. 당신은 운명의 수레바퀴를 세우려 하는가. 어리석은 인간아! 멈춘다면 그건 더 이상 운명이 아니다."

그는 감옥에 갇힌 지 1년 만에 사형에 처해져 형장의 이슬로 사라지고 말지만 그가 쓴 책은 고전으로 남아 중세 유럽 사상계에 큰 영향을 미쳤다. 많은 중세 교회의 창에는 이 운명의 수레바퀴 그림이 그려져 있는데 보통 네 인물이 이를 둘러싸고 있다. 왼쪽 인물에는 '나는 군림할 것이다' 맨 위 인물에는 '나는 군림하고 있다' 오른쪽에는 '나는 군림했다' 맨 밑에는 '나는 왕국을 잃었다'는 글이 쓰여 있다. 이는 모든 왕의 운명이자 태어나 유년기와 장년기, 노년기를 거쳐 죽을 수밖에 없는 인간의 운명을 상징적으로 보여주고 있다.

영어로 '행운' '재물'을 뜻하는 'fortune'의 어원이 로마의 여신 'Fortuna'에서, 'Fortuna'는 '돈다'에서 나온 것을 보면 보에티우스 훨씬 이전부터 로마인들은 행운이 얼마나 변덕스러운 것인지 알고 있었던 것 같다.

행운의 덧없음을 깨달은 사람은 로마인뿐이 아니다. 유태인 전설에 따르면 솔로몬 왕은 어느 날 총리대신을 골탕먹이기 위해 6개월 후 돌아오는 명절날까지 '마법의 반지'를 구해오라는 명을 내린다. 대신이 어떤 반지냐고 묻자 왕은 '슬픈 사람이 보면 행복해지고 기쁜 사람이 보면 슬퍼지는 마법을 갖고 있는 반지'라고 설명한다.

대신은 6달 동안 이 반지를 찾아 헤맸으나 실패하고 약속한 날을 하루 앞둔 밤 터덜터덜 집으로 돌아가다 허름한 금은방을 지나치게 된다. 지푸라기라도 잡는 심정으로 주인에게 그런 반지가 있느냐고 묻자 주인은 '이 또한 지나가리라'는 문구가 새겨진 반지를 들고 나온다. 대신은 다음날 이 반지를 왕에게 바쳤고 큰 상을 받았다는 것이다.

살다 보면 기쁜 일도 슬픈 일도 생기게 마련이지만 어느 것도 영원히 계속되지는 않는다. 이는 작게 개인뿐만 아니라 크게 나라 전체를 봐도 마찬가지다. 한때는 떵떵거리던 권력자가 감옥에 가는가 하면 세계 최고 기업도 거덜

이 나 조각조각 팔려나간다.

요즘 LA 한인 비즈니스가 무척 어렵다. '4월이 원래 어려운 달이긴 하지만 올해처럼 힘든 것은 처음 본다'는 업주가 있는가 하면 작년 한 해 50만~60만 달러씩 수익을 올리던 한 부동산 업소는 지난 한 달간 고작 500달러를 벌었다고 한다. 부동산으로 재미를 봐 집을 서너 채씩 샀다 팔리지는 않고 페이먼트는 늘어나 고통받는 한인이 하나둘이 아니다.

'황금 알을 낳는 거위' '백만장자 제조기'로 불리던 한인 은행들의 주가는 올 들어 평균 30% 폭락했다. 제일 덩치가 큰 한미은행은 지난 넉 달 새 시장가치로 3억 달러가 날아갔으며 나라, 윌셔, 중앙까지 합치면 주가 손실액만 8억 달러에 달한다. 미 주식시장이 전반적으로 강세를 보이고 있는데 유독 한인 은행주만 급락세를 보이고 있는 것은 한인 금융계와 경제 전반이 심상치 않음을 알리고 있다.

지난 수년간 한인 경제는 보기 드문 호경기를 구가했다. 한국에서의 자금 유입과 부동산 붐으로 상가 렌트비와 건물가격은 자고 나면 오르고 개개인의 씀씀이도 몰라보게 커졌다. 그러나 영원히 계속되는 불황이 없듯 끝나지 않는 호황은 없다. 호황이 가져오는 헤픔 속에 불황의 씨앗이 있고 불황 속 허리띠 졸라매기가 호황의 발판이 되기 때문이다.

'이 또한 지나가리라.' 올해, 아니 평생 좌우명으로 삼아도 좋을 듯하다.

2007. 05. 01

6

밖에서 본 한국

한국에서 '세계화'란 단어가 입에 오르내리게
된 것은 1993년 김영삼 정부부터이다. 그러나
세계화는 최근에 발생한 현상은 아니다. 세계경
제의 '세계화' 조류를 가장 먼저, 가장 날카롭게
꿰뚫어 본 사람은 마르크스다. 그는 「공산당 선
언」에서 자본가는 세계 시장을 무대로 활동하
며 모든 나라의 생산과 소비 패턴을 유사하게
만든다고 썼다. 고립과 자급자족을 고집하거나
새로운 조류에 적응 못하는 국가와 기업은 도태
될 수밖에 없으며 국가 간의 상호의존도는 날로
높아질 것으로 예측했다. 지금부터 150년 전의
일이다. 지난 100여 년간의 세계화가 '상품의 세
계화'였다면 지난 10여 년간의 세계화는 '자본
과 인력의 세계화'라고 부를 수 있다. 공산 장벽
이 무너지면서 물건뿐만이 아니라 자본과 인력
이 자유롭게 국경을 넘나드는 세상이 된 것이
다. 이를 거부하는 기업과 국가는 경쟁력을 잃
고 도태되는 것이 현실이다.

〈여인천하〉의 경제학

지금 한국에서 가장 인기 있는 드라마는 〈여인천하〉이다. 그 동안 TV를 통해 숱하게 다뤄진 중종과 조광조의 이야기를 배경으로 하고 있음에도 이 연속극이 이처럼 높은 인기를 차지하고 있는 이유는 중종의 정실인 윤비(전인화), 윤비의 충복 난정(강수연), 윤비의 라이벌 경빈(도지원) 등의 뛰어난 연기력 덕분이다.

이들 세 여인과 그들을 둘러싼 정치세력간의 권력투쟁이 드라마의 줄거리지만 이야기 중 어째서 이씨조선이 세종대왕 이후 몰락의 길을 걷다가 일제에 의해 비참하게 멸망했는지를 시사하는 인물이 나온다. 장안 최고 부자로 손꼽히는 백도주가 그 사람이다. 수만 냥쯤 내주는 것을 파킹 미터에 잔돈 넣듯 하는 그도 양반 앞에서는 아무리 미관말직이라도 고개를 숙인다. 진짜 그랬는지는 믿기 어렵지만 기생까지도 '양반한테 굽실거리는 장사치 돈은 받지 않겠다' 며 업신여긴다.

이 백도주라는 사람이 하는 일은 수판알 튕기는 것보다 지체 높은 양반들을 찾아다니며 이런 저런 이유로 돈을 갖다 바치는 것이다. 자신을 따라다니는 시종에게도 '큰돈은 높으신 분들이 뒤를 봐주지 않으면 벌 수 없다'고 가르친다. 사농공상이라고 해 장사꾼을 사회 계층 중 제일 밑바닥에 놓은 것을 보면 적어도 백도주에 관한 부분에서만은 이조의 생활상이 정확히 묘사돼 있는 것 같다.

비단 〈여인천하〉 뿐만이 아니라 한국 사극에서 심심하면 나오는 것이 '주상 전하는 이 나라 8도 360주의 주인이십니다'라는 이야기다. 한반도 전체가 왕의 것이고 나머지 사람들은 거기 빌붙어 사는 기생충 같은 존재라는 뜻이 담겨 있다. 실제로는 권문세가와 지방 토호가 더 많은 땅을 가지고 있었지만 일반 백성들은 자기 땅이라는 것이 거의 없었다.

아무리 열심히 일해도 자기 땅을 가질 수 없는 사회, 장사를 해 아무리 큰 이익을 남겨도 관청에서 불러 '네 죄를 네가 알렸다!'며 곤장을 치고 전 재산을 몰수할 수 있는 사회에서 농업이나 상업이 발달할 리 없다.

산업도 마찬가지다. 산업이 발달하기 위해서는 먼저 기술이 발달해야 한다. 증기기관과 방적기의 발명 없는 산업혁명을 생각할 수 있겠는가. 기술이 발달하기 위해서는 새 기술을 발명한 사람에게 그로 인한 혜택이 돌아갈 수 있도록 법적 제도적 장치가 마련돼야 한다. 새로운 이론을 내세우는 사람에게 사문난적이란 이유로 사약을 먹이는 사회에서 첨단 테크놀로지는 나올 수 없다.

한국과 극명한 대조를 이루는 나라가 영국이다. 영국은 산업혁명과 민주주의를 가장 먼저 꽃피웠다는 점에서 한국뿐 아니라 어디와 비교해도 특이한 나라다. 어째서 유럽 대륙에서도 동떨어진 곳에 있는 작은 섬나라에서 인류 역사의 새 장이 열렸을까. 어느 날 갑자기 영국민들이 '오늘부터 산업혁명과 민주주의를 시작합시다' 라고 결의해 그렇게 된 것은 아닐 것이다.

구구한 학설이 있지만 산업혁명 이전의 영국은 어느 나라보다 자영농이 발달된 나라였으며 이것이 궁극적으로 대영제국을 가능하도록 만든 힘이었다는 주장이 최근 들어 힘을 얻고 있다. 16세기 중반 헨리 7세부터 시작된 자영농 육성 정책은 헨리 8세에 의해 본격화됐다. 1649년 찰스 1세가 내전에서 패배해 형장의 이슬로 사라지게 된 것도, 이미 영국 국토의 대부분이 국왕의 소유가 아니라 자영농의 손에 들어가 군사를 일으킬 힘이 부족했기 때문이라는 것이다. 개개인의 소유권에 대한 보장 없이는 민주주의도 산업 발전도 불가능하다는 것은, 영국의 예뿐만 아니라 20세기 공산주의 몰락의 역사가 다시 입증해준다.

권위 있는 영국의 「파이낸셜타임스」는 최근 '한국의 경제 회복은 허상에 불과하다' 는 기사를 사설로 다뤘다. 이 신문은 "한국이 지난 2년간 이룩한 경제 회복은 '가짜 새벽' 이 분명해졌다"며 "건실하고 국제 경쟁력 있는 경제 건설까지는 갈 길이 먼데도 부실 기업만 계속 지원하고 있다"고 꼬집었다.

1997년 IMF 위기 속에 집권한 김대중 정부는 지금 이중 삼중의 어려움에 놓여 있다. 햇볕정책도 문제지만 더 심각한 것은 경제다. 외국 투자기관으로부터는 구조조정이 부실하다는 평가를, 국내 보수파로부터는 사회주의적 선심 정책을 편다는 비판을, 진보 세력으로부터는 외세의 앞잡이라는 혹평을 함께 받고 있다.

경제를 살리기 위해서는 어떻게 해야 한다는 것은 해답이 나와 있다. 특정 기업에 대한 특혜를 없애며 불필요한 공기업을 정리하고 장부의 투명성을 보장하며 금융을 비롯한 각 부문에 정부의 개입을 줄여 시장경제가 제대로 움직일 수 있게 해야 한다. 문제는 의지다. LA 한인경제는 미국경제 못지 않게 한국경제의 큰 영향 아래 놓여 있다. 지금이라도 한국 정부가 경제 재도약의 발판을 서둘러 마련하기를 기대한다.

2001. 08. 06

고래가 된 새우 이야기

경제적 진리를 담은 에세이 중 으뜸으로 꼽히는 것이 「나는 연필입니다」라는 작품이다. 1958년 레너드 리드가 쓴 이 글은 단순하기 이를 데 없는 연필 한 자루를 만들기 위해 얼마나 많은 사람이 얼마나 광대한 지역에서 얼마나 복잡한 공정을 거쳐야 하는가를 묘사하고 있다.

우선 연필의 대를 이루고 있는 나무는 캘리포니아와 오리건이 주 원산지다. 연필심으로 사용되는 흑연은 스리랑카의 광산에서 채굴한 것이며 지우개로 쓰이는 고무는 인도네시아의 고무나무에서 추출한 기름에다 이탈리아에서 수입한 경석을 섞은 것이다. 아름답게 모양을 내기 위해 칠한 래커와 레이블을 새기는 데 쓴 잉크, 고무와 연필을 연결하는 황동 등도 세계 도처에서 만들어진 것이다.

이뿐만이 아니다. 이들 물건을 제조, 운반하기 위해서는 대대적인 벌목 시설과 채굴 시설, 교통 시설이 필요하다. 이들 시설들을 갖추려면 각종 장비를 제작할 엄청난 규모의 공장이 있어야 한다. 하찮은 연필 한 자루를 만들기 위해 온 세계인이 협력하고 있는 것이다. 이처럼 복잡다단한 작업이 집권자의 일방적 명령이 아니라 수많은 개개인의 자발적 협력에 의해 효율적으로 이뤄지며 시장의 '보이지 않는 손'이 이를 가능케 한다는 게 리드의 결론이다.

한국에서 '세계화'란 단어가 입에 오르내리게 된 것은 1993년 김영삼 정부부터이다. 그러나 세계화는 최근에 발생한 현상은 아니다. 세계경제의 '세계화' 조류를 가장 먼저, 가장 날카롭게 꿰뚫어 본 사람은 마르크스다. 그는 「공산당 선언」에서 자본가는 세계 시장을 무대로 활동하며 모든 나라의 생산과 소비 패턴을 유사하게 만든다고 썼다. 고립과 자급자족을 고집하거나 새로운 조류에 적응 못하는 국가와 기업은 도태될 수밖에 없으며 국가 간의 상호의존도는 날로 높아질 것으로 예측했다. 지금부터 150년 전의 일이다.

지난 100여 년간의 세계화가 '상품의 세계화'였다면 지난 10여 년간의 세계화는 '자본과 인력의 세계화'라고 부를 수 있다. 공산 장벽이 무너지면서 물건뿐만이 아니라 자본과 인력이 자유롭게 국경을 넘나드는 세상이 된 것이다. 이를 거부하는 기업과 국가는 경쟁력을 잃고 도태되는 것이 현실이다.

이런 세계화 흐름의 덕을 톡톡히 보고 있는 것이 한국 축구다. 지난 48년간 월드컵에서 한 게임도 이겨보지 못했던 한국이 당당히 세계 랭킹 5위의 포르투갈을 깨고 16강에 진출했다. 그 빛나는 업적이 히딩크의 노하우와 한국 선수들의 피땀의 합작품임을 의심하는 사람은 없다.

세계화의 덕을 본 것은 한국만이 아니다. 세계 최강으로 불리던 고래 프랑스와 아르헨티나가 날아가고 월드컵에 첫 출전한 새우 세네갈과 만년 웃음거리였던 미국이 8강에 안착한 것이나 일본이 16강에 오른 것 모두 이와 무관

모래 속의 타조

하지 않다. 익히 알려진 대로 세네갈 선수 대부분은 프랑스 리그에서 뛰던 사람들이며 코치도 일본과 같이 프랑스인이다.

스포츠는 어떤 분야보다 능력이 모든 것을 말해 주는 곳이다. 실력만 있으면 그 사람이 어느 대학을 나왔건 어느 지역 출신이건 피부색이 노랗건 빨갛건 까맣건 종교가 있건 없건 동성연애자건 양성연애자건 상관하지 않는다. 인종 화합을 위해 선수 구성을 그 나라 인종 비율로 맞추자거나 약한 팀을 돕기 위해 처음부터 점수를 몇 점 더 주고 경기를 시작하자고 주장한다면 미친 사람 취급을 받을 것이다.

33세의 나이에 당시로서는 세계 최대의 제국을 건설한 알렉산더 대왕은 임종 직전 누구에게 제국을 물려줄 것이냐는 질문을 받고 "가장 강한 자에게"라고 답했다는 일화가 있다. 인간 세상에는 영원한 고래도 영원한 새우도 없다. 몸과 마음을 다해 노력하는 새우는 고래가 되고 이를 게을리하는 고래는 새우가 된다.

양질의 상품을 생산하는 최선의 방법은 공정한 룰이 지배하는 시장에서 자유롭게 경쟁하도록 하는 것이라는 것은 스포츠와 경제 공통으로 적용되는 진리다. 세계화란 이 원리를 전세계로 확대 적용한 것에 다름 아니다. 이번 월드컵은 한국인들이 좋아하는 학연 지연의 사슬과 '신토불이'의 신화를 깼다는 점에서 수백 권의 경제학 서적보다 한국의 장기적인 경제발전에 큰 기여를 했다고 생각한다.

2002. 06. 17

미국 부자, 한국 부자

지난 15일은 타이타닉호가 북대서양의 빙산과 충돌해 가라앉은 지 93년이 되는 날이다. 공교롭게 수많은 사람들이 얼음 바다에서 불귀의 객이 되던 순간 한반도에서는 가장 많은 한국인을 죽인 김일성이 태어났다. 1912년 4월 15일은 여러 사람들에게 불길한 날이었다.

어찌됐든 이 타이타닉호의 이야기는 수년 전 영화로 만들어져 공전의 히트를 쳤다. 리얼한 침몰 장면, 뜨거운 러브스토리, 정열적인 주제곡 등이 어우러진 이 영화는 픽션으로서는 성공이었다. 그러나 영화에 묘사된 부분이 반드시 역사적 사실과 일치하지는 않는다. 빙산과의 충돌 장면을 말하는 것이 아니다.

영화에 등장하는 상류층 인사들은 한결같이 위선자거나 허영에 들떠 있고 탐욕에 가득 찬 인물들이다. 목숨을 구하기 위해 거짓말도 서슴지 않는다. 반면 배 밑바닥에 탄 하류층 사람들은 자유분방하며 솔직담백한 캐릭터를 갖고 있다. 대중에 표를 팔고 싶은 감독의 마음은 이해할 수 있지만 그것이 과연 사실이었을까.

당시 타이타닉 호 1등석에 타고 있던 사람들은 주로 미국과 유럽의 최고 거부들이었다. 그럼에도 불구하고 이들의 절대 다수는 여성과 어린이, 노약자들에게 자리를 양보하고 타이타닉과 함께 바다 속에 수장되는 길을 택했다. 요즘 한국 언론에 자주 오르내리는 '상류층의 의무(noblesse oblige)'가 무엇인지 몸으로 보여준 셈이다.

미국 부자들은 자신이 땀흘려 번 돈을 대부분 사회를 위해 유익한 일을 하는 데 쓰려는 경향이 있다. 강철왕 앤드루 카네기는 「부의 복음」에서 부자는 부의 '수탁인'이며 이를 공공의 이익을 위해 관리할 의무가 있다고 적었다. 이런 생각을 가진 사람들에 의해 스탠퍼드 대학, 록펠러 재단 등등 수많은 교육 기관과 병원, 자선 단체가 세워졌다.

흔히 '부자들은 세금을 피하기 위한 수단으로 자선을 이용한다'고 하지만 이는 미국 역사를 잘못 알고 있는 것이다. 카네기와 록펠러, 스탠퍼드가 떼돈을 벌던 19세기는 상속세와 소득세가 거의 없었다. 1797년 처음 생겼던 상속세는 4년 만에 철폐됐고 1862년 남북 전쟁의 전비를 마련하기 위해 신설됐던 상속세는 최고 세율이 6%에 불과했으며 그나마 1870년 다시 철폐됐다. 1898년 스페인과의 전비 충당용으로 부과됐던 상속세 또한 1902년 사라졌다. 일정 소득 이상 재산의 절반을 정부가 가져가는 현대적 의미의 상속세와 소득세가 생긴 것은 1930년대 루스벨트 행정부가 들어서면서부터다.

연방 하원은 지난주 상속세를 완전히 없애는 세법 개정안을 272 대 165라는 압도적 표 차로 통과시켰다. 전통적으로 이를 지지해온 공화당은 물론이고 민주당원 42명도 찬성 표를 던졌다. 이 안 찬성자들은 이미 세금을 내며 모은 재산에 소유주가 죽었다는 이유로 또 세금을 물리는 것은 부당하며 현행법 때문에 스몰 비즈니스나 농장주들이 대를 이어 가업을 물려주는 것이 불가능하다고 주장한다. 반면 반대자들은 부의 대물림은 인간 평등 정신에 어긋나고 재정 적자를 악화시킨다고 맞선다.

그러나 이런 주장보다 흥미로운 것은 상속세를 보는 미국 부자와 국민들의 태도다. 빌 게이츠와 워런 버핏을 포함하는 많은 갑부들은 그 폐지에 반대한다. 이들은 자신이 쌓은 수백억 달러의 부 가운데 99.99%를 사회에 환원하고 자식들에게 거의 남겨주지 않겠다고 일찌감치 공언해왔다. 반면 상속세 폐지로 덕을 볼 가능성이 거의 없건만 미 국민의 65%는 이에 찬성한다. 남이 이룩한 부지만 정당하게 번 이상 그건 번 사람의 것이라는 생각이다.

만약 한국에서 어떤 돈키호테 같은 국회의원이 상속세 폐지안을 제출하면 어떤 일이 벌어질까. 통과가 안 되는 것은 물론 다음 선거 낙선 또한 불문가지일 것이다. 아니 '수구 꼴통' 보다 더한 '악질 반동' 으로 몰려 몸 성히 집에 돌아갈 수 있을지조차 의문이다.

하긴 국민들만 탓할 일도 아니다. 사회적 책임을 망각한 채 위장 전입과 불법 증여를 일삼으며까지 자식들에게 재산을 물려주려는 것이 한국 상류층 대부분의 모습이니까 말이다. 국민들은 상속세를 없애자고 하고 부자들은 이에 반대하는 모습을 한국에서 보는 것은 살아 생전에는 어려울 것 같다.

2005. 04. 18

모래 속의 타조

지옥으로 가는 길

"우리 인생 행로의 중간 지점에 왔을 때 나는 내가 어두운 숲의 한 가운데 있음을 발견했다. 바른 길은 찾아볼 수 없었다."

가장 위대한 서양 문학작품의 하나로 꼽히는 단테의 『신곡』은 이렇게 시작된다. 그 황량하고 무서운 숲의 모습은 돌이켜 생각만 해도 죽음보다 끔찍했다고 단테는 적고 있다. 그러나 어떻게 이런 지경에까지 떨어지게 됐는지에 대해서는 그 자신도 알지 못한다. 올바른 길에서 떨어져 나왔을 때 "너무나 졸음이 와서" 정신을 차리지 못하고 있는 사이 어느덧 자신이 절망의 구렁텅이에 빠져 있는 것을 깨닫게 된 것이다.

산 넘어 아침해가 떠오르는 모습을 보고 용기를 얻어 암흑의 숲을 빠져 나오려는 그의 앞을 세 마리의 짐승이 막고 나선다. 표범과 사자, 암늑대가 그것이다. 세 마리의 야수에 포위돼 사망 일보 직전에 이른 단테의 뒤에 버질의 그림자가 나타난다. 천국에 거주하는 베아트리체의 명을 받고 단테를 구원하기 위해 온 것이다. 그의 인도를 받아 지옥의 24계단을 경험하고 연옥의 7층 산을 거쳐 천국에 올라 신의 이미지를 본 체험담을 서사시의 형식을 빌어 써 내려간 것이 바로 『신곡』이다.

단테가 '인생의 중간'으로 본 35세 때 그는 생의 정점에 있었다. 명문 출신으로 당시 이탈리아 최고 도시 플로렌스의 시의원이었던 그는 부와 권력과 문인으로서의 명성을 한 손에 쥐고 있었다. 그러나 그가 속해 있던 백 겔프파가 흑 겔프파에 밀려 권력을 잃자 그는 '다시 돌아오면 사형에 처한다'는 조건이 붙은 추방 명령을 받고 하루아침에 유랑자로 변한다. 단테는 그 후 "다른 사람이 주는 빵이 얼마나 짠가"를 절감하며 동가숙 서가식 하다 다시는 고향 땅을 밟지 못하고 56세를 일기로 객사한다.

단테는 개인적으로 비참한 일생을 마쳤지만 그가 이런 시련을 겪지 않았더라면 인류가 이처럼 뛰어난 문학 작품을 얻을 수 있었을지는 의문이다. 인간의 본성과 죄, 구원의 문제를 그토록 아름다운 음율에 실어 그처럼 깊이 있게 파헤친 글은 없기 때문이다. 『신곡』 전체는 빛나는 은유와 상징으로 가득 차 있다. 일례로 어둠의 숲속에서 단테를 물어 죽이려던 세 마리 짐승 중 표범은 탐욕, 사자는 오만, 암늑대는 사기의 상징이다. 단테는 이 중에서도 사기를 가장 질이 나쁜 것으로 봤다.

단테의 지옥은 가장 죄질이 가벼운 사람을 제일 위에, 가장 나쁜 사람을 맨 밑바닥에 놨다. 맨 위에 있는 것은 육체적 욕망을 이기지 못한 자들이고 제일 바닥에 놓인 것은 사기꾼과 배신자들이다. 단테가 사기꾼을 살인자보다 밑에 둔 것은 사기 행위는 신이 인간에게만 부여한 고귀한 지능을 악용한 것이기 때문에 인간이 저지를 수 있는 죄 중에 가장 사악한 것이란 판단에서였다.

모래 속의 타조

그 동안 온 나라를 떠들썩하게 했던 황우석 사태는 결국 황우석의 직접 지시에 따른 조작극으로 판명이 났다. 황우석은 난자 취득 경위에서부터 조작 의혹이 제기된 후 지금까지 끝끝내 발뺌을 하다 마지막 순간에야 실토하는 비겁함을 보였다. 도대체 어떻게 이런 엄청난 사태가 발생한 것일까.

죄로 빠져드는 초입은 단테가 경험한 것처럼 분명한 경계가 없다. '이쯤이야 괜찮겠지' 하는 사고가 지옥으로 가는 첫걸음이다. 처음에는 난자 취득 과정을 적당히 속이는 것에서 시작해 줄기세포 2개를 11개로 둔갑시키고 나중에는 아예 없는 것도 있는 것으로 속이고 하는 식으로 발전해갔을 것이다. 그러다 발각이 되자 그 동안 쌓아온 허상에 발목이 잡혀 진실을 털어놓지 못했을 것이다.

한때 지옥 일보 전까지 갔던 단테는 스스로의 죄를 참회한 후 연옥 7층산의 고행을 거쳐 구원의 길로 들어선다. 거짓말을 하고도 태연자약한 모습을 보인 것이 한국에서 황우석 하나일까. 이번 사태를 황우석 개인은 물론 한국 사회 전체의 사기와 거짓말에 대한 인식을 바로잡는 계기로 삼아야 할 것이다.

2005. 12. 27

병에서 나온 지니

『코스모스』의 저자 칼 세이건은 한인들에게도 친숙한 이름이다. 우주와 생명에 관한 고전인 그의 책은 TV 다큐멘터리로도 만들어져 미국은 물론 전세계적으로 5억 명의 시청자를 기록하는 공전의 히트를 쳤다.

그가 평생 동안 관심을 갖고 연구해온 과제의 하나는 우주에 인간 이외에 고등 지능을 갖춘 생명체가 있는가 하는 점이었다. 은하계에만 태양과 같은 별이 수천억 개가 있고 은하와 같은 성운이 수백억 개가 있는 점으로 미뤄볼 때 지구와 같은 조건을 갖춘 행성은 수없이 많고 그 중 하나에 인간과 같은 고등 생명체가 존재할 가능성은 거의 100%일 것이란 것이 그의 생각이었다. 그가 누구보다 앞장서 대형 안테나를 통한 '외계 지능 탐사(Search for Extraterrestrial Intelligence, SETI)' 사업을 지지한 것도 그래서였다.

그러나 SETI 사업이 수십 년째 계속되고 있음에도 아직까지 외계인이 보내온 전파 메시지를 찾는 데 성공하지 못하고 있다. 물론 우주가 워낙 넓고 인간의 기술이 아직 미미한 전파까지 탐지할 정도로 발달하지 못했기 때문일 수도 있다. 그러나 칼 세이건을 포함하여 일부에서는 새로운 가설을 내세우기도 한다.

즉 일정 수준 이상 지능을 가진 생명체는 고도의 문명을 건설하지만 이는 오래 가지 못한다는 이론이다. 그 이유는 기술 발달과 함께 이들이 개발하는 무기의 파괴력도 급속히 커진다. 한번 이런 무기가 개발되면 널리 퍼지게 마련이고 그중 누군가가 어느 순간 이에 대한 통제력을 상실할 경우 그 생명체 집단은 자멸하고 만다는 것이다.

요즘 인기를 끌고 있는 사극 〈주몽〉만 봐도 이 이론이 그럴 듯 보인다. 부여의 금와왕은 숙적 한나라와 싸워 이길 수 있는 최선의 방법이 한나라 강철검에 맞설 수 있는 비장의 무기를 개발하는 것이라고 판단, 우여곡절 끝에 성공한다. 그러나 이 검의 비법은 순식간에 인근 졸본으로 퍼져나가고 결국에 가서는 주변국 모두가 이를 갖게 된다.

인류 역사를 보면 항상 강한 무기를 가진 종족이 그렇지 못한 종족을 지배해왔다. 호랑이나 사자에 비해 이빨도 발톱도 형편없는 인간이 '백수의 왕'을 제압할 수 있었던 것은 처음에는 석기, 나중에는 칼과 창의 힘이었다. 청동기 무기를 만든 종족이 석기밖에 없던 종족 위에 군림했고 그후 철기를 든 종족이 이들을 쓰러뜨렸다.

처음 총포와 화약이 만들어졌을 때 이는 소수 국가의 최고 기밀이었지만 나중에는 쉽게 찾아볼 수 있는 공통의 지식이 되었으며 이제 모든 나라, 모든 민족이 이를 갖고 있다. 20세기 중반 백인들의 식민지 지배가 끝난 가장 큰 원인을 총기 보급의 보편화에서 찾는 이론이 있다. 똑같이 총을 들었을 때 백인이 아시아인이나 아프리카 흑인보다 나을 것이 하나도 없다는 것이다.

북한이 한민족의 명절 추석을 기념해 핵실험을 하는 바람에 세상이 시끄럽다. 유엔 안전보장이사회가 북한 제재안을 만장일치로 통과시키고 북한의 전통 우방인 중국마저 북한과의 교역에 검문검색을 실시하는 등 핵 포기 압력을 가중시키고 있다.

그러나 그렇다고 북한이 쉽게 이를 포기할 것 같지 않다. 지난 50년간 어느 나라보다 고립된 상태에서 '내 갈 길을 간다' 며 수백만의 자국민을 굶어 죽인 나라가 북한이다. 이제 와서 외부 압력에 굴복하는 것은 김정일이 살아 있는 한 불가능한 일이다.

설사 북한이 핵을 폐기한다 하더라도 핵의 확산은 피할 수 없는 대세로 보인다. 지금까지 핵 개발에 성공한 후 이를 자진해서 포기한 나라는 남아공 하나뿐이다. 그 남아공조차 요즘 다시 핵 개발을 시도하는 중이라 한다. 인류 역사는 한번 병 밖으로 나온 지니를 다시 안에 집어넣는 것은 불가능함을 보여준다. 과연 인류에게는 자멸을 막을 만한 능력이 있는 것일까.

2006. 10. 17

7% 경제성장론의 허구

〈메리에게는 뭔가 특별한 것이 있다〉라는 영화가 있다. 저속한 부분이 섞여 있지만 정말 웃기는 장면이 많은 코미디다.

이 가운데 주인공이 차를 타고 가다 히치하이커를 태워주는 에피소드가 있다. 이런 저런 이야기를 나누다 차를 얻어 탄 사람이 자기에게 기발한 비즈니스 아이디어가 있다며 함께 참여할 생각이 있느냐고 묻는다. 무슨 아이디어냐고 하자 '8분 만에 살 빼는 법'이란 비디오를 들어본 적이 있느냐는 것이다. 그렇다고 답하자 자기는 '7분 만에 살 빼는 법'이란 비디오를 내놓겠다고 한다. '8분' 비디오와 '7분' 비디오가 나란히 놓여 있으면 사람들은 어느 쪽을 택하겠느냐는 것이다.

주인공이 그럴 듯한 이야기라고 맞장구를 치다 만일 어떤 사람이 '6분 만에 살 빼는 법'이란 비디오를 내놓는 날에는 문제가 생길 것이라고 한마디 하자 이 히치하이커는 갑자기 흥분하며 그건 불가능하다고 화를 내기 시작한다. 이 순간 프리웨이 휴게소가 나와 우여곡절 끝에 둘은 헤어지게 된다. 나중에 알고 보니 이 사람은 정신병원을 탈출한 환자로 이미 한 사람을 죽이고 주인공마저 막 죽이려는 찰나였다.

한국에서 요즘 대선 후보간에 '당선되면 연 7%의 경제성장을 이룩하겠다'는 공약을 놓고 말들이 많다. 박근혜·이명박 두 후보가 7% 경제성장을 공약으로 내걸자 손학규 후보는 "아무리 해 봐도 내 계산으로는 6.4%밖에는 나오지 않는다"고 반박했다. 민노당의 노회찬 의원까지 이에 가세, "성장률 7%, 일자리 300만개 공약은 신이 내려와도 달성하지 못하는 헛 공약"이라고 비판하고 나섰다.

노무현 대통령도 후보 시절 7% 경제성장을 선거 공약으로 내걸었었다. 그러나 노 대통령 임기 동안 최고 성장률은 5%였다. 이제 와서 하는 이야기가 "7% 성장률 공약이 얼마나 발목을 잡았는지 모르겠다. 불가능한 건 불가능한 거다"라는 것이다. 누군가 "어떻게 7%라는 숫자가 나오게 됐습니까" 하고 묻자 "다른 후보가 6%를 제시해 나는 7%를 내놨다"고 답했다고 한다.

한국 경제는 세계 한가운데 혼자 떠 있는 섬이 아니다. 한때는 '미국이 기침만 해도 한국은 감기가 든다'는 말이 있을 정도로 미국과 밀접한 관계를 맺어 왔고 이제는 미국 의존도는 줄어들었지만 세계화의 영향으로 세계 곳곳에서 일어나는 변화에 더 민감하게 반응한다.

임기가 끝나는 5년 후 세계 정세와 경제가 어떻게 변할지 아무도 모르는데 한국만 유독 7%의 경제성장을 이룩하겠다고 공약하는 것은 정말 무책임한 일이다. 또 안다 한들 수천만 근로자와 기업이 만들어내는 경제성장을 대통령 혼자서 어떻게 마음대로 조절할 수 있단 말인가.

이 공약에 대한 두 사람의 비판도 문제다. 어떻게 따졌기에 한국 경제의 최고 성장률은 6.4%를 넘을 수 없다는 계산이 나오는 걸까. 또 무엇을 근거로 7% 성장은 신이 내려와도 불가능하다고 단언하는 것일까. 근본적으로 문제를 보는 시각이 잘못돼 있다.

미국도 내년 대선을 앞두고 10여 명의 후보가 출마를 선언했거나 곧 할 예정이다. 그러나 이들 중 누구도 '내가 대통령이 되면 연 몇 %의 경제성장을 이룩하겠다'는 약속을 하는 사람은 없다. 그렇게 했다가는 '저 사람은 자기가 미국경제에 통달하고 이를 좌우할 수 있는 힘이 있다고 믿는 위험한 인물'로 낙인 찍혀 당내 예선도 통과하기 어려울 것이다.

대통령은 신이 아니다. 경제 전문가들도 예측하기 어려운 몇 년 앞의 경기를 내다보고 %까지 맞춘 경제성장을 이룩해낸다는 것은 불가능하다. 대통령이 할 수 있는 것은 기업은 안심하고 투자하고 근로자들은 보람을 갖고 열심히 일할 수 있는 환경을 만드는 것이며 그것으로 충분하다. 올해가 후보자들이 허황된 숫자 놀음으로 유권자들을 혹하게 만드는 마지막 대선이 됐으면 한다.

2007. 02. 13

자유무역의 힘

지금은 믿기 어려운 일이지만 영국은 한때 농업 국가였다. 산업혁명이 일어난 지 100년이 지난 19세기 중반까지 '농업은 영국의 기간산업'이며 '농자는 천하지대본'이며 '농업 시장을 개방하면 나라가 망한다'는 소리가 공공연히 나돌았다.

영국의 농부와 지주들은 고관세로 외국 곡물이 들어오는 것을 굳건히 막고 있는 '곡물법(Corn Law)'의 보호 아래 안락한 생활을 누리고 있었다. 반면 이 법의 최대 피해자는 중노동과 저임에 시달리고 있던 노동자들이었다. 유럽 대륙에서 싼 보리를 수입해 빵을 만들면 훨씬 싸게 배를 채울 수 있는데도 이 법에 묶여 월급의 대부분을 식비로 써야 했다.

물론 당시에도 영국이 나아갈 길은 농업이 아니라 공업이며 농부의 이익을 위해 노동자들을 희생시키는 것은 잘못이라고 믿은 사람들이 있었다. 그중 대표적인 인물이 리처드 콥든이다. 원래 무역상 출신이던 그는 비즈니스를

모래 속의 타조

성공적으로 운영해 큰돈을 벌었다. 장사만 계속했으면 거부가 됐을 수도 있었지만 그는 보통 상인과는 다른 점이 있었다. 틈만 나면 책읽기를 좋아한 것이다.

오랜 세월에 걸친 독서와 사색 끝에 그가 내린 결론은 영국이 진정한 선진국이 되기 위해서는 '곡물법'의 폐지가 선결 과제라는 점이었다. 그는 1839년 맨체스터에서 뜻을 같이 하는 사람들과 '반 곡물법 동맹'을 만들었다. 당시 보수당 총리이던 로버트 필은 폐지의 필요성을 깨달았지만 농부와 지주들의 지지를 받던 집권 보수당 내에서는 이 법 폐지에 대한 극심한 반대가 일었다. '곡물법' 폐지 운동가들은 매국노로 매도됐다.

그럼에도 '곡물법'은 보수당 일부와 야당이던 휘그당의 도움으로 결국 1846년 제정 31년 만에 폐지되고 만다. 그러나 이 일로 보수당은 결국 둘로 쪼개지고 필도 총리직을 사임했다. 이때 갈라진 보수당 일파와 휘그당, 급진파 등이 모여 만든 당이 그후 80년간 보수당과 자웅을 결한 자유당이다.

'곡물법' 폐지는 영국이 보호 무역주의의 족쇄를 깨고 무역 자유화로 가는 전기를 만들었다. 영국의 공산품이 전세계를 휩쓸고 '해가 지지 않는' 대영제국이 가능해진 것도 상당 부분 그 덕이다. 권위 있는 영국의 경제 전문지 「이코노미스트」도 '곡물법' 폐지 운동의 하나로 그때 만들어졌다.

공교롭게 콥든 사망 142 주기인 4월 2일 한미 간에 역사적인 자유무역 협정(FTA)이 체결됐다. 그러나 이 협정 체결을 놓고 160년 전 영국에서 일어났던 일이 지금 한국에서 그대로 되풀이되고 있다. 집권당과 시민단체 일각에서는 게거품을 물고 펄펄 뛰며 이 협정 체결을 반대하는가 하면 이 협정 추진자들은 '매국노'로 몰아붙이고 있다. 시간과 장소가 바뀌어도 역사의 발전

과정은 변하지 않는가 보다.

　인간은 대체로 경쟁을 싫어한다. 몸을 일으켜 바삐 돌아다니고 좋은 제품을 만들기 위해 머리를 짜내기보다는 가만히 누워 있는 것이 편하기 때문이다. 경쟁은 천성적으로 게으른 인간으로 하여금 스스로 발전하게 만드는 효과적인 채찍이다. 자유무역은 경쟁을 통해 기업의 체질을 튼튼하게 만들 뿐 아니라 관세를 낮춰 소비자로 하여금 좋은 제품을 싸게 사게 하며 교역량을 늘려 경제 규모를 키우고 일자리를 창출한다.

　그러나 이런 실질적인 이유보다 자유무역이 중요한 것은 모든 자유는 서로 연결돼 있으며 궁극적으로 하나이기 때문이다. 경제적 자유에 대한 제한은 잠재적으로 정치적 자유에 대한 위협이다. 유럽 역사는 '시장의 자유'가 '시민의 자유'보다 앞서 이뤄졌으며 경제적 자유는 결국 정치적 자유를 불러왔음을 보여준다. 한국의 한미 FTA 반대자들이 하루속히 '경제 자유를 짓밟는 것이 발전'이고 '쇄국이 구국'이라는 환상에서 깨어나기 바란다.

2007. 04. 03

미국인의 죽음, 한국인의 죽음

존 애덤스와 존 퀸시 애덤스는 미 역사상 첫 부자 대통령으로 유명하다. 두 사람은 이밖에도 각각 자기가 살던 시대를 대표하는 법률가로 역사적인 재판에 관여했다는 공통점을 갖고 있다.

1770년 3월 5일 보스턴 주둔 영국군이 주민 다섯 명을 살해한 소위 '보스턴 학살 사건'이 일어나자 당시 변호사였던 존 애덤스는 살인 혐의로 기소된 영국군의 변호를 맡고 나섰다. 일찍이 영국으로부터의 독립을 주창하던 애덤스가 식민지 주민을 살해한 군인을 변호한다는 것은 자칫 정치적 자살 행위가 될 수도 있는 일이었다.

그러나 애덤스는 아무리 영국군이라도 자신의 생명을 지키기 위해 한 행위로 살인죄를 저질렀다는 누명을 뒤집어써서는 안 된다는 소신 하에 재판에 임했다. 식민지 주민들로 구성된 배심원은 소수의 영국군을 둘러싼 군중이 먼저 위협을 가해 어쩔 수 없이 발포했다는 그의 변론을 받아들여 지휘관은 무죄, 병사들 2명에게만 과실치사 혐의를 인정했다.

230년 전 독립운동이 불붙기 시작한 때 식민지 법원이 이런 판결을 내릴 수 있었다는 것은 미국 사회와 법조계에 대중 선동보다는 공정한 법 집행 전통이 얼마나 뿌리 깊게 내려져 있었는지를 실감케 한다.

존 애덤스의 아들 퀸시 애덤스가 맡은 것은 스티븐 스필버그에 의해 영화로도 만들어져 널리 알려진 '아미스타드 선상 반란 사건'이다. 1839년 아프리카 시에라리온에서 잡혀와 쿠바에서 스페인으로 실려 가던 50여명의 노예들은 아미스타드 호 선상에서 반란을 일으켰다. 그 결과 선장은 죽고 항해사들은 포로로 잡혀 아프리카로 배를 돌리라는 명령을 받았다.

그러나 이들 항해사들은 낮에는 아프리카로 가는 척하다 밤이 되면 뱃머리를 서쪽으로 돌려 결국 미 뉴욕 항에 들어왔다. 스페인 정부는 선상 반란을 일으킨 노예들과 배를 즉각 인도할 것을 요구했으며 당시 대통령이던 밴 뷰런도 이에 응할 생각이었다.

그러나 노예제 폐지를 주장하던 일부 인사들이 반기를 들고나섰다. 이들은 강제로 노예로 끌려온 사람들이 반란을 일으킨 것은 자신의 생명을 지키기 위한 불가피한 행위로 이들을 벌하거나 강제 송환할 수 없다는 논리를 폈다. 1심 법원은 이 주장을 받아들여 노예들에게 무죄를 선고했으나 연방정부는 이를 연방 대법원에까지 상고했다.

이때 흑인 노예들의 변론을 맡아 나선 것이 퀸시 애덤스다. 이미 대통령을 지내고 연방 하원의원으로 일하고 있던 그는 74세의 노구를 이끌고 법정에서 미국의 건국이념을 거론하며 흑인 노예들의 무죄를 주장했다. 당시 대법원에는 노예제를 지지하는 남부 출신 판사가 9명 중 다섯이나 있었음에도 대법원은 퀸시 애덤스의 손을 들어줬으며 그 결과 흑인들은 자유의 몸이 돼 아프리카로 돌아가는 배에 올랐다.

지난주 버지니아 공대에서 발생한 최악의 교내 총기 난사 사건을 대하는 미국인들의 태도에서, 비록 적이라도 공정한 재판을 받을 권리가 있음을 밝힌 존 애덤스와 개인적으로 무관한 노예의 인권을 위해 변론을 편 퀸시 애덤스의 모습을 본다.

만약 한국에서 정신이 돈 미국인 강사가 수십 명의 한국 학생을 사살했다면 어떤 일이 벌어졌을까. 그에 대한 대답은 5년 전 미군 병사가 과실로 한국 여학생 2명을 치어 죽였을 때 어떤 사태가 일어났는지 기억해보면 자명하다. 미국은 원래 인디언을 학살하고 흑인을 노예로 삼은 나라이며 미군은 한국과 월남에서 양민을 살상했으며 지금도 총기 규제 하나 못하는 야만국이라는 글이 온라인을 덮었을 것이다. 전국 방방곡곡이 촛불 시위로 환하고 대통령 선거 결과가 또 뒤집혔을지 모른다.

여학생의 사고사를 반미 정치 선동에 이용하고도 부끄러워할 줄 모르는 나라와 자국민 수십 명의 생명을 앗아간 한인 살인자의 죽음에 오히려 동정을 보내는 나라, 둘 중 어느 쪽이 선진국인지 생각해보자.

2007. 04. 24

시리아 폭격 사건

'사예렛 마트칼'은 이스라엘 군의 정찰 및 반 테러 임무 전담 정예부대다. '대담한 자가 이긴다'를 모토로 삼고 있는 이 부대는 군대내 엘리트 중의 엘리트다. 1973년 레바논에 잠입해 1972 뮌헨 올림픽 학살을 저지른 범인들을 사살한 것도 이들이고 1976년 우간다 엔테베 공항을 기습해 100여 명의 인질을 구출한 것도 이들이다.

지난 9월 6일 이스라엘 F-15 공군기들은 시리아 북쪽 다이르 아즈-즈와르의 한 기지를 폭격하여 잿더미로 만들었다. 이번 폭격으로 공장에 있던 북한인이 여러 명 사망했으며 사건 직후 대책 공조를 위해 시리아 고위 관리가 평양으로 날아간 것으로 알려졌다. 이스라엘 측은 오래 전부터 이곳이 시리아의 핵무기 제조 공장이라는 정보를 갖고 있었다. 그러나 이곳 폭격을 하기 전 워싱턴과 상의하자 부시 행정부는 확실한 증거가 없이는 안 된다고 답했다. 이때 투입된 것이 사예렛 마트칼이다. 시리아 군 복장을 한 이들 부대는

모래 속의 타조

이 기지에 잠입, 이곳에 있는 핵 물질이 북한산이라는 것을 입증했으며 이 사실을 확인한 부시 행정부는 폭격을 승인했다는 것이다.

사예렛 마트칼에서 잔뼈가 굵은 인물의 하나가 에후드 바락이다. 그는 '이스라엘 역사상 가장 훈장을 많이 받은 군인'이란 영예와 함께 나중에 총리의 자리에까지 오른다. 지난 6월 이스라엘 국방장관 자리에 앉은 그가 취임하자마자 맡은 것이 바로 이 기지 폭격 작전이다. 이 작전은 워낙 극비리에 진행됐기 때문에 공군 조종사들도 발진한 후에야 행선지를 알았다. 이스라엘 정보부인 모사드가 올메르트 총리에게 올 초 시리아가 북한으로부터 핵 장비를 구입하려 한다고 보고했으며 이때부터 폭격 작전 계획이 수립됐다고 한다.

이 작전의 목적에 대해 공식 발표된 바는 없지만, 중동 같이 일촉즉발의 긴장이 감도는 곳에서 이스라엘이 느닷없이 아랍권 기지에 대해 공습을 감행했다는 것은 사안이 예사롭지 않음을 말해준다. 시리아가 대량 살상 무기와 장거리 미사일 개발에 큰 관심을 가지고 있다는 것은 잘 알려진 사실이다. 이번에 폭격 당한 기지가 핵과 관련이 있지 않고는 이스라엘이 전쟁의 위협을 무릅쓰고 공격을 감행하지는 않았으리란 것이 일반적인 관측이다.

이번 사건과 관련, 주목을 받고 있는 나라가 북한이다. 공습이 '시멘트'를 실은 북한 선박이 시리아에 도착한 지 3일 후에 이뤄졌고 이 공습을 북한 중앙 방송이 대대적으로 비난했다는 점도 북한 관련설에 무게를 실어주고 있다. 김일성과 현 바샤르 알 아사드 시리아 대통령의 아버지 아사드와의 관계는 특히 돈독했다. 묘향산의 한 터널에는 아사드가 김일성에게 선물로 준 칼라슈니코프 장총과 권총이 보관돼 있으며 2004년 4월 신의주 용천 대폭발 사고 때도 10여명의 시리아 기술자가 현장에서 사망한 것으로 알려져 있다.

존 볼턴 전 유엔 대사는 북한이 핵사찰을 받기 전 가지고 있던 핵무기와 장비를 시리아로 빼돌리려 했다고 주장한다. 최근 6자 회담 일정이 갑자기 연기된 것도 중국이 미국이 이 문제를 들고 나올까 두려워 미뤘다는 것이다. 이번 사건에 대해 북한과 시리아 정부는 핵 물질 존재 여부를 완강히 부인하고 미국과 이스라엘 정부는 침묵으로 일관하고 있다. 주목할 점은 부시 행정부가 마지막 금기로 여겨온 핵 물질 유출 여부가 확인되지 않은 상태에서 6자 회담 합의서가 나오고 미국이 2,500만 달러의 중유 지원을 하기로 했다는 점이다.

이에 발맞춰 노무현 대통령은 2일부터 평양을 방문, 대대적인 남북 화해 무드를 조성하려 하고 있다. 노 대통령은 회담 전 기자 간담회에서 "이미 풀려가고 있는 북핵 문제를 김정일 국방위원장과 말하라는 것은 가서 싸우라는 것"이라고 말해 핵을 논할 의사가 없음을 분명히 했다.

이라크 전쟁의 실패와 함께 네오콘이 모두 물러나고 이빨 빠진 호랑이 신세가 된 부시 행정부나 원래부터 북한이라면 꼼짝 못하는 노무현 정부나 이 시점에 와서 시리아-북한 커넥션을 문제 삼아 '다 된 죽에 코 빠뜨리는 일'은 하지 않을 것으로 보인다. 시리아 폭격 사건은 누구에게도 반갑지 않은 '불편한 진실'로 오랫동안 남을 모양이다.

2007. 10. 02

노무현의 공과 과

델포이에 있는 '지혜의 신'인 아폴로 신전에는 '너 자신을 알라'는 말이 새겨져 있었다고 한다. 이는 소크라테스가 평생 추구했던 목표이기도 하다. 자신을 아는 것이 지혜의 시작과 끝임을 시사한다.

그러나 이는 어려운 일이다. 인류의 일부분인 인간을 알기 위해서는 인류에 대한 이해가 필수적이고 인류를 알기 위해서는 인류가 살고 있는 세계에 대한 이해가 불가결하기 때문이다. 결국 나 자신을 이해하려면 온 세계를 이해해야 한다는 결론에 도달한다. 실제로 '너 자신을 알라' 다음에는 '그리하면 온 세계를 알게 되리라'는 말이 붙어 있었다고 한다.

그러나 스스로를 이해하는 것이 어려운 또 하나의 까닭은 모든 인간은 자기 이해관계라는 렌즈로 사물을 보기 때문이다. 살인자 중 자기 잘못을 진정으로 뉘우치고 참회하는 경우는 거의 없다고 한다. 온갖 이유로 자기합리화에 급급한 경우가 대부분이라는 것이다.

노무현 전 대통령의 자살을 놓고 네티즌들 사이에서 격론이 벌어지고 있다. 한 쪽은 지역주의와 학력 차별을 타파하고 깨끗한 정치를 펼쳐 보려다 우파의 음모에 못 견뎌 목숨을 끊은 애국지사라는 주장이고 다른 한쪽은 가난과 고졸의 콤플렉스를 극복 못하고 편 가르기만 하다 나라를 망친 후 위선적인 행각이 드러나자 자살한 못난이라는 것이다.

이 두 주장을 펴는 사람 가운데 상대방에 조금이라도 일리가 있다고 인정하는 사람은 없다. 끝까지 평행선을 달리다 나중에 가면 욕설로 끝나기 마련이다. 대화와 토론과 타협이 어려운 한국 정치의 현실을 분명히 보여준다.

노무현이 이상을 실현하기 위해 힘썼고 전임자에 비해 부정이 덜 했다는 사실을 부인할 사람은 없을 것이다. 18년간 철권통치를 하며 무고한 사람을 숱하게 죽인 박정희나 광주 사태의 원흉 전두환 노태우, 부패의 온상인 한국 정치판에서 일생을 보낸 두 김 씨에 비하면 그는 깨끗하기 그지없는 인물이었다.

러시아 혁명의 대표 시인 마야코브스키는 "사랑의 범선은 일상의 바위에 좌초했다. 누구도 원망하지 말라"는 시구를 남기고 권총 자살했다. 이상주의자로 출발한 그는 완강한 현실의 벽에 좌절하고 스스로의 무능과 부패에 견디지 못해 목숨을 끊었다. 이상주의는 현실주의보다 위험하다.

그럼에도 불구하고 '도덕성'을 최대 무기로 내세웠던 그나 그 가족이 권력을 이용해 돈을 받았다는 것도 틀림없는 사실이다. 그를 '가혹한 검찰 수사의 희생양'으로 몰아가는 사람들은 그럼 앞으로 뇌물을 받은 공직자는 물렁물렁하게 수사해 적당히 넘어가야 한다고 믿고 있는 것일까.

이와 관련해 짚고 넘어가야 할 일이 대우 건설 남상국 사장의 자살이다. 그는 당시 노 대통령으로부터 "대우건설 사장처럼 좋은 학교 나오고 크게 성공한 분이 시골에 있는 별 볼 일 없는 사람에게 가서 머리 조아리고 돈 주고 하는 일이 이젠 없었으면 좋겠다"라는 직격탄을 맞고 한강에 몸을 던져 이승을 하직했다.

검찰이 노 전 대통령의 죽음에 책임이 있다고 한다면 노 전 대통령은 남 사장 죽음에 대한 책임을 져야 한다. 불과 5년 간격으로 심적 고통을 견디지 못하고 한 사람은 물에, 또 한 사람은 바위에 몸을 던져 생을 마감했다는 사실은 업보 혹은 운명의 힘을 느끼게 한다.

어쨌든 그는 "삶과 죽음이 모두 자연의 한 조각 아니겠는가? 미안해하지 마라. 누구도 원망하지 마라. 운명이다"라는 말을 남기고 생을 마감했다. "삶은 한 조각 구름이 일어나는 것이고 죽음은 한 조각 구름이 지는 것"이라는 능엄경의 진리를 연상시킨다.

그를 순교자로 숭상하는 것이나 비겁자로 매도하는 것 모두 사실에 맞지 않는다. 그의 공과 과를 있는 그대로 인정하는 것이 한국 사회가 그의 죽음을 넘어 성숙한 단계로 도약하는 길이다. 더 이상 자기 마음에 맞지 않는 부분은 깔아뭉개고 높은 목청이 진실인양 위세를 떠는 풍조는 사라져야 한다.

2009. 05. 26

7

지구촌 스케치

자원은 하늘이 내리는 것이 아니라 인간이 창조하는 것이다. 19세기 이전까지 석유는 재산이 아니라 골치 덩어리였다. 고약한 냄새가 나고 위험하기 짝이 없는 유전 근처에는 아무도 가려하지 않았다. 인간의 두뇌가 이를 에너지원으로 개발하여 가치 있는 상품으로 만든 것이다. 미국 인구가 3억을 넘어섰다고 한다. 일각에서는 또다시 해묵은 인구 폭탄 이야기를 하는 모양이지만 이는 기우에 불과하다. 오히려 장기적인 미국의 번영을 알리는 청신호로 봐야 한다. 인류 역사는 인구가 늘어나면 자원이 고갈되고 자원이 고갈되면 재난이 닥친다는 통념이 잘못된 것임을 보여주고 있다. 아시아의 '네 마리 용'으로 불리는 한국, 대만, 홍콩, 싱가포르는 한결같이 세계에서 가장 인구밀도가 높은 나라들이다. 단지 인구가 많으냐 적으냐가 문제가 아니라 각자의 두뇌를 어떻게 개발해 인류를 풍요롭게 할 기술 혁신을 이뤄내느냐가 포인트다. 인간은 소비자인 동시에 생산자임을 기억하자.

베를린의 두 얼굴

포츠담 광장은 '베를린의 압구정동'이라 불릴 만하다. 한때 동서 베를린 경계의 버려진 땅이던 이곳은 통일 후 다임러 크라이슬러 본사, 소니 센터 등 최첨단 건물이 들어선 멋쟁이 동네로 변했다. 어디에 앉아도 1등석 같은 느낌이 들게 설계한 베를린 필하모닉 음악회관과 독일 최고의 갤러리로 손꼽히는 쿨투르포룸 등도 모두 인근에 있다. 온갖 모양을 낸 고층 건물 위에 강철 천막이 씌어진 광장 모습은 초현대식 느낌이 물씬 풍긴다.

옛날 베를린 장벽이 있던 경계선을 따라 걸어보면 동베를린 쪽이 새 건물을 짓느라 더 바쁘다. 그도 그럴 것이 워낙 낡고 볼품이 없어 다시 짓지 않고는 제 기능을 할 수 없기 때문이다. 리모델링을 하지 않은 동베를린 일대는 '이곳이 과연 유럽인가' 하는 생각이 들 정도로 초라하다.

지상의 베를린 시내는 유서 깊은 고도답게 웅장한 면모를 과시하고 있지만 땅 밑으로 들어가 보면 전혀 다른 모습이 펼쳐진다. 베를린 시민들의 발인 지하철의 창이란 창은 밖을 내다볼 수 없을 정도로 망가져 있다. 페인트로 온갖 낙서가 뒤덮여 있을 뿐 아니라 송곳으로 유리를 긁어 놓았다. 단 하나의 예외도 없다. 독일민족다운 철저함이 엿보인다. 안내판과 복도, 가판대 등도 10년 이상 한 번도 보수를 하지 않은 듯 낡고 지저분하다.

외국 방문객에게 도시의 첫 인상을 심어주는 지하철을 이처럼 엉망으로 방치하고 있다는 것은 시 정부가 이를 관리할 재정 능력이 없거나 낙서범을 제재할 의지가 없거나 아니면 둘 다임을 보여준다. 사회가 내면적으로 깊이 병들고 있음을 알리는 신호다. 마치 줄리아니 이전의 뉴욕을 보는 듯 하다.

독일이 중병에 걸려 있다는 조짐은 지하철에서만 나타나는 것은 아니다. 독일의 다우존스라 할 수 있는 DAX 지수는 3년 전에 비해 70% 이상 떨어져 있다. 경제는 만성적인 고실업과 저성장의 수렁에서 헤어나지 못하고 있으며 컴퓨터, 생명 공학, 우주 항공 등 첨단산업 분야에서는 경쟁력이 있는 기업이 거의 없는 상태다.

20세기 초만 해도 '양자 역학의 아버지' 막스 플랑크에서 '상대성 이론'을 만든 아인슈타인에 이르기까지 자연 과학은 독일의 독무대나 다름없었다. 그러나 이는 더 이상 사실이 아니다. 지난 수십 년간 노벨 물리학상을 탄 독일 과학자는 '가뭄에 콩 나듯' 찾기 힘들다. 간혹 독일 이름을 가진 사람도 대부분 미국 대학에 적을 두고 있다. 독일 대학 수준이 현저히 떨어지고 있다는 반성은 독일에서 일고 있다.

설상가상으로 전문가들은 현 추세가 계속되면 금세기 말 독일 인구는 8,000만에서 4,000만으로 줄어들 것으로 보고 있다. 반면 '독일의 멕시칸' 인 터키인 수는 이미 500만을 넘었으며 빠른 속도로 증가하고 있다. 이대로 가면 이 땅이 누구 땅인지 분간이 안 될 지경이다. 인구는 계속 줄어 노동력은 부족한데 그렇다고 외국인을 더 수입하자니 '단일 민족'의 순수성이 훼손될까봐 이러지도 저러지도 못하고 있다.

일부에서는 막대한 통일 비용 때문에 그렇게 됐다고 주장하고 있지만 그것이 이유의 전부는 아니다. 2차 대전 패전 이후 독일의 비약적인 성공은 루터의 종교 개혁 이후 내려온 근로에 대한 존경과 정직함, 높은 교육열 등의 전통에 에르하르트 총리의 시장 친화적인 정책이 맞물려 이뤄진 것이다. 1년에 두 달에 걸친 유급 휴가와 '직원 해고하기가 이혼하기보다 힘든' 노동시장의 경직성, 고율의 소득세와 후하기 짝이 없는 실업 수당 등이 독일인들의 근로 의욕과 창의를 억누르고 있다. 요즘 같이 국가 간 경쟁이 치열한 시대에 이런 자세로 언제까지나 경제적 우위를 유지할 수 없음은 자명하다.

독일이 앓고 있는 질병은 독일만의 것이 아니라 '낡은 유럽'의 공통된 현상이다. 유럽에서 가장 먼저 산업혁명을 일으킨 영국은 30년 전 소위 '영국 병'을 치르다 대처라는 의사에 의해 큰 수술을 받고서야 겨우 목숨을 건졌다. 독일은 인구로나 경제력으로 보나 아직 유럽 최대 국가다. 독일이 살아나지 않는 한 유럽의 활기도 없다. '독일 병'을 하루 속히 고칠 명의는 없는 것일까.

2003. 04. 11

벤츠가 주는 교훈

'모든 사건 뒤에는 여성이 있다.' 추리소설에 자주 등장하는 이 말은 명품의 대명사로 꼽히는 벤츠 자동차의 탄생에도 그대로 들어맞는다.

1886년 1월 29일 독일 만하임에서 칼 벤츠가 자신이 만든 세발 자동차 특허를 등록시킨 날을 학자들은 자동차 탄생일로 잡는다. 그러나 벤츠가 자신의 힘만으로 자동차를 만든 것은 아니다. 숱한 역경을 극복하고 이를 가능케 한 일등공신은 그의 아내 베르타였다.

벤츠가 하던 가게가 경영난으로 문을 닫을 처지에 놓이자 당시 그의 약혼녀였던 베르타는 친정 부모를 설득하여 지참금을 미리 받아 위기를 모면케 했다. 우여곡절 끝에 1888년 차를 시장에 내놓고 선전을 했지만 아무도 타려는 사람이 없었다. '안전하고 편안한 마차가 있는데 왜 검증되지 않은 고철을 타느냐'는 것이 대다수의 생각이었다.

남편이 다시 파산에 직면하게 되자 베르타는 한밤중에 남편 몰래 차를 끄

집어내 14살과 15살 난 두 아들을 태우고 만하임에서 슈투트가르트 인근 포르츠하임까지 100km 장거리 운전을 감행했다. 새벽에 출발한 이 차는 해질 무렵 무사히 목적지에 도착했다. 세계 최초의 장거리 자동차 여행이 성공하는 순간이었다. 이 소식이 언론을 통해 소개되자 독일 전역은 흥분에 휩싸이고 차는 날개 돋친 듯 팔리기 시작했다. 벤츠는 자서전에서 "우리 배가 침몰하려 했을 때 내 곁에서 끝까지 나를 지켜준 것은 아내뿐이었다"고 회상하고 있다. 베르타는 1929년 벤츠가 사망한 후에도 오랫동안 회사의 발전을 지켜보다 1944년 95세로 숨을 거뒀다.

벤츠는 1926년 완벽주의자 엔지니어 고틀립 다임러가 세운 다임러 사와 합병하면서 최근까지 '자동차의 왕'으로 군림해왔다. 벤츠에 '메르세데스'라는 이름이 붙게 된 것은 다임러의 파트너가 차에 자기 딸 이름을 붙여주지 않으면 투자하지 않겠다고 해 그렇게 됐다.

그 벤츠의 신화가 흔들리는 조짐을 보이고 있다. '자동차의 바이블'로 불리는 J. D. 파워 사 조사에 따르면 벤츠의 소비자 만족도가 일본 고급차는 물론이고 GM이나 크라이슬러 등 미국 차에도 못 미치는 것으로 나타났다.

3년 이상 차를 소유한 5만 5,000명을 대상으로 2,000개 모델의 147가지 문제점에 관해 분석한 이 보고서는 렉서스가 차 100대당 163건으로 가장 문제가 적었고 인피니티가 174건으로 두 번째, GM의 뷰익이 179건으로 세 번째라고 밝혔다. 벤츠는 318건으로 전체 평균 273건은 물론 수년 전 합병한 크라이슬러의 295건에도 뒤졌다.

물론 한 번의 조사만으로 '벤츠 시대는 갔다'고 말하기는 이르다. 벤츠 측에서는 "이번 조사는 그 동안 결함 차량으로 밝혀진 일부 모델 때문"이라며

"이미 문제를 고쳤기 때문에 앞으로는 좋아질 것"이라고 말했다.

그러나 벤츠는 1970년대 미국 차들이 범했던 실수를 그대로 되풀이하는 듯하다. 10여 년 전 도요타가 렉서스라는 이름으로 첫 고급차 시장에 뛰어들었을 때 벤츠를 비롯한 유럽의 소위 '명차' 들은 코웃음을 쳤다. '코롤라나 캠리 만들던 솜씨로 감히 어디를 넘보느냐' 는 식이었다. 그 독일 차들이 낮잠을 자는 동안 이제 전세계 고급차 시장은 일본의 놀이터로 바뀌고 있다.

어느 분야나 일등은 한번 올라서기도 어렵지만 올라선 후 지키기는 더욱 어렵다. 선두 자리에 오래 서면 설수록 상대방을 얕보는 마음이 생기기 때문이다. 그러나 세상에는 반드시 일등보다 더 배고프고 집념에 찬 이들이 있게 마련이다. 쉬지 않고 스스로를 채찍질하는 자기 수련이 없이는 이들과의 경쟁에서 버티지 못한다.

숙적 카르타고를 멸망시킨 로마의 명장 스키피오 아프리카누스는 카르타고가 불타고 시민들이 노예로 끌려가는 것을 보고 승리의 쾌재를 부르는 대신 '언젠가는 로마도 저렇게 되겠지……' 라며 탄식했다고 한다. 인간 세상에는 영원한 승자도 영원한 패자도 없다. 잘나갈수록 스스로를 경계하는 사람이 정상의 자리에 조금 더 머물 수 있을 뿐이다.

최근 불경기에도 불구하고 요즘 한인사회에는 지난 10여 년간의 장기 호황에 힘입어 천만장자 대열에 오른 사람이 적지 않다. 아무리 힘들게 쌓아 올린 부도 자만에 취하는 순간 새어나기 시작한다는 것이 일본차에 밀리고 있는 벤츠가 주는 교훈이다.

2003. 07. 21

모래 속의 타조

수의 힘

서양이 동양에 대해 우위를 점하게 된 결정적 사건으로 많은 사가들은 페르시아 전쟁을 꼽는다. 수십 개의 도시 국가로 나뉘어져 있던 그리스인들은 대다수 도시 국가의 이탈에도 불구, 페르시아 대군을 맞아 극적인 승리를 거뒀다. 이 전쟁에서의 승리로 그리스의 맹주가 된 것은 아테네지만 페르시아 군과의 전투에서 실질적으로 주도적 역할을 한 것은 스파르타의 육군이었다. 페르시아 전쟁이 끝나고 스파르타와 아테네 사이의 주도권을 놓고 벌어진 펠로폰네소스 전쟁에서 스파르타는 아테네를 제압하여 종지부를 찍었다.

군국주의의 대명사 스파르타는 여러모로 흥미 있는 나라다. 절대 평등주의를 내세워 모든 시민들로 하여금 공공장소에서 같은 음식을 먹게 했으며 금화와 은화를 금지하고 소송이 망국의 원인이라는 이유로 성문법과 변호사를 폐지했다. 갓난아기가 태어났을 때 흠이 있으면 내다버려 죽게 했다는 것은 잘 알려진 이야기다. 스파르타인들은 또 건강한 성인 남녀가 결혼을 해 아이

를 낳지 않으면 중벌로 다스렸다. 아이가 생기지 않으면 아무리 국방을 튼튼
히 해도 결국 나라는 망한다는 논리였다. 반면 좋은 아기를 얻기 위해 유능한
남성에게 아내를 빌려주는 것은 허용됐다. 자녀 낳기를 중시한 민족은 그리
스인들만은 아니다. 유태인들도 부부가 최소 2명의 자녀를 낳는 것을 신이
유태 민족에게 지워준 의무로 믿고 있다.

나라의 국운을 결정하는 요소 가운데 가장 중요하면서도 잘 연구되지 않는
분야가 인구다. 호리가 천리 된다는 속담처럼 인구는 장기간에 걸쳐 서서히
변하기 때문에 변화를 감지하기가 쉽지 않다. 그러나 매년 1%씩 인구가 느는
나라와 1%씩 인구가 주는 나라는 100년 후 국운이 달라질 수밖에 없다.

작년 한국의 인구 증가율이 0.32%로 30년래 최저를 기록했다는 소식이다.
부부당 자녀 출산율은 1.17명으로 인구 감소를 막는 데 필요한 2.1명의 절반
수준이다. 이대로 가면 2050년에는 4,600만, 2100년에는 구한말 수준인
1,600만 명으로 줄어들 것으로 추산되고 있다. 이는 한 가구 한 자녀를 강제
하는 중국의 1.7명은 물론 오래 전부터 저출산으로 고민해 온 유럽이나 일본
보다도 낮은 숫자다. 공산주의 붕괴 후 극심한 사회 혼란과 알콜 중독이 만연
한 러시아, 수백만이 굶주려 죽어가는 북한 정도가 이와 비슷한 수준이다.

이런 현상이 한국에 국한된 것이 아니라는 데 문제의 심각성이 있다. 인구
전문가들은 세계 인구는 오는 2050년께 100억 정도로 피크를 이룬 후 급속도
로 감소할 것으로 내다보고 있다. 지금도 매년 인구가 줄고 있는 유럽과 일본
은 말할 것도 없고 인구 공장인 중국과 인도도 그때쯤이면 줄어든다는 것이다.

향후 50년간 인구 면에서 가장 심한 타격이 예상되는 나라는 러시아다. 현
재 인구 1억 5,000만으로 세계 6위인 러시아는 2050년에는 인구 1억으로 베

트남이나 이란에도 못 미치는 소국이 될 전망이다. 얼마 전까지 미국과 함께 수퍼 파워의 지위를 누리던 러시아는 300여 년 전에는 폴란드에 의해 크렘린이 점령당하고 그 지배를 받던 약소국이었다. 이런 추세가 계속된다면 역사가 되풀이되지 말란 법도 없어 보인다.

서방 선진국 중 인구 감소의 일반적 추세에 역행하는 유일한 나라가 미국이다. 미국 백인 여성의 자녀 출산율은 1.7명으로 서방에서 가장 높다. 거기다 히스패닉의 높은 출산과 이민자 유입으로 50년 후 미국 인구는 4억을 넘어설 전망이다. 그 결과 지금 인구 3위인 미국은 그때도 인도와 중국에 이은 3위를 고수할 수 있게 될 것으로 보인다.

지금 미국에서는 불법체류자 사면 여부를 놓고 논쟁이 한창이다. 그러나 사면과 이민 문호 개방은 이민자를 위한 수혜가 아니라 미국을 위해 필요한 조치다. 다민족 국가 미국은 지금 전세계 이민자의 절반을 받고 있다. 열린 문은 미국을 부강하게 한 가장 큰 비결이다. 한국과 일본 등 급속한 고령화를 경험하고 있는 나라들은 노동 인구 확보라는 이유만으로도 이민 문호를 늘려야 함에도 단일 민족 신화에 눈이 멀어 시행할 엄두조차 내지 못하고 있다.

인구가 많다고 무조건 좋은 것은 아니지만 충분한 인구는 대국이 될 수 있는 필수 조건의 하나다. 생산성 향상과 기술 혁신이 이뤄지는 한 인구 증가는 가난이 아니라 부의 원천이라는 것은 산업혁명 이후 지난 200년의 역사가 입증하고 있다. 미국의 100년 대계를 위해 사면과 이민 문호 확대는 조속히 이뤄져야 한다는 생각이다.

2004. 02. 17

기업 장수의 비결

성경에 따르면 가장 장수한 인간은 969세까지 산 므두셀라다. 그의 아버지 에녹은 아들보다는 짧지만 365세까지 살다 하늘로 올라간 것으로 돼 있다. 프랑스에는 그의 이름을 딴 에녹협회가 있다. 회원이 되기 위해서는 기업이 생긴 지 최소 200년이 돼야 하고 창업주의 가족이 경영에 참여해야 한다. 7개국 33개 회사 대표들은 매년 사흘씩 모여 파티를 겸한 회의를 연다.

에녹협회 회원 중 가장 오래된 회사는 718년 일본에서 세워진 호시 여관이다. '불을 조심하고 물로부터 배우고 자연에 순응하라'는 것을 모토로 이 회사는 1,300년을 버텨왔다. 그러나 이 여관보다 더 오래 된 회사도 있다. 역시 일본 기업으로 578년 문을 연 공고구미(金剛組)가 그것이다.

이 기업의 창시자인 금강은 백제인이다. 6세기 중엽 백제의 문물이 일본으로 전해질 때 불교 전파 사절단으로 현해탄을 건넌 그는 쇼토쿠 태자의 명으로 세계 최고(最古)의 목조 건물이자 유네스코에 의해 문화재로 지정된 호류

모래 속의 타조

지 법당을 지었다. 도요토미 히데요시의 사령탑이었던 오사카의 히메지 성도 금강의 후손이 세운 것이다. 이 또한 유네스코에 의해 문화재로 지정돼 있다. 현재 이 회사는 금강의 40대 손인 마사가즈 구미가 경영을 맡고 있다.

1930년대 세계가 대공황에 빠졌을 때 1,400년 가까이 명맥을 유지해온 이 회사도 위기에 빠진 적이 있다. 천재적 건축가였던 마사가즈의 할아버지가 재정난으로 회사의 앞날이 막막해지자 수치와 분을 이기지 못하고 자살해 버린 것이다. 그가 죽은 뒤 회사는 그의 아내 도시가 맡아 일으켜 세웠고 그 다음에는 사위를 구미 가문으로 입적해 경영을 맡겼다.

일본은 개인의 평균 수명도 길지만 기업의 수명도 길다. 간장의 대명사 기코만은 17세기 초 도요토미 히데요시의 아들 히데요리가 도쿠가와 이에야스에 패해 자결한 후 그를 따라 죽은 부하의 미망인이 생계를 위해 만든 것으로 역사가 300년이 넘는다.

이토록 일본 기업 생명이 긴 이유 중의 하나는 장자 계승을 원칙으로 하지만 이를 고집하지 않는다는 점이다. 자식 중 능력이 있으면 차남이나 삼남에게도 물려주는가 하면 사위의 성을 바꿔 입적시키거나 아예 유능한 인물을 양자로 삼아 기업을 맡기기도 한다.

생명이 긴 기업의 또 하나 특징은 '한 우물을 판다'는 점이다. 사찰을 짓는 것으로 비즈니스를 시작한 공고구미의 경우 요즘은 아파트와 상가 등 대상을 넓히기는 했으나 1,000년 넘는 장구한 세월 동안 사찰 건축을 비즈니스의 핵으로 한다는 원칙은 흔들리지 않고 있다. 자연히 그 분야에서 독보적인 존재가 돼 타의 추종을 불허하는 경쟁력을 갖게 된 것이다.

본업은 유지하되 기술 발달 등 변화에는 누구보다 잘 순응하는 것도 장수 기업의 공통점이다. 40대손인 마사가즈 구미는 UCLA와 칼폴리 포모나(Cal Poly Pomona)에서 건축과 경제를 공부했으며 공고구미 본사는 첨단 테크놀로지를 활용하고 있다.

다른 나라, 다른 기업도 마찬가지다. 유럽에서 가장 오래 된 기업인 프랑스의 샤토 드 굴렌은 1000년 경 르와르 계곡 일대에서 시작한 포도원이다. 샤토 드 굴렌은 전통을 지키면서도 와인 업계의 동향에는 민감하게 반응한다. 미국에서 가장 오래 된 기업은 매사추세츠 노웰의 질드지언 심벌이다. 1623년 세워진 이 기업은 400년째 심벌 등 타악기 제조만 전문으로 그 분야에서는 최고로 알아준다.

한인들은 유독 패밀리 비즈니스를 많이 한다. 가족 비즈니스는 실패율이 높다는 것이 정설이다. 1대를 넘기는 기업은 30%, 2대를 넘기는 기업은 12%, 3대를 넘기는 기업은 3%에 불과하다. 그러나 가족 비즈니스라고 반드시 단명하라는 법은 없다. 1,000년이 지나도 끄떡없는 제품을 만들고 본체를 유지하면서 변화에 발빠르게 적응하며 남녀노소를 구별 않고 능력자에게 경영을 맡긴다면 가족 기업도 얼마든지 장수할 수 있다는 것을 공고구미는 보여준다.

2004. 12. 24

모래 속의 타조

황금과 칼, 그리고 말씀

공산주의는 지난 150여 년간 전세계 '진보적 지식인' 들의 한결같은 꿈이었다. 1848년 마르크스와 엥겔스의 「공산당 선언」과 함께 '유령' 의 형태로 출현한 이 이념은 1917년 10월 26일 러시아 혁명의 성공과 함께 몸을 얻었다.

그후 60여 년 동안 공산주의는 욱일승천의 기세로 세상을 덮었다. 1945년 2차 대전의 종결과 함께 동유럽이 그 치하에 들어갔고 1949년에는 중국이 공산화됐으며 1959년에는 쿠바, 1975년에는 월남, 곧이어 인도차이나 반도 전역이 붉은 물결에 휩싸였다. 니카라과가 공산화되고 아프가니스탄에서 공산 쿠데타가 일어난 것도 이 무렵이다. 반면 서방은 두 차례에 걸친 오일 쇼크와 월남전 패배, 워터게이트 추문 등으로 기진맥진한 상태였다.

이때 아무도 예측하지 못한 일이 일어났다. 1978년 바티칸이 거의 500년 만에 처음 이탈리아인이 아닌 폴란드 출신을 교황으로 뽑은 것이다. 얼핏 자그마해 보이는 이 사건이 영원할 것 같았던 공산주의의 몰락을 알리는 조종이었음을 안 사람은 없었다.

교황이 된 다음해 조국 폴란드를 방문한 요한 바오로 2세는 변증 유물론을 기초로 한 공산이념에 지친 국민들에게 영적 휴머니즘을 가르쳤다. 공산국가 최초의 자유노조 솔리대리티가 이 무렵 폴란드에서 태동한 것은 우연이 아니다. 폴란드의 자유노조 운동은 공산정권을 전복시켰고 이는 결국 1989년 11월 9일 베를린 장벽의 붕괴와 동구권의 해방을 가져왔다. 그후 불과 2년 뒤 소련 자체가 해체됐으며 공산 종주국에서 공산당이 불법화되는 웃지 못할 사태가 발생하기에 이르렀다.

물론 이 모든 일이 교황 혼자 힘으로 된 것은 아니다. 그 일차적 공은 자유를 쟁취하기 위해 목숨을 건 각 나라 국민들에게 돌아가야 한다. 또 주위의 비웃음을 무릅쓰고 소련을 '악의 제국'이라 부르며 힘을 바탕으로 한 외교를 펼쳐 소련 경제를 파탄 나게 한 레이건, 그와 비슷한 생각의 대처도 큰공을 세웠다. 그러나 이들이 등장하기 전 누구보다 먼저 인간의 영혼을 좀먹는 공산주의의 추악함과 취약함을 꿰뚫어보고 그 악령을 지상에서 몰아내는 데 앞장선 사람이 바로 요한 바오로 2세다.

그의 공산주의에 대한 반대는 생명의 존중과 인간의 존엄에 대한 믿음에 뿌리박고 있다. 젊은 시절 반나치 운동에 가담하기도 했던 그는 인종이 다르다는 이유로, 출신성분이 다르다는 이유로 수천만 명을 죽이고도 눈 하나 깜짝하지 않는 나치즘과 공산주의가 결국 인명 경시라는 공통점을 갖고 있음을 일찍부터 알고 있었다.

그는 '구식 교황'이라는 비난에도 불구하고 죽을 때까지 안락사와 낙태, 사형제 반대에 대한 입장을 굽히지 않았다. 그와 생각을 달리 하는 사람들까지도 그의 사상에 일관성이 있다는 점만은 부인하지 않는다.

동서고금을 막론하고 세상을 움직이는 힘은 세 가지가 있다. 하나는 물질적 욕망을 자극하는 황금이며, 또 하나는 죽음에 대한 공포로 위협하는 칼이며, 마지막은 당위의 영역을 가르치는 말씀이다. 말씀은 황금과 칼에 비하면 형편없이 약한 것 같지만 길게 보면 반드시 승리한다. 인간은 결국 도덕적 동물이기 때문이다. '교황은 도대체 몇 개 사단이나 가지고 있느냐'고 조소하던 스탈린의 제국은 역사의 쓰레기통으로 사라졌지만 단 한대의 탱크와 전투기도 갖지 못한 교황은 이제 전세계인의 추모를 받고 있다.

바티칸은 요한 바오로 2세에게 레오와 그레고리에 이어 1,400년 만에 처음 '위대한'이란 칭호를 붙여주기로 했다고 한다. 20세기 최대 재앙인 공산주의에 종지부를 찍고 인간의 생명과 존엄을 수호하기 위해 그가 보인 정성을 감안하면 적절한 조치라 본다. "마른 장작 위 불꽃의 빛나는 비상은 무게가 없지만 밤의 무거운 뚜껑을 들어올린다"던 그의 시구를 음미하면서 명복을 빈다.

2005. 04. 05

하디타의 비극

1968년 3월 16일 찰리 중대는 미라이 지역을 순찰 중이었다. 이 마을은 공산 반군이 출몰하던 곳이었다. 반군은 발견되지 않았으나 군인들은 그냥 돌아갈 기분이 아니었다. 그 전에 게릴라들의 습격을 받아 동료를 잃은 분노에 가득 차 있었기 때문이다. 미군이 베트콩의 소재를 묻자 주민들은 모른다고 대답했다. 화가 난 미군들은 남녀노소를 불문하고 사살하기 시작했다. 이때 죽은 사람이 몇 명인지는 정확히 모른다. 347명에서 504명 선으로 추측되고 있을 뿐이다.

　모든 미군이 이 끔찍한 범죄에 가담한 것은 아니다. 육군 헬기 조종사 휴 톰슨은 만행을 저지른 윌리엄 캘리의 부대원들과 맞서 더 이상 민간인을 학살하면 헬기로 쏴 버리겠다고 위협하여 11명의 목숨을 구했다. 그와 2명의 동료들은 이 때문에 오랫동안 배신자 취급을 받았지만 나중에 전투가 아닌 공으로 군인에게 수여되는 최고 훈장인 '군인 메달'을 받았다.

모래 속의 타조

군은 처음 미라이 전투에서 128명의 적군을 사살했다고 발표했다. 6개월 후 11 경보병 여단 소속 톰 글렌이 미군의 잔학상을 고발하는 편지를 쓰자 이 고발장을 접수한 콜린 파월 당시 육군 소령은 '편지의 주장과는 달리 미군과 월남인과의 관계는 매우 좋다'는 결론을 내렸다.

이 사건이 일반에 알려지는 데 결정적인 역할을 한 사람은 론 라이든아워다. 그는 닉슨 대통령을 비롯, 국무부와 합참의장, 연방 의회에 미라이의 진상을 알리는 편지를 썼다. 대부분은 이를 무시했으나 모리스 유달 연방하원 의원이 조사에 나섰고 그 결과 미라이의 참상이 1년이 지난 후 밝혀지게 된 것이다. 캘리를 비롯 25명이 기소됐으나 대부분은 혐의가 기각되고 캘리만 살인죄로 3년 6개월을 복역하는 것으로 사건은 마무리됐다.

그러나 이 사건은 가뜩이나 끓고 있던 반전 운동에 기름을 붓는 역할을 했다. 양심적 병역 기피자가 급증하고 여론이 악화되자 미국은 1973년 평화 협정을 빌미로 발을 빼기 시작하고 월남은 그후 2년 뒤 패망한다.

미라이와 너무도 비슷한 사건이 작년 11월 19일 이라크의 하디타에서 일어났다. 반군 출몰 지역인 하디타를 순찰하던 킬로 중대 해병대원들이 동료 하나가 사제 폭탄에 의해 피살되자 남녀노소를 가리지 않고 인근 주민 24명을 사살한 것이다. 이중에는 부모와 다섯 형제를 하루아침에 고스란히 잃고 여자 아이 혼자만 고아로 남은 집도 있다. 그리고는 반군과의 전투 중 민간인 사망자가 발생했다고 보고했다. 이 사건은 그후 지난 3월 「타임」지가 처음 의혹을 제기할 때까지 묻혀져 오다 점차 진상이 밝혀지면서 이라크 개전 이후 최악의 스캔들로 커지고 있다. 국방부는 지휘 책임이 있는 장교 2명을 해임하고 나머지 10명에 대한 수사를 진행 중이다.

이 사건에 대한 현지의 반응은 의외로 담담하다고 한다. 워낙 많은 테러 사건이 일어나는 데다 사담 치하에서 군인들에게 숱하게 당해온 이라크인들은 군인들의 민간인 학살을 대수롭지 않게 생각한다는 것이다. 오히려 이 일을 저질렀다는 이유로 미군이 처벌받는 데 대해 놀라움을 표시하는 것으로 알려졌다.

사람들은 역사를 읽으며 옛날 사람들은 어떻게 그런 잔인한 일을 저질렀을까 궁금해한다. 그러나 하디타 사건은 현대인도 야만에서 그리 멀지 않은 곳에 있음을 확인시켜 준다. 미라이 때보다 학살자 수가 1/20로 줄고 진상이 4개월 만에 드러났다는 것이 발전이라면 발전이다.

피아의 구분이 어려운 장기 게릴라전에 지친 미군 병사들이 동료의 죽음을 보고 정신이 돌아버린 상황을 이해 못하는 것은 아니다. 적군의 공격을 받으면 그 보복으로 민간인을 살해하는 것은 로마부터 징기스칸, 나치에 이르기까지 많은 군대들의 전통이다. 그러나 지금은 로마 시대가 아니며 미군은 나치가 아니다.

이라크에 민주주의를 심겠다고 주둔 중인 미군은 지난 아부 그라이브 포로학대에 이어 하디타 학살로 이미지에 결정적인 타격을 입게 됐다. 이런 사건이 재발한다면 이라크 내 반발은 물론이고 조속히 철군하라는 국내 여론이 비등할 것이다. 범죄자들을 응징하고 병사들에 대한 재교육을 통해 다시는 이런 일이 일어나지 않도록 안전장치를 마련하는 일이 시급하다.

2006. 06. 06

스웨덴 모델의 꿈과 현실

스웨덴의 수도 스톡홀름은 '스칸디나비아의 베니스'로 불린다. 맬라렌 호수 인근 14개 섬 위에 세워진 이 도시는 사방에 수로가 있고 조경이 뛰어나 경치가 아름답다. '스톡홀름'이란 단어 자체가 이곳 말로 '통나무 섬'이란 뜻이다. 쭉쭉 뻗은 넓은 길에 고색창연한 녹색 지붕을 얹은 건물들이 인상적이다. 사람들은 소란스럽지 않으면서 친절하고 옷차림도 검소하면서 윤택해 보인다.

지난 수십 년간 자본주의 체제를 유지하면서 복지국가를 건설해온 소위 '스웨덴 모델'은 세계인의 부러움을 샀다. 인구 900만으로 스칸디나비아 최대 국가인 스웨덴은 영국 「가디언」지로부터 "인류 역사상 가장 성공적인 사회"라는 찬사를 들었다.

그러나 막상 스웨덴 국민들은 요즘 과히 즐겁지 않다. 지난 74년 중 65년간 집권해온 사민당의 오만도 문제지만 정작 국민들을 짜증나게 하는 것은 경제, 그중에서도 높은 실업률이다. 정부의 공식 발표는 6%지만 이를 믿는 사람은 거의 없다.

정부가 만든 유명무실한 일자리, 장기 병가 중인 직장인, 갈 곳이 없어 학교에 남아 있는 청년 등을 합치면 실질 실업률은 17~20%에 이를 것으로 추정된다. 직장이 없어도 3년간 전에 받던 월급의 80%를 정부가 대주기 때문에 사람들은 굳이 일자리를 찾아 나서지 않는다.

이들을 먹여 살리자니 고율의 세금이 불가피하고 실업자를 막겠다는 이유로 해고하기는 어렵다. 기업들은 자연히 시설 투자를 꺼리게 되고 직원을 채용하는데도 극히 신중해질 수밖에 없다. 이러니 경제가 잘 돌아갈 리 없다.

겨울은 길고 농경지는 부족해 춥고 배고프던 스웨덴 국민들이 잘살게 된 것은 19세기 후반 이후다. 그전까지는 국민들의 대량 이주가 발생, 미국에만 100만 명의 스웨덴인이 이주했다. 그 결과 한때 시카고에만 스웨덴 제2의 도시 예테보리보다 많은 스웨덴인이 살았다. 지금도 미네소타를 비롯한 중서부엔 스웨덴 후손이 많다.

1870~1950년 스웨덴 경제는 세계에서 가장 빠른 성장을 이룩했다. 이 기간 스웨덴 정부는 어떤 나라보다 시장 친화적인 정책을 폈다. 거기다 제1차, 제2차 세계대전 동안 스웨덴은 중립을 지키는 바람에 유럽에서는 드물게 엄청난 전쟁의 참화를 피할 수 있었다. 스웨덴의 복지 정책은 이때 쌓아둔 부가 있었기에 가능했다.

그러나 매에는 장사 없다고 높은 세금과 과도한 복지 비용이라는 더블 펀치를 견뎌내는 경제는 없다. 부 창출의 필수요소인 창의력과 근로의욕을 사라지게 하는 데 이 둘만큼 효과적인 방법은 없기 때문이다. 그 결과 1970년

모래 속의 타조

OECD 4위이던 스웨덴 경제는 1998년 16위로 떨어졌다.

스웨덴 50대 기업 중 1970년 이후 세워진 것은 단 하나뿐이다. 자영업자 비율은 OECD 중 제일 낮고 전체 일자리 중 공기업이 차지하는 비율은 30%로 독일의 2배에 달한다. 1990년대 들어 이대로는 안 되겠다는 인식이 확산되면서 건강보험의 민영화, 학부모의 학교 선택권 부여 등 미약하지만 개혁이 시행됐고 경제도 다소 회복됐다.

스웨덴 국민들은 17일 사민당을 몰아내고 우파 연합에게 권력을 넘겨줬다. 이번 선거에서 보수당은 80년래 가장 높은 지지를 얻은 반면 사민당은 역대 최저를 얻는 데 그쳤다. 우파 연합은 집권하면 스웨덴식 복지제도를 유지하면서 세금을 깎고 복지혜택을 축소하며 각종 규제를 푸는 개혁을 단행하겠다고 공약한 바 있다.

그럼에도 불구하고 '스웨덴 모델'은 아직도 한국을 비롯한 많은 지식인들의 이상으로 남아 있다. 복지는 좋지만 이는 시장경제라는 나무에 달린 과실에 불과하다. 나무를 죽이고 과일을 따겠다는 환상은 어리석다. 이번 총선이 '스웨덴 모델'의 타당성을 다시금 생각하는 계기가 되었으면 한다.

2006. 09. 19

터지지 않은 인구 폭탄

중부 캘리포니아 시에라 산맥 동쪽에 있는 비숍 인근은 지금 단풍이 한창이다. 파란 하늘을 배경으로 눈을 인 산봉우리 사이사이 황금빛으로 반짝이는 애스펀 나무 잎들. 그 근처 여기저기 널려 있는 호수와 그 위를 떠도는 오리떼들. 그야말로 한 폭의 그림이다.

그러나 이에 못지 않게 인상적인 것은 LA에서 4시간 동안 차를 몰고 올라가는 동안 펼쳐지는 경치의 황량함이다. 텅 빈 허허벌판에 드문드문 잡초들만 무성하고 인적이 보이지 않는 곳이 대부분이다.

지금은 좀 수그러들었지만 한때 전세계가 '인구 폭탄' 공포에 시달린 적이 있었다. 생물학자 폴 얼릭은 1967년 미국 인구가 2억을 돌파하자 "미국이 인구가 늘어난다고 자랑하는 것은 암 환자가 암세포가 늘어난다고 좋아하는 것과 같다"고 말했다. 닉슨 대통령 또한 1969년 "앞으로 또 1억 명이 늘어나면 이들을 어떻게 수용하고 가르치며 돌 볼 것인가"고 걱정했다.

인구 폭탄에 대한 공포는 미국에 국한된 현상이 아니었다. 1970년대 들어 세계 각국이 더 이상 인구가 늘어날 경우 자원은 고갈되고 아사자가 속출하며 문명 자체가 존립하기 어렵게 된다는 보고서가 쏟아져 나왔다. 따지고 보면 인구 폭발에 대한 우려가 제기된 것은 최근 일이 아니다. 19세 초 영국의 맬서스는 "식량은 산술급수적으로 증가하는데 인구는 기하급수적으로 증가한다"며 기아와 빈곤, 질병은 인류의 피할 수 없는 운명이라고 진단했다.

그러나 그후 200여 년이 지난 지금 세계 인구는 수십 배가 증가했음에도 인류 전체의 생활수준은 과거 어느 때보다 향상된 상태다. 선진국의 보통 국민들은 냉장고와 에어컨, TV와 컴퓨터, 휴대전화와 자동차를 필수품으로 여기며 과거 어느 왕과 귀족보다 안락한 생활을 누리고 있다.

물론 아직도 제3세계의 많은 이들이 문명의 혜택 없이 기아와 질병에 시달리고 있다. 그러나 산업혁명 이전에는 극소수 상류층을 제외하고는 모든 나라 모든 국민이 그런 상태였다. 기술 혁신이 인류를 그런 고통에서 해방시켜준 것이다.

인류 역사는 인구가 늘어나면 자원이 고갈되고 자원이 고갈되면 재난이 닥친다는 통념이 잘못된 것임을 보여주고 있다. 인류가 처음 지상에 출현했을 때 인류 조상의 숫자는 수백 명을 넘지 않았을 것이며 그후 수백만 년 동안 이 숫자는 크게 늘지 않았다. 그런 그들이 넓디넓은 대자연 속에서 풍요를 만끽하며 살았을까. 천만의 말씀이다. 하루 온종일 맹수의 위협에 쫓기며 식량을 구하러 다녀도 배를 채우기 어려웠으리라.

인류가 처음 안정적인 식량 공급을 보장받게 된 것은 농업 기술의 개발로 대규모 영농이 가능해지면서다. 그와 함께 인구는 폭발적으로 증가했지만 그

것이 오히려 문명의 탄생을 가능케 했다. 많은 인구와 잉여생산물의 존재가 노동의 분화를 가능케 했고 그것이 모든 분야에서 기술 개발의 바탕이 됐기 때문이다. 기원전 3,000년 폭발적으로 증가했던 인구는 그후 보합세를 유지하다 18세기 이후 다시 급증하기 시작한다. 두말할 것 없이 산업 혁명으로 인한 기술 발달로 많은 사람을 먹여살리는 것이 가능해졌기 때문이다.

자원은 하늘이 내리는 것이 아니라 인간이 창조하는 것이다. 19세기 이전까지 석유는 재산이 아니라 골치 덩어리였다. 고약한 냄새가 나고 위험하기 짝이 없는 유전 근처에는 아무도 가려 하지 않았다. 인간의 두뇌가 이를 에너지원으로 개발하여 가치 있는 상품으로 만든 것이다.

미국 인구가 3억을 넘어섰다고 한다. 일각에서는 또다시 해묵은 인구 폭탄 이야기를 하는 모양이지만 이는 기우에 불과하다. 오히려 장기적인 미국의 번영을 알리는 청신호로 봐야 한다. 아시아의 '네 마리 용'으로 불리는 한국, 대만, 홍콩, 싱가포르는 한결같이 세계에서 가장 인구밀도가 높은 나라들이다. 단지 인구가 많으냐 적으냐가 문제가 아니라 각자의 두뇌를 어떻게 개발해 인류를 풍요롭게 할 기술 혁신을 이뤄내느냐가 포인트다. 인간은 소비자인 동시에 생산자임을 기억하자.

2006. 10. 24

경영의 신

마쓰시타 고노스케는 '경영의 신' 으로 불린다. 마쓰시다 그룹을 창립, 산요, 내셔널, 패나소닉 등 계열사만 570개, 종업원 25만을 헤아리는 일본 제일의 전자회사로 키웠다. 재벌 회장 중 유일하게 노조가 동상을 세워줬다는 기록을 갖고 있으며 이병철 회장도 그를 정신적 사부로 삼았다.

1989년 94세를 일기로 그가 타계한 지도 20년이 가까워오지만 사람들이 아직도 그를 기억하는 것은 그가 단순히 비즈니스를 잘해서가 아니라 사회와 나라, 나아가서는 인류의 미래를 생각한 드문 기업인이었기 때문이다.

1894년 오사카 인근 농촌에서 여덟 자녀 가운데 막내로 태어난 그는 비교적 유복한 어린 시절을 보냈지만 6살 때 아버지가 쌀 투기를 하다 집안이 망하는 바람에 학교도 제대로 다니지 못하고 9살의 나이로 취업전선에 뛰어든다. 당시 일본에서는 전기가 막 보급돼 전등과 전차가 선보이기 시작했다.

일본의 미래는 전기에 있다고 판단한 그는 전기회사에 취직하려 했으나 업주는 작고 꾀죄죄한 몰골의 그가 탐탁지 않아 '한 달 후에 다시 오라'는 말로 쫓아 보냈다. 한 달 후 그가 다시 찾아가자 이번에는 복장이 불량하다고 트집을 잡았다. 그가 단정한 차림으로 다시 찾아가자 '당신처럼 전기에 대해 전혀 모르는 사람은 쓸 수 없다'고 돌려보냈다. 몇 달 후 그가 다시 찾아와 '전기에 대해 모든 것을 공부했으니 한번 써보고 결정해달라'고 졸랐다. 그의 끈기에 질린 업주는 그를 받아들였고 그는 고속 승진을 거듭했다.

그러나 그는 자신의 아이디어로 만든 제품을 가지고 세상과 승부하고 싶었다. 자본금 100엔에 직원이라고는 자신과 아내, 그리고 아내의 동생이 회사의 전부였다. 처음 1년간 물건은 팔리지 않았고 마쓰시타의 첫 회사는 파산 위기에 직면했다. 마지막 순간 그 가치를 알아본 큰손의 대량 주문으로 간신히 위기를 벗어났다.

'물같이 싸고 유용한 상품을 만들자'라는 것이 그의 경영 철학이었다. 냉장고, 세탁기, TV, 라디오가 부유층의 독점물이었던 시절, 그는 대량생산을 통해 이를 파격적인 염가로 시장에 내놓았다. 중간 상인을 거치지 않고 바로 소매점에 물건을 파는가 하면 당시로서는 드물게 신문 광고를 통한 세일즈 캠페인을 펼치기도 했다. 불경기에도 직원의 월급을 깎지 않고 이들을 위한 학교를 세워 인적 자원의 질을 높이는 데 힘썼다. 비즈니스는 날로 번창했다.

1945년 일본이 패전하자 그에게 아버지의 파산과 초창기 파산 위기에 이은 세 번째 위기가 다가왔다. 미 군정 당국은 일본 정부에 협조했다는 이유로 그로 하여금 경영에서 손을 떼게 하려 했다. 그를 구해준 것은 1만 5,000명 직원들의 연대 청원서였다.

그는 은퇴 후에도 정력적인 활동을 펼쳤다. 85세에 돈과 간판, 지연이 없이는 명함을 내밀 수 없는 정치 현실을 개탄하고 정치인 양성소인 '마쓰시타 정경숙'을 설립했다. 지금 일본 각계에는 이 '정경숙' 졸업생들이 곳곳에 포진, 개혁을 선도해가고 있다.

마쓰시타는 "젊어서 돈을 벌기보다는 자신을 위해 아낌없이 투자하라. 돈은 떠날 수 있어도 자신은 남는다"등등 숱한 어록을 남겼다. 그중에서도 유명한 것은 하늘이 자신에 내린 3복론이다. 사람들이 짧은 인생에 어떻게 그처럼 많은 업적을 이룰 수 있었느냐고 묻자 그는 "하늘은 내게 세 가지 복을 내려줬다. 첫째는 가난이다. 이를 극복하기 위해 열심히 일 할 수밖에 없었다. 둘째는 병약한 몸이다. 건강을 위해 열심히 운동할 수밖에 없었다. 셋째는 학교에 가지 못한 것이다. 그 때문에 평생 누구에게서나 배울 수밖에 없었다"고 답했다고 한다. 이런 사람에게는 아무리 가혹한 운명의 여신도 미소를 지을 수밖에 없을 것이다.

벌써 한 해가 다 저물어간다. 인간은 주어진 여건이나 이미 먹은 나이를 탓하면서 하루하루를 무심히 지내기 쉽다. 마쓰시타의 삶은 그런 미망에서 깨어나게 하는 특효약이다. 세모를 맞아 지난 한 해를 반성하고 보다 나은 자신을 만들어갈 결의를 새롭게 할 때다.

2006. 12. 05

정의의 심판

1944년 7월 20일 오후 12시 40분 히틀러와 20여 참모들이 전략 회의를 벌이던 라스텐부르크 벙커는 아수라장으로 변했다. 서류 가방에 든 강력 폭탄이 터졌기 때문이다. 이 폭발로 장교 3명이 즉사했으나 히틀러는 가벼운 부상만 입고 생명을 건졌다.

이 가방을 갖다 놓은 것은 클라우스 솅크 그라프 폰 슈타우펜베르크 대령이지만 그의 단독 범행은 아니었다. 독일 군부의 히틀러 암살 기도는 2차 대전이 시작되기 전 1938년부터 있었다. 많은 군인들이 히틀러를 가만 놔둘 경우 독일은 전쟁의 참화에 휩싸일 것이 분명하다고 판단, 그를 제거할 계획을 세웠으나 인근 국가의 유화 정책으로 히틀러가 총 한 방 쏘지 않고 오스트리아와 체코 주데텐 지역을 통합하는 성과를 거두자 그의 인기는 하늘을 찌를 듯 높아졌다. 1939년 폴란드와 1941년 소련 침공 직후도 마찬가지였다.

그러나 1943년 들어 전세가 불리해지자 상황은 달라졌다. 더 이상 사태를 방치할 경우 독일 패망은 불가피하며 이를 막기 위해 히틀러를 죽이고 권력을 잡은 후 연합국과 강화 조약을 맺는 것이 절실하다는 공감대가 쿠데타 주모자들 사이에 이뤄졌다. 슈타우펜베르크의 암살 기도는 이런 배경 하에 이뤄졌다.

이 테러를 감행한 슈타우펜베르크는 신앙심이 깊은 독일 민족주의자였다. 그는 이 계획에 가담하기 전 히틀러를 죽이는 것이 종교적 계율에 어긋나는 것이 아닌가 하는 문제로 오래 고민했다. 그러나 결국 무고한 독일 국민과 유럽인의 생명을 앗아가고 있는 히틀러를 그대로 살려두는 것이야말로 더 큰 도덕적 죄악이라는 결론에 도달하고 암살을 결심한다.

쿠데타에 가담한 사람들 모두가 성공을 확신했던 것은 아니다. 그러나 성공과 실패 여부에 관계없이 주어진 상황에서 그 길만이 양심적인 독일 국민으로서 취할 수 있는 최선의 선택이라는 이유로 이를 택했다. 그러나 결국 쿠데타는 실패했고 가담자 가족까지 5,000여명이 체포됐으며 이중 수백 명이 푸줏간 갈고리에 걸려 고문을 당한 후 처형됐다. 이들에게 어떤 이유로도 사람을 죽이는 것은 잘못이며 더더구나 공정한 재판을 거치지 않고 국가 지도자를 암살하려고 하는 것은 범죄라는 주장을 편다면 이들은 뭐라 했을까. 너무나 어처구니가 없어 너털웃음을 짓지 않았을까.

21세기까지 생존해온 정치 지도자 중 히틀러와 가장 닮은 인물을 꼽으라면 사담 후세인이 첫손가락에 꼽힐 것이다. 쿠웨이트와 이란을 상대로 침략 전쟁을 일으켰고 독가스까지 사용해가며 쿠르드족과 시아파를 살해했으며 무자비하게 정적을 탄압했다. 그로 인해 목숨을 잃은 사람 수는 줄잡아 200만으로 추산된다.

그 후세인이 지난 30일 2006년을 넘기지 못하고 처형됐다. 그런데 그의 처형을 놓고 정당한 응징이라는 평은 찾아보기 어렵고 재판이 공정하지 못했다느니 처형을 너무 서둘렀다느니 하는 소리가 주종을 이루고 있다. 후세인에 대한 공정한 판결은 누가 내릴 수 있을까. 후세인의 손에 의해 가족을 잃은 시아파와 쿠르드족? 침략 당한 쿠웨이트와 이란인들? 그를 추종해온 수니파? 아니면 이들 모두의 합작회의?

이상적으로는 정의의 천사가 하늘에서 내려와 심판을 내려준다면 좋으련만 그런 일은 이 세상에서 일어나지 않는다. 이라크 국민들이 들고일어나 후세인을 제거했더라면 더 좋았겠지만 그 또한 현실성이 없는 이야기다. 미국의 이라크 침공이 없었더라면 후세인 부자는 지금도 권좌에 앉아 국민들을 괴롭히고 있었을 것이다.

스스로 똑똑하다고 생각하는 지식인들이 흔히 하는 얘기가 미국이 후세인을 죽인 것은 정의나 민주주의를 위해서가 아니라 자국의 이익을 위해서라는 것이다. 세상에 자국의 이익을 위해 행동하지 않는 나라도 있는가 보다. 요점은 그것이 인류에 대한 범죄를 저지른 자에 대한 응징과 부합되느냐이다. 후세인 단죄를 비난하는 사람들은 뉘른베르크와 도쿄의 전범 재판도 잘못이라고 믿는 것일까. 후세인 처형은 정치권력을 업은 집단 살인마에게도 가끔은 정의가 찾아온다는 사실을 알린 역사적 사건이다. 그에 의해 무고한 생명을 잃은 수많은 이들의 명복을 빈다.

2007. 01. 03

유라비아의 밤

2006년 6월 어느 날 아침 벨기에 앤트워프의 한 버스에 6명의 청년이 올라 탔다. 이들은 소란을 피우며 승객들을 괴롭히기 시작했다. 보다 못한 승객 기도 데모르(54)는 이들을 제지했다. 그러자 이들은 일제히 그를 폭행했다. 차안에는 40명의 승객이 타고 있었지만 아무도 말리지 않았다. 다음 정거장에 차가 서자 승객 30명은 조용히 내렸다. 그 사이 기도에 대한 뭇매는 계속됐고 결국 그는 사망했다. 체포된 3명의 청년들은 모로코계였다. 주모자는 도주했고 경찰의 거듭된 호소에도 불구하고 40명의 승객 중 4명만이 수사에 협조했다. 이 사건을 지켜본 한 시민은 '기도가 가만있었더라면 그는 목숨을 구했을 것'이라고 말했다.

유럽인들의 '아랍 청년'들에 대한 공포는 앤트워프 시민들에 국한된 현상은 아니다. 런던과 마드리드의 폭탄 테러, 프랑스의 폭동 등 대형 사건뿐만 아니라 유럽 대도시 어디서나 기승을 부리는 아랍계 청년들의 횡포는 오히려 더 이들을 떨게 하고 있다. 네덜란드를 비롯한 일부 국가에서는 백인 여성들 가운데도 이슬람교도 복장을 하고 외출하는 경우가 드물지 않다. 그것이 안전하기 때문이다.

기세등등한 아랍계 청년과 주눅 든 유럽 시민의 구도는 인구 동향과 직결돼 있다. 서유럽 각국의 인구가 감소세로 접어든 지 오래 됐다. 유럽연합 평균 출산아는 부부당 1.38명이다. 이탈리아는 1.2명, 스페인과 러시아는 1.1명이다. 어느 나라든 현 인구를 유지하자면 2.1명이 필요한데 실제 태어나는 아이들은 그 절반 수준이다. 쉽게 말해 이 추세가 계속될 경우 한 세대가 지나면 성인 인구는 절반으로 준다는 계산이다. 선진국 중 유일하게 부부당 2.1명의 자녀를 출산하고 있는 나라는 미국뿐이다.

자녀의 양육부터 부모를 돌보는 일, 자신의 의료 서비스부터 은퇴에 이르기까지를 모두 정부에게 의존하고 있는 유럽인들이 앞으로 이런 서비스의 재원을 부담해야 할 자녀 낳기를 등한시한다는 것은 유럽의 앞날을 이중으로 어둡게 하고 있다. 9·11 테러 1주년을 맞아 미국과 유럽 각국 국민을 상대로 실시한 조사에 따르면 미국인의 61%가 미래를 낙관한 반면 영국민은 42%, 프랑스 29%, 러시아 23%, 독일 15%만이 그렇다고 응답했다.

자연이 진공을 싫어하듯 인간 사회는 무주공산을 그대로 놔두지 않는다. 유럽의 빈 공간으로 아랍계 이슬람교도들이 몰려들고 있다. 프랑스의 경우 이미 인구의 10%가 이슬람교도고 젊은 세대는 30%가 그렇다. 아랍인들이 보통 4~5명의 자녀를 두는 점을 감안하면 앞으로 유럽의 모습이 어떻게 바뀔 것인지는 뻔하다.

문제는 이들 이슬람교도의 상당수가 민주주의와 다양성을 존중하는 서양 문화를 포용하기보다는 이를 배척한다는 점이다. 이들은 자기들 세상이 오면 이슬람교 율법을 국법으로 만들고 이슬람교 이외의 모든 종교를 금할 것을 공언하고 있다. 2005년 런던 지하철 테러 사건 때도 영국 이슬람교도의 과반수가 방법은 잘못이지만 그들이 추구한 목표는 올바르다고 응답하여 충격을 줬다. 테러를 저지른 사람들도 이민자가 아니라 영국에서 자란 토종 이슬람교도들이었다.

자국민을 상대로 테러를 저지르거나 저지를 것을 촉구하는 이슬람교 지도자 중 상당수는 너그러운 유럽의 복지 제도를 톡톡히 활용하고 있다. 영국에서 복지 혜택을 받으며 극렬 이슬람교도를 지도하는 한 이맘(imām)에게 '왜 남의 나라에 와서 말썽을 일으키느냐'고 묻자 '천지가 다 알라의 것인데 무슨 소리냐'고 대꾸했다는 일화가 있다.

최근 「뉴욕타임스」 베스트셀러 리스트에 올라 있는 『오직 미국뿐(America Alone)』이라는 책을 쓴 마크 스타인은 이미 유럽은 돌아올 수 없는 강을 건너갔으며 폭력과 불관용을 기조로 하는 극렬 이슬람교의 물결에 맞설 수 있는 나라는 미국뿐이라고 결론짓고 있다. 어떤 싸움이고 승리를 궁극적으로 결정하는 것은 의지인데 유럽은 이미 오래 전 이를 상실했다는 것이다.

기원 732년 카를 마르텔은 프랑스 남쪽 프와티에서 아랍 군과 싸워 승리했다. 『로마 제국 쇠망사』를 쓴 에드워드 기번은 "이 전쟁에서 유럽이 졌더라면 우리는 지금쯤 코란을 읽고 있을 것"이라고 적은 바 있다. 기번의 생각과는 달리 유라비아의 밤은 서서히, 그러나 분명히 다가오고 있는 것 같다.

2007. 02. 27

히틀러와 차베스

아돌프 히틀러는 집권한 후 자기 별장을 '늑대 굴'이라고 불렀다. 자기 스스로 붙인 별명이 '늑대'였기 때문이다. 그의 이름 아돌프는 독일말로 '귀족'을 뜻하는 '아델'과 '울프'의 복합어다. '귀족 늑대'라는 뜻이다. 자기 이름이 꽤나 마음에 들었나 보다.

그러나 성은 그다지 좋아하지 않았을 것 같다. '히틀러'는 원 뜻이 '움막(hut)에 사는 사람'이기 때문이다. 이름에 그 사람의 운명이 담겨 있다는 속설이 히틀러의 경우는 어느 정도 맞는 것 같다. 하급 관리의 아들로 태어나 미술 학교 입학시험에 번번이 실패하고 노숙자가 되어 홈리스 '움막'을 전전하던 그가 나중에는 유럽 전역을 호령하는 '늑대'가 되었으니 말이다.

절망뿐이던 그의 인생이 달라지기 시작한 것은 그가 1차 대전에 참전하면서부터다. 여기서 뛰어난 용기를 보여준 그는 철십자 훈장을 두 번이나 받았다. 제대 후에는 대중 연설가로 재능을 발휘하며 나치당의 총재가 되었고 독일 국민들의 지지에 고무된 그는 34세의 나이에 쿠데타를 감행하나 비참한 실패로 끝난다.

한때 자살을 생각하기도 한 그는 재판정에서의 명연설로 다시 대중의 지지를 회복하고 수감된 지 불과 1년 만에 특별 사면으로 풀려난다. 그가 감옥에서 쓴 『나의 투쟁』은 베스트셀러가 돼 그의 명성을 널리 알리는 것은 물론 막대한 인세 수입을 안겨준다.

뜻밖의 성공에 놀란 그는 힘들게 쿠데타를 할 것이 아니라 합법적인 방법으로 정권을 잡기로 결심하고 선거를 통해 1933년 44살의 나이에 독일 총리의 자리에 오른다. 오르자마자 '수권법'을 통과시켜 독일의 절대 권력자가 되며 그 후에 어떤 일이 일어났는지는 다 아는 얘기다.

21세기 초 세계 지도자 중 히틀러와 가장 비슷한 인물이 있다면 누구일까. 아마 베네수엘라의 우고 차베스가 아닐까. 가난한 교사의 아들로 태어난 그는 어려운 어린 시절을 보내다가 군대에 들어가 이름을 날리기 시작한다. 급기야 38살의 나이로 쿠데타를 일으키지만 실패하고 감옥에 갇히는 신세가 된다.

그러나 그후 그의 인기가 오히려 더 치솟아 2년 만에 특별 사면으로 풀려나며 1998년 44살의 나이로 베네수엘라 대통령에 당선된다. 당선되자마자 국가 비상사태를 선포하고 대통령의 권한을 강화한 헌법을 통과시킨 후 다시 출마해 또 당선된다. 그리고는 '수권법'을 제정, 법이 아니라 대통령령으로 나라를 다스릴 수 있는 길을 연다.

그것도 모자라 이번에는 자기 손으로 만든 헌법을 뜯어고쳐 대통령 3선 금지 조항을 없애 종신 집권을 가능케 하고 개인의 재산권을 국가의 필요에 의해 마음대로 박탈할 수 있는 새 헌법을 발의, 지난 2일 국민투표에 부쳤다. 투표 전 차베스가 통제하는 언론은 헌법 개정의 필요성을 구구히 늘어놓았으며 거리는 차베스 지지자들의 시위로 메워졌다. 그럼에도 그 개헌안은 49대 51로 부결됐다. 그의 한없는 권력욕과 경제난에 염증을 느낀 시민과 학생, 한때 그의 지지자들마저 그에게 등을 돌렸기 때문이다.

차베스는 아직 히틀러같이 인종 학살과 전쟁 같은 범죄를 저지르지 않았다. 그러나 극우파인 히틀러가 유태인과 공산주의자를 적으로 돌리고 빵과 복지, 위대한 게르만 민족을 내세워 절대 권력을 잡은 것이나 극좌파 차베스가 부자와 양키를 공공의 적으로 삼고 빵과 복지, 라티노 민족주의를 내세워 종신 권력을 구축하려 하고 있다는 점은 똑같다. 주 지지자들이 실업과 가난에 시달리던 중하층민이라는 점도 히틀러와 차베스의 공통점이다.

베네수엘라판 유신 쿠데타 기도에도 불구, 한국을 포함, 반미, 반세계화, 반 시장경제를 부르짖는 세계 지식인들의 차베스 사랑은 변함이 없다. 잘못된 이념의 노예가 된 인간에게는 '약자를 위한다'는 명분만 걸면 어떤 잘못도 눈에 보이지 않는 모양이다.

독재자는 항상 그럴듯한 구호로 국민들을 현혹하기 마련이다. 그걸 지적해 내는 게 지식인의 임무다. 이번 종신 집권안 부결이 세계인들이 차베스의 정체를 똑바로 보는 계기가 되었으면 한다.

2007. 12. 04

크리스마스 이야기

많은 사람들이 크리스마스는 예수가 태어난 날로 알고 있다. 그러나 개신교가 유일한 진리의 근거로 삼고 있는 성경에는 어디에도 예수의 생일에 대한 언급이 없다. 기독교가 생겨난 지 300년 가까이 12월 25일은 주요 명절이 아니었다.

이날이 예수의 탄생일로 본격적으로 대접받게 된 것은 콘스탄티누스 대제의 즉위 이후다. 312년 로마의 권좌를 놓고 정적과 한판 승부를 벌이게 된 콘스탄틴은 전날 밤 꿈에서 '그리스도의 이름으로 나가 싸우면 이기리라'는 계시를 받았다. 십자가 깃발을 내걸고 나가 자기보다 병력이 2배가 넘는 적군과 싸워 이긴 그는 태양신 숭배에서 기독교로 개종하면서 12월 25일을 예수 탄생일인 크리스마스로 정했다.

이날은 당시 로마 달력으로 전통적인 축제일인 동짓날인 동시에 기독교의 강력한 라이벌이었던 페르시아의 태양신 미트라의 생일이기도 했다. 콘스탄티누스는 이날을 기독교의 명절로 지정함으로써 로마를 구성하고 있던 다양한 세력의 통합을 꾀했던 것이다.

이 때문에 초기 교회에서는 크리스마스가 이교도의 유물이라는 이유로 배척 움직임이 있었고 16세기 종교 개혁이 일어나면서 크리스마스는 다시 배척의 대상이 됐다. 옹고집 개신교 집단으로 아메리카 대륙에 이주해 온 청교도들은 크리스마스를 명절로 인정하지 않았고 이를 축하하는 것도 금했다. 미국에서 크리스마스가 공식 명절로 인정된 것은 1870년 그랜트 대통령에 와서이다.

동짓날을 축제일로 삼은 나라는 로마만이 아니었다. 북유럽에서는 이 때 '율(Yule)'이라는 축제를 지냈으며 스칸디나비아에서는 아직도 크리스마스를 '율'이라고 부르고 있다. 영미권에서 크리스마스를 전후한 기간을 '율타이드(Yuletide)'라고 부르는 것도 여기서 유래한 것이다.

중국과 한국을 포함한 동아시아권에서는 동짓날이 기독교 전파 훨씬 전부터 주요 명절의 하나였으며 일본에서는 태양신이자 천황의 조상인 아마테라스가 이날 동굴에서 얼굴을 내밀었다고 믿고 있다. 잉카 문명권에서는 이날이 '태양의 축제일'이었으며 인도 각지에서도 이날 태양신에게 성수를 바쳤다. 이렇게 보면 동지 축제는 서양에 국한된 현상이 아니라 세계 각지에 광범위하게 퍼진 관습임을 알 수 있다.

동지 축제는 공간적으로 보편적일 뿐 아니라 시간적으로도 유래 깊은 행사다. 영국의 월셔 지역에 자리 잡고 있는 스톤헨지는 인류 역사상 가장 오랫동안 지어진 건축물이다. 전문가들은 기원전 8,000년 전부터 시작돼 기원전 2,100년 경 완성된 것으로 보고 있다. 짓는 데 6,000년 가까이 걸린 셈이다.

모래 속의 타조

수십 개의 바위로 만들어져 있으며 원형 모양으로 이뤄진 이 구조물은 그 중심축이 동짓날 해가 지는 방향을 정확히 가리키고 있다. 한 개의 무게가 5톤에 달하는 이 바위들은 스톤헨지에서 150마일 떨어진 웨일스 지방에서 운반돼 온 것으로 거기 들어간 노력을 생각하면 고대인들이 동지를 얼마나 중요시했는지를 짐작할 수 있다.

해는 나날이 짧아져가고 날씨는 추워지고 먹을 것은 떨어져가고 절망뿐인 한겨울. 동지를 기점으로 바닥을 치고 나서 어둠을 뚫고 솟아오르는 태양은 고대인들에게 희망이자 부활이자 기적 그 자체였을 것이다. 로마인들이 이날을 '꺾이지 않는 태양의 날'로 부른 것도 이와 같은 맥락이다.

동짓날의 태양은 고통 다음에는 기쁨이, 빈곤 다음에는 풍요가, 절망 다음에는 희망이, 죽음 다음에는 부활이 기다리고 있다는 깊은 진리를 인류에게 처음 가르쳐준 스승이다. 맹수들이 우글거리는 세상에서 가냘프게 출발한 인류는 동지의 약속에 의지해 만물의 영장으로 우뚝 섰다. 크리스마스가 세계인의 보편적인 축제로 자리 잡은 것은 우연이 아니다. 크리스마스 아침 생명과 탄생과 부활의 의미를 되새겨본다.

2007. 12. 25

고통과 업적

인간은 누구나 행복을 추구한다. 그러나 한 걸음 더 나아가 역사적 차원에서 봤을 때 과연 이를 이루는 것이 최선의 결말인지는 한번 생각해볼 문제다. 인류가 이룩한 최고의 정신적 업적은 행복이 아니라 불행과 고통 속에서 태어난 경우가 더 많기 때문이다.

로마 말기 철학자 중 보에티우스라는 사람이 있다. 조상 중에 로마 황제가 여럿 있는 명문가 출신인 그는 한때 최고위 공직인 집정관 자리에 올랐으며 두 명의 자식도 그 뒤를 이어받았다. 이런 명문 세도가가 황제의 미움을 사 하루아침에 반역자로 몰려 옥에 갇혔으며 1년간 옥살이를 하다 참혹하게 처형됐다.

옥에서 그가 쓴 『철학의 위안』은 중세 1,000년 동안 장기 베스트셀러 자리를 차지하며 단테에서 초서, 밀턴, 『반지의 제왕』을 쓴 톨킨에 이르기까지 수많은 문인들에게 깊은 영향을 미쳤다. 그는 이 책에서 운이 지배하는 인간의

모래 속의 타조

삶은 변덕스러운 것이며 자신의 의지와 상관없이 순식간에 사라질 수 있는 부와 권세는 근본적으로 무의미하며 진정한 가치는 누구도 앗아갈 수 없는 내적인 덕이라고 적었다.

단테는 한때 권력의 정점에 있다 쫓겨나 20여 년간 방랑 생활을 하며 『신곡』을 썼다. "눈물 젖은 빵을 먹어보지 않은 사람은 인생을 논하지 말라"는 말은 이때 단테의 경험에서 나온 것이다. 크롬웰의 비서였던 밀턴은 크롬웰이 죽고 그가 처형한 찰스 1세의 아들이 왕이 되어 돌아오자 목이 달아날 위기에 처했다. 다행히 눈이 안보여 목숨만은 건졌지만 권력을 잃고 장님이 된 그의 삶은 비참했다. 그 고통 속에서 나온 것이 『실락원』이다.

감옥 속에서, 혹은 유배 생활을 하며 위대한 작품을 남긴 것은 문인들만이 아니다. 근대 정치학의 창시자의 하나인 마키아벨리는 옥에서 고문당하고 죽다 살아나온 뒤 은둔 생활을 하며 『군주론』을 집필했고 유럽인의 동양에 대한 호기심을 촉발시킨 『동방견문록』도 마르코 폴로가 전투에 나갔다 포로로 잡혀 감옥살이를 하는 동안 구술해 책으로 나온 것이다. 마키아벨리가 본인 희망대로 출세를 해 권좌에 앉았더라면, 장사꾼 마르코 폴로가 큰돈을 벌었더라면 두 책은 세상에 나오지 않았을 가능성이 높다.

서양에서 러시아만큼 문인들이 큰 고통을 받은 나라도 드물다. 러시아 문호 가운데 톨스토이와 함께 쌍벽을 이루는 도스토옙스키는 반란죄로 체포돼 사형선고까지 받았다가 1848년 처형 직전 감형돼 시베리아 유형소 생활을 했다. 그는 그때 생활을 "바닥은 모두 썩고 오물이 1인치 두께로 덮여 있었다. 벼룩과 이, 풍뎅이는 도처에 널려 있고……"라고 묘사한 바 있다.

지난 100년 동안 러시아의 유배지 풍경이 별로 달라지지 않았음을 증명한 작가가 있다. 알렉산더 솔제니친이다. 2차 대전 때 나치와 싸우며 두 번이나 무공 훈장을 받았던 그는 친구와의 편지에서 스탈린은 "수염 난 사람"으로 묘사했다는 이유로 시베리아에서 8년간이나 유형 생활을 해야 했다. 스탈린 사후 해빙 무드를 타고 그가 이때 체험을 바탕으로 쓴 『이반 데니소비치의 하루』가 1962년 발간되면서 그는 일약 세계적인 스타가 된다.

그러나 흐루시초프가 실각하고 브레즈네프가 집권하면서 그에 대한 탄압은 심해지며 강제수용소 실태를 고발한 『수용소군도』가 나오자 노벨상을 받았음에도 1974년 추방돼 미국 버몬트 주에서 18년이나 은둔 생활을 한다. 그의 책은 세계인들에게 소련과 스탈린 체제의 실상을 알리는 데 결정적 역할을 했으며 악명 높은 시베리아 유형소는 고르바초프에 의해 결국 철폐되기에 이른다. 1994년 영웅적 환대를 받으며 귀국했던 그가 지난 주말 89세를 일기로 사망했다.

러시아 국수주의자, 반유대주의자, 민주주의와 자본주의 비판자라는 비난에도 불구하고 지옥 같은 고통 속에서 진실을 밝혀 결국 강제수용소를 문 닫게 만든 그의 공은 잊혀지지 않을 것이다. 아직도 지구상에 유일하게 강제수용소가 남아 있는 북한 땅에도 한국판 솔제니친이 하루속히 나오기를 기대한다.

2008. 08. 05

모래 속의 타조

중국의 비상

짐 로저스는 월가의 전설적인 투자가 중 한 명이다. 다섯 살 때부터 야구 경기장에서 빈 병을 모아 파는 사업을 시작한 그는 예일대와 옥스퍼드 대학원을 졸업하고 월가에 뛰어들어 두각을 나타낸다. 1970년 그가 조지 소로스와 같이 만든 퀀텀 펀드는 향후 10년간 3,365%라는 천문학적인 수익률을 기록했다. 이 사이 미 주가는 평균 47% 올랐다.

1980년 월가를 은퇴한 그는 모터사이클을 타고 중국 일주를 하며 1990년부터 1992년까지는 역시 모터사이클을 타고 중국을 포함 전세계 6대주를 누비며 10만 마일을 달려 기네스북에도 오른다. 이때 겪은 체험담을 쓴 『투자가 바이크 족(Investment Biker)』은 투자가들에게나 바이크 족들에게는 고전이다.

로저스는 여기에 만족하지 않고 1999년부터 2002년 동안 특별 개조한 벤츠를 타고 아내와 세계 116개국 24만 5,000km를 달렸다. 레이프 에릭슨의 아메리카 대륙 발견 1,000주년을 기념하여 아이슬랜드에서 여행을 시작한 이들 부부는 3년 만인 2002년 1월 뉴욕을 거쳐 집으로 돌아왔다. 이때 경험을 적은 책이 『모험가 자본주의자(Adventure Capitalist)』이다.

이 책에는 몸으로 체험한 세계의 실상과 죽을 뻔한 고비를 넘긴 모험담 등이 흥미롭게 실려 있지만 투자가들을 위한 조언도 있다. 그중 가장 중요한 것은 '중국을 사라'는 충고이다. 로저스에 따르면 아시아, 그중에서도 중국은 장기적으로 번영기에 접어들었으며 큰돈을 벌려면 뜨는 중국에 업혀야 한다는 것이다.

그는 2007년에는 살던 집을 1,500만 달러에 팔고 싱가포르로 거주지를 옮겨버렸다. 딸 해피에게는 아예 가정교사를 붙여 중국어를 배우게 하고 있다. 그에 따르면 2007년의 아시아는 1907년의 뉴욕, 1807년의 런던과 같은 위치에 있다. 19세기를 영국이, 20세기를 미국이 지배했던 것처럼 21세기는 아시아가 지배하게 될 것이란 게 그의 생각이다.

2008년 베이징 올림픽 개막과 함께 중국에 관한 기사가 쏟아져나오고 있다. 그러나 과거 중국의 성장에 대한 뉴스가 주종을 이루던 것과는 달리 요즘은 테러와 공해, 인권, 티베트 등 소수민족 탄압, 부정적인 기사가 대부분이다. 거기다 상하이 주가지수는 지난 1년 사이 반 토막 이하로 떨어져 투자가들의 불만은 물론이고 경제 전망마저 어둡게 하고 있다.

아닌게 아니라 갈수록 중국에서 비즈니스 하기 어렵다는 이야기가 많다. 물가와 인건비는 오르고 환경 규제는 까다로워지며 노동자 권익 옹호를 위한 조치가 강화되고 있다는 것이다. 그러나 이에 대한 로저스의 견해는 확고하다. 지금이야말로 중국에 투자할 때이며 한번 중국 주식을 산 뒤에는 어떤 일

모래 속의 타조

이 있어도 팔지 말라는 것이다.

중국 호는 과연 어디로 가는 것일까. 대기업들의 움직임을 보면 로저스 말에 무게가 실린다. 프랑스 소매점인 카르푸는 작년 본국에서 판매가 고작 2.6%는 반면 중국에서는 25%의 신장률을 기록했다. 미국에서는 거의 성장이 중단된 KFC의 중국 매출은 연 25%씩 늘고 있다. 미국 500대 기업이나 베르사체, 루이뷔통 같은 사치품 제조회사의 수익 대부분은 지금 중국을 비롯한 신흥 개발국 시장에서 나온다 해도 과언이 아니다. 마카오는 최근 라스베이거스를 제치고 세계 도박 시장의 수도로 떠올랐다.

지금 중국 1인당 GDP는 2,500달러지만 일찍 경제를 개방한 해변 지역 주민들의 실질 소득은 1만 달러가 넘는 것으로 집계된다. 이들은 소득의 40%를 저축하며 중국 중산층은 2020년까지 지금의 7배인 7억 명으로 늘어날 것으로 추산된다. 많은 경제학자들이 세계가 불황으로 빠져드느냐 마느냐는 중국 소비자들의 지갑에 달려 있다고 보는 것도 무리는 아니다.

환경과 인권, 민주주의도 중요하지만 그 실현은 경제적 안정이 이뤄진 다음에야 가능하다. 당장 배가 고픈 국민들은 독재든 공해든 가리지 않는다는 것을 세계 역사는 보여주고 있다. 지금 중국이 안고 있는 숱한 문제에도 불구하고 등소평이 개방을 시작한 30년 전으로 돌아가야 한다는 사람은 없다. 정치적으로나 경제적으로나 사회적으로 그때보다 중국이 나아졌음을 부인하는 것은 불가능하기 때문이다. 온갖 성장통에도 불구하고 중국은 바른 방향으로 가고 있다고 보는 것이 옳다.

2008. 08. 12

해적 이야기

서양 문학사에서 최초이자 가장 이름이 잘 알려진 해적은 오디세우스다. 목마를 이용해 트로이를 함락시키고 그리스로 돌아가려던 오디세우스는 해신 포세이돈의 노여움을 사 10년간 지중해를 방황하는 신세에 놓인다. 그는 이곳저곳을 정처 없이 떠돌다 주민들이 환대를 해주면 얻어먹고 그렇지 않으면 노략질을 해 목숨을 부지한다. 『오디세이』를 보면 오디세우스와 부하들이 마을을 약탈하는 장면이 나오는데 털끝만큼의 죄책감도 찾아볼 수 없다.

그리스 신화에 나오는 제우스의 메신저 헤르메스는 '상인과 도둑의 수호신'이다. 상대가 힘이 있으면 장사를 하고 힘이 없으면 약탈을 하는 것이 관행이었던 고대 그리스인들의 사고방식을 엿볼 수 있다. 영어로 '해적'을 뜻하는 'pirate'은 그리스어의 '페리야'가 어원인데 '바다에서 운을 시험하다'는 뜻이 담겨 있을 뿐이다.

그리스인들뿐이 아니다. 현재 알파벳의 조상인 페니키아 문자를 발명하고

모래 속의 타조

지중해의 대표적인 상업 민족이던 페니키아인들도 수시로 해안 마을을 습격해 사람을 납치해 노예로 파는 일을 저질렀다. 『오디세이』에는 페니키아인에 의해 유괴돼 노예로 팔려간 여인 이야기도 나온다.

해적에 납치된 사람 중 유명한 인물의 하나는 시저다. 시저는 해적들이 자신의 몸값으로 당시 엄청난 액수인 20탈렌트를 요구하자 '내 몸값은 그보다 높으니 50탈렌트를 달라고 하라'며 '그 대신 풀려나면 너희들을 모두 잡아 죽이겠다'고 말한다. 해적들은 농담하는 줄 알고 웃으며 50탈렌트를 받고 그를 놔줬다. 시저는 풀려나자마자 토벌단을 조직, 자신을 잡았던 해적들을 모조리 체포해 십자가에 못 박아 죽인다.

서양사에서 제일 대표적인 해적들은 바이킹이다. 지금은 복지국가의 전형으로 알려진 스웨덴과 덴마크 등지에서 내려온 이들은 9세기 내내 유럽 전역을 공포에 떨게 했다. 이들 중 '북쪽에서 내려온 사람들'이라는 뜻의 노르만족은 1066년 영국을 침공, 영국의 지배자로 군림해왔다. 또 역시 바이킹의 일파인 루스 족은 러시아로 쳐들어가 러시아 민족의 조상이 됐다. '러시아'라는 말 자체가 '루스'에서 나온 것이다. 한때 세계를 호령하던 대영 제국과 소련 제국의 조상이 따지고 보면 과거 이웃 동네에 살던 해적이었던 셈이다.

따지고 보면 미국도 해적과 깊은 인연이 있다. 신대륙 탐험가로 이름을 날린 영국의 프랜시스 드레이크나 롤리 경은 모두 해적 출신이다. 이들은 아메리카의 마야, 아스텍 제국과 잉카 제국을 정복한 후 이들의 금은보화를 약탈해 유럽으로 싣고 가던 스페인 배를 습격하는 것이 전문이었다. 이들이 신대륙에 관심을 기울인 것도 약탈선의 병참기지로서 유용했기 때문이다. 당시 영국 여왕이던 엘리자베스는 이를 국가사업으로 후원하고 이들이 빼앗은 금품의 일부를 챙겼다. 영국 국부의 상당 부분은 훔친 물건을 다시 훔쳐 이룬 것이다.

근대에 들어 이름을 날린 것은 북아프리카 연안의 바버리 해적들이다. 이들은 1500년에서 1800년 사이 100만 명이 넘는 유럽인들을 노예로 팔아 넘긴 것으로 추산되고 있다. 신생국 미국은 1800년까지 이들에게 한때 정부 예산의 20%를 몸값과 조공으로 바치기도 했으나 견디다 못한 나머지 1805년 최초로 해외 원정단을 파견, 이들을 토벌하고 만다.

요즘 소말리아 해적들로 세계가 시끄럽다. 해적 3명을 사살하고 미국인을 구하기는 했지만 이것으로 사태가 해결되지는 않을 것 같다. 소말리아인들 이야기를 들어보면 이들은 원래 어부였다. 외국 선박들이 불법으로 조업하면서 생계가 위협받게 되자 자경단을 조직하게 됐고 물고기보다 사람을 잡는 것이 수익이 좋다는 사실이 알려지면서 기승을 부리게 된 것이다.

소말리아 인근 해역에서 돈을 펑펑 쓰는 해적들은 상류층으로 대접받고 신랑 후보로 인기 1순위라고 한다. 사실상 무정부 상태인데다 해적 말고는 생계를 이어갈 방도가 별로 없는 이들에게 외부의 규탄 소리는 별로 귀에 들어오지 않고 있다. 강력한 정부가 들어서 이곳 치안을 장악하기 전까지 소말리아 해적들의 준동은 사라지지 않을 것 같다.

2009. 04. 21

모래 속의 타조

대인은 천지와 덕을 함께하며 일월과 밝음을 같이하고
사시와 순서를 함께하며 귀신과 길흉을 같이한다.

하늘보다 먼저 갈 때는 하늘 뜻에 어긋나지 않고
하늘보다 뒤에 갈 때는 하늘을 받드니
하늘의 뜻을 어기지 않는데 하물며 인간이겠는가.
하물며 귀신이겠는가.

오만한 자는 나갈 것은 알고 물러날 것은 모르며
있는 것만 알고 망하는 것은 모르며
얻는 것만 알고 잃는 것은 모르니
진퇴존망을 알고 올바름을 잃지 않는 자,
오직 성인뿐인가.
성인뿐인가.

주역 문언전

모래 속의 타조
© 민경훈 2009

초판 인쇄 │ 2009년 9월 25일
초판 발행 │ 2009년 9월 30일

지 은 이 │ 민경훈
펴 낸 이 │ 김승욱
편   집 │ 김승관 김민영
디 자 인 │ 엄혜리 정연화
마 케 팅 │ 이숙재 우영희
펴 낸 곳 │ 이콘출판(주)
출판등록 │ 2003년 3월 12일 제406-2003-059호

주   소 │ 413-756 경기도 파주시 교하읍 문발리 파주출판도시 513-8
전자우편 │ book@econbook.com
전   화 │ 031-955-7979
팩   스 │ 031-955-8855

ISBN 978-89-90831-75-0 03320

「이 도서의 국립중앙도서관 출판시도서목록(CIP)은 e−CIP 홈페이지(http://www.nl.go.kr/ecip)에서
이용하실 수 있습니다.(CIP제어번호: CIP2009003087)」